CORRESPONDANCE

DE

P.-J. PROUDHON

TOME DEUXIÈME

PARIS
LIBRAIRIE INTERNATIONALE
A. LACROIX ET Cᵉ, EDITEURS
13, RUE DU FAUBOURG-MONTMARTRE, 13

1875

CORRESPONDANCE

DE

P.-J. PROUDHON

OEUVRES POSTHUMES & INÉDITES
DE
P.-J. PROUDHON
(Voir page 33 la Collection des OEuvres complètes anciennes)

(Voir page 33 la Collection des OEuvres complètes anciennes)

CORRESPONDANCE	LA PORNOCRATIE
DE	OU
P.-J. Proudhon	**Les Femmes**
8 beaux vol. in-8°, à **5** fr. le vol.	1 vol. gr. in-18 Jésus **2** fr. **50** c.

LUTTE
DU
CHRISTIANISME & DU CÉSARISME
2 vol. gr. in-18 jésus : **3** fr.

HISTOIRE	VIE	HISTOIRE
de	de	de
POLOGNE	**JÉSUS**	**JÉHOVAH**
	Mélanges divers, fragments d'histoire universelle	*La Genèse de la Création* (Suite de la *Bible* annotée)
2 vol.gr. in-18 : **3** f.	1 v. gr. in-18 : 3 f. 50	1 v. gr. in-18 : 3 f. 50

CAHIERS ET CARNETS
MÉMOIRES DE P.-J. PROUDHON
Faisant suite à la *Correspondance* et la complétant
4 beaux volumes in-8° : **20** fr.

Le Principe de l'art. 1 vol. gr. in-18 Jésus............	3	50
La Bible annotée. — *Les Evangiles*. 1 fort vol. gr in-18 Jésus....................................	4	»
— *Les Apôtres. -- Les Epitres*. 1 fort vol. gr in-18 Jésus.........................	5	»
France et Rhin. 1 vol. gr. in-18 Jésus..............	2	50
La capacité politique des classes ouvrières. 1 vol. gr. in-18 Jésus.............................	3	50
Contradictions politiques. Théorie du mouvement constitutionnel. 1 vol. gr. in-18 Jésus..............	3	50

Paris. — Imprimerie Moderne (Barthier, d'), rue J.-J.-Rousseau, 61.

CORRESPONDANCE

DE

P.-J. PROUDHON

TOME DEUXIÈME

PARIS

LIBRAIRIE INTERNATIONALE

A. LACROIX ET Cᵉ, ÉDITEURS

13, FAUBOURG MONTMARTRE, 13

—

1875

CORRESPONDANCE

DE

P.-J. PROUDHON

———◦◦◦———

Besançon, 2 janvier 1842.

A M. BERGMANN

Mon cher Bergmann, j'attendais de tes nouvelles en septembre ou octobre dernier, par Dessirier ou Maguet; comme tu m'avais prévenu de l'intention où tu étais de faire un voyage à Paris, j'espérais que ce serait pour moi une occasion. Je n'ai rien appris. As-tu renvoyé à un autre temps ton voyage? Es-tu marié, enfin? Es-tu mort pour les amis, depuis que tu as dû mourir pour toutes les femmes, moins une?

Ackermann m'a écrit, il y a un mois; il se plaint

également de ton silence. Tu as dû recevoir une petite publication de sa façon; et il attend probablement ton opinion. Pour moi, je suis loin d'être satisfait du tour que prennent ses études; j'ai peur que son esprit ne se subtilise tant qu'à la fin il ne s'évapore.

Quant à moi, mon cher ami, je m'enfonce de plus en plus dans *l'économie* et les recherches socialistes; et si je ne t'ai pas écrit depuis si longtemps, c'est que j'ai une brochure nouvelle à t'envoyer, et que j'en attendais la fin. Une attaque fouriériste, jointe à la gravité des circonstances, m'a forcé de reprendre la plume et de lancer, tout en me défendant, une sorte de programme de l'ouvrage plus important que je prépare. Tu pourras, je le crois, préjuger mes futurs travaux d'après cette annonce; et peut-être ne seras-tu pas étonné si je te dis que dans deux ans je serai tout entier, avec armes et bagages, dans le gouvernement.

Tu me reprocheras, cette fois encore, une attaque effroyable contre le *National;* ma réponse est simple. J'ai été dénoncé et signalé à la justice par ce journal; je suis maintenant offensé et non pas offenseur. Du reste, je souhaite que le *National* ne laisse pas passer ainsi ce nouvel horion; car, de deux choses l'une, ou il crèvera de mes accusations, ou bien il donnera explication, rétractation et profession de foi contraire. Nous plaiderons, soit devant les tribunaux ordinaires, soit devant des arbitres; et comme l'événement est prévu, je n'ai rien à craindre. Lui seul éprouvera un échec. Il est possible aussi qu'il se rende compte du danger de sa situation et qu'il prenne le parti de se taire, ce qui serait peut-être le meilleur; dans ce cas, mes accusations subsistent, et gare les citations que d'autres journaux en pourraient faire.

Je compte partir pour Paris dans la huitaine. Ma boutique a un peu de besogne; je suis imprimeur pour jamais. J'acquiers de jour en jour la sympathie de mes concitoyens : banquiers, négociants, jeunes gens, avocats et médecins me veulent du bien; il n'y a plus contre moi que la vieille Académie.

J'aurai probablement une rude année à traverser; mais j'ai lieu de croire que ce sera la dernière. Nos conseillers municipaux me cherchent une place au pays afin de me retenir parmi eux.

Je te souhaite, mon ami, une bonne année, et la paix et l'amour dans ta famille. Tu pourras m'écrire à l'adresse de Dessirier, rue Sainte-Anne, 22.

Je n'oublie pas ce que je te dois; mais je suis encore bien pauvre. Il faut, pour me remettre à flot, un nouvel ouvrage et l'adhésion du pouvoir, que du reste je suis sûr d'obtenir.

Je t'embrasse de tout mon cœur et te prie de croire que je pense à toi tous les jours.

Ton ami,

P.-J. Proudhon.

Paris, 23 janvier 1842.

A M. BERGMANN

Mon cher Bergmann, voici de l'imprévu : ma brochure vient d'être saisie par le parquet de Besançon et je suis assigné à comparoir dans la huitaine aux assises de mon département. Je ne connais pas encore le sujet de la plainte, ni sur quels passages se fonde l'accusation, et j'attends à cet égard des nouvelles. Quoi qu'il en soit, mon plan de conduite est tout tracé ; il m'est impossible, d'ici à huit jours, de partir, d'improviser une défense, etc., etc., d'autant plus que je n'ai pas encore reçu de citation et que je ne suis informé de la poursuite que par correspondance privée. D'ailleurs, des douleurs de vessie, occasionnées par le froid, l'humidité et mon dernier voyage, m'empêchent de me mettre en route. Ainsi, je vais écrire pour demander une remise aux prochaines assises ; sinon je ferai défaut, et formerai opposition au jugement.

Je viens d'apprendre ce matin du commissaire de roulage, chargé de la caisse qui renfermait ma brochure, qu'elle était saisie d'avance à la requête simultanée de la préfecture de police et du parquet. Il paraît que l'affaire sera menée bon train. La poursuite émane du parquet de Besançon (il est impossible, d'après le calcul des dates de dépôt et de saisie, que l'ordre en ait pu être donné de Paris); j'ai donc lieu de croire que mes anciens académiciens, jugeurs et procureurs, ont saisi cette occasion avec plaisir. Nous nous verrons donc en face; ils peuvent y compter; et j'espère qu'ils ne s'en applaudiront pas, si ce n'est comme un brigand s'applaudit d'une vengeance.

As-tu reçu l'exemplaire que j'ai mis à la poste pour toi? A part quelques vivacités provoquées par les déclamations des journaux Guinet contre le progrès, la dépravation des masses, la perversité des doctrines et les espérances réformistes, le reste est plus modéré encore que dans mes premiers Mémoires. Voici même ce dont on m'a félicité à Besançon et comment mes concitoyens me jugent.

Cet homme, disent-ils, n'est ni communiste, ni républicain proprement dit; il demande l'abolition de la propriété, mais il parle de cette abolition comme d'une *transformation organique*, laquelle ne se produit que par développement. Toute *éversion*, *substitution* ou *révolution*, suivant lui, est mauvaise; *l'interruption dans la vie sociale, c'est la mort*. Donc il va conclure au maintien des propriétés dans les mains des détenteurs, sauf à demander le développement de certains principes déjà reconnus, et qui doivent, d'après sa théorie, universaliser et équilibrer la Propriété; donc il veut la conservation du gouvernement de Juillet, sauf le choix du ministère le plus capable d'accomplir cette transformation et ce développement.

Et tout cela est parfaitement vrai, je critique la Propriété, non comme forme transitoire, mais comme forme définitive; j'attaque les hommes du ministère, non comme attachés au gouvernement de Juillet, mais comme voulant en fausser les conséquences.

Quant aux personnalités qui m'échappent, elles sont des représailles ; d'ailleurs, les personnalités ne sont pas du ressort des Cours d'assises, pas plus que l'euphémisme et la rhétorique.

J'ai adressé au ministre de l'intérieur, M. Duchâtel, à la date du 20 courant, avant d'avoir connaissance des poursuites dirigées contre moi, un exemplaire de chacune de mes publications, avec une longue lettre contenant une profession de foi sur l'avenir. J'espère que le ministre accueillera favorablement mes idées, d'autant plus que je lui montre, et tu le comprends de reste, comment on pourrait tourner au profit du gouvernement les théories les plus radicales. En effet, s'il ne peut y avoir de substitution ni d'interruption dans une société, il faut que toute théorie prouve qu'elle dérive nécessairement de la théorie existante, conséquemment qu'elle travaille à conserver celle-ci jusqu'au jour de son propre avénement.

Ces idées, si sèches et si bizarres dans leur expression physiologique, sont admirables d'application et d'exposition historique; il faudrait réussir à les faire entendre à un ministre, et ma cause, par cela seul, serait gagnée. Mais que d'obstacles !

Quoi qu'il arrive, je ne me rends pas si vite et suis loin d'être découragé. Il faut que j'attende la réponse de M. Duchâtel, ensuite je puis faire manœuvrer quelques recommandations imposantes ; enfin, il me reste un refuge dans le jury, et dans la faveur des Bisontins. — La veille du jour où l'on m'a appris la saisie, je recevais l'annonce que les membres les plus influents du conseil municipal s'occupaient de faire tomber sur moi la concession d'un vieil employé à 2,400 francs, avec peu de besogne. Il faudrait que cette nomination m'advînt avant le procès, et c'est un des motifs secrets de l'ajournement que je vais solliciter.

J'ai lu ta lettre avec grand plaisir et je suis vraiment heureux de ton bonheur domestique. Je sais depuis longtemps qu'une intelligence au-dessus de l'ordinaire ne va pas sans une grande sensibilité, et tel qui paraît calme et réservé ne dit pas tout ce qu'il éprouve. Sois donc heureux autant qu'un honnête et savant homme peut l'être; sache entretenir et augmenter ton bonheur; la part qu'un homme peut prendre aux affaires de ce monde est si petite en comparaison de celle qu'il lui reste à donner à ses intérêts, que c'est folie, je le dis sans prêcher l'égoïsme, de vouloir sacrifier un bien-être facile et sûr à de vaines spéculations de science ou de dévouement. *Réjouis-toi*, dit Salomon, *avec l'épouse de ta jeunesse;* puis adore Dieu, et exerce ton âme dans la contemplation de ses œuvres. La science ne peut manquer de se faire, sans que nous nous fassions périr pour elle; la violence, si elle conduit au royaume éternel, fait avorter souvent la vérité. Rien de trop, rien avant le temps; chacun pour son bonheur, et tous pour l'étude; ce sont les préceptes de la sagesse.

Il est très-possible que j'aille à votre congrès strasbourgeois; Maguet serait du voyage. Il va prendre incessamment son diplôme de docteur. Si je gagne mon procès, que j'avance mon ouvrage sur l'organisation, et que je sois nommé à la municipalité de Besançon, je suis en pleine voie de succès. Sinon, je ne puis encore calculer où je me trouverai rejeté. On peut m'infliger un an de prison, comme un mois; 100 francs d'amende ou 10,000. Je ferai un mois de prison et paierai 100 fr.

d'amende ; mais je préfère cinq ans d'exil à Lausanne, à Neufchâtel ou à Genève, à un an de captivité.

Je t'écrirai plus tard s'il m'arrive quelque chose d'important, ce que je ne prévois pas. Ainsi, adieu jusqu'à mon départ pour Besançon. Conserve-moi ton amitié ; quoi que je devienne, je saurai la mériter.

Maguet, Haag, Dessirier se portent bien ; Reclam est précepteur et s'ennuie.

Tout à toi.

P.-J. PROUDHON.

P.-S. Paris, 26. Je rouvre ma lettre pour te dire qu'il faut nécessairement que je parte. Je serai à Besançon le 30 ou le 31 ; la cause se plaidera jeudi 3 février. Tu en connaîtras le résultat dimanche ou lundi.

Besançon, 8 février 1842.

A M. BERGMANN

Mon cher Bergmann, je viens d'être jugé, et je suis ab-
sous, par le jury, des quatre chefs d'accusation formulés
contre moi. J'ai présenté moi-même une défense écrite
dont la lecture a duré plus d'une heure. Comme je
compte l'imprimer, tu en jugeras. C'est une espèce de
prospectus général tant de mes études passées que de
mes études à venir et de leur objet. Je gagne et je
perds tout à la fois, par suite de ce procès. Je *gagne* un
petit moment de célébrité, qui ne s'étend pas même fort
loin, car, tu le sais, je n'ai pas les sympathies de la
presse ; je gagne, ce qui vaut mieux, et ce que personne n'aperçoit, l'avantage de pouvoir innover, ana-
lyser et renouer à mon aise les principes, les droits,
les croyances et les institutions. Car ce jugement, reconnaissant que je suis *homme de méditation, non de révolution*, économiste, non anarchiste, que je veux, suivant l'expression du président, *convertir le gouvernement
et les propriétaires*, il s'ensuit que je puis tout dire,
comme fait un instituteur ou un ami, et que je suis
déclaré hors de la ligne des conspirateurs. C'est à moi
de conserver cette magnifique position.

Mais je *perds*, dans ce sens que, pour me défendre,
j'ai été forcé d'exposer des vues et des idées que je ne
voulais donner qu'en temps convenable ; par exemple,
que comme l'égalité et la non-propriété résultent de la
métaphysique législative, de l'économie et de l'histoire,
tout de même elles sont une conséquence nécessaire de la
Charte, et de toutes les institutions qui l'accompagnent ;
si bien, comme je l'annonçais d'ailleurs, qu'il ne s'agit
plus aujourd'hui que de *développer*, non de *détruire*.
Cela est magnifique pour les gens synthétiques et qui
ont l'habitude d'enchaîner leurs idées ; mais, pour cette
multitude de sots qui font et défont en un instant les
réputations, cela est excessivement dangereux : car
plusieurs en concluent déjà que je suis acquis au
pouvoir et que je n'ai fait tant de bruit qu'afin de me
faire payer plus cher. Commencer par *l'égalité* et *l'abolition de la Propriété*, pour finir par l'acceptation et le
développement de la Charte, cela déroute tous nos démocrates, comme cela a dérouté à l'audience le ministère public.

C'est pourtant aussi beau, aussi fécond que vrai ; tu
le comprendras, j'espère.

Il me reste à te demander quelques renseignements
sur un M. *Ferrari*, professeur d'économie politique de
ton Académie strasbourgeoise, qui vient, dit-on, d'être
suspendu par ordre du ministère. Je voudrais savoir
quel est cet homme, ce qu'il pense, et ce que tu penses
de lui ? Écris-moi donc au plus tôt.

Je reste à Besançon ; je crois t'avoir écrit que notre
maire et son conseil municipal songent à me caser pour
m'assurer le repos et l'indépendance nécessaires à
l'étude ; je ne puis mieux faire, je crois, que de me
prêter à ces bonnes dispositions. Je vais avoir une rude

année à traverser ; mais, je te le répète, je crois que ce sera la dernière, *quant aux besoins de première nécessité.* Je gagne tous les jours des amis ; j'en ai presque dans le parquet ; j'espère que bientôt le pouvoir, sans m'avouer, me tolèrera. Je sais que déjà il m'estime et m'honore.

Adieu, mon ami ; je viens de passer une journée fantasmagorique, aussi vaine que les autres. *Tout est vanité,* disait Salomon, *excepté d'aimer Dieu,* ajoutons, *et de le comprendre.*

Serait-ce une indiscrétion de te prier d'offrir mon respectueux hommage à ta jeune épouse?... Tu en feras à ton plaisir.

Je t'embrasse,

P.-J. PROUDHON.

Besançon, 28 février 1842.

A M. TISSOT

Mon cher Monsieur Tissot, j'ai l'honneur de vous adresser trois exemplaires de la défense que j'ai présentée à la cour d'assises le 3 de ce mois : un pour vous, un pour M. Parigot et le troisième pour M. Drevon ; plus un exemplaire de mon *avertissement* pour ce dernier, que j'ai fort regretté d'avoir oublié lors de mon passage à Dijon.

Cette défense en *explication* fermera la série de mes Mémoires d'*attaque*, et servira de transition à mes recherches sur l'organisation économique des sociétés. J'espère que vous la lirez avec la même bienveillance que vous m'avez toujours accordée.

Je l'ai échappé belle, il faut que j'en convienne : la Cour était furibonde ; l'Académie ne s'est pas encore remise de sa colère, et j'ai pu voir par les menées du clergé qu'on ne l'offense pas impunément dans ses prétentions. Le délit d'offense envers la religion qu'on me reprochait était absurde ; le public le disait, le ministère public le sentait, le président me l'a avoué après coup ; et cependant, sans la prudence de mon avocat, qui m'a empêché de lire ce que j'avais écrit sur cet article, j'aurais perdu mes derniers appuis dans le jury, composé en partie d'homme religieux, mais incapables de distinguer la religion de la superstition.

L'auditoire était comble ; toute la ville en émoi ; toutes les catégories offensées, dans l'attente d'une vengeance. On espérait me voir humilié par une rétractation et par une peine sévère ; j'ai crucifié en pleine audience plus de monde que je n'avais jamais fait ; mon discours, loin de ressembler à une excuse, a été une perpétuelle instance. Le *Franc-Comtois*, si vous avez eu connaissance des trois ou quatre numéros que sa bienveillance m'a consacrés, vous en aura instruit. Pendant que je faisais part au jury d'une lettre que j'avais écrite à M. Duchâtel, la réponse arrivait par le télégraphe : c'était l'ordre de sévir si l'on obtenait une condamnation.

Le jury m'a acquitté à la simple majorité sur le délit d'attaque à la Propriété ; et à l'unanimité sur les autres chefs.

Ce procès m'a éclairé sur plusieurs points :

1º La volonté arrêtée du gouvernement de résister à toute réforme, et de neutraliser la libre discussion ; ce qui me fait perdre tout espoir.

2º La tendance de plus en plus monarchique et aristocratique, monopolisante, corruptrice et cafarde, de la dynastie d'Orléans.

3º L'alliance du clergé avec le nouveau pouvoir ; son influence croissante dans les affaires, sa mauvaise volonté et son incapacité irrémédiable. Comme vous, je pense maintenant que ce serait sottise de ménager les niaiseries catholiques et *indulgenciées*, pour le médiocre avantage de ne point chagriner quelques bonnes gens ; et je m'apprête à leur faire bonne et rude guerre. Il y avait dix à douze représentants de l'Église à mon jugement; je pouvais les stigmatiser si j'eusse voulu; mais l'important était d'obtenir un acquittement.

Votre confrère P*** a tenu à mon égard une conduite odieuse. Cet homme a deviné qu'au fond du cœur je le méprise, et il a juré de m'écraser. Il est parvenu déjà à m'aliéner toute l'Académie, mais j'ai pour moi les rieurs, en attendant mieux. C'est P*** qui, dans le *Franc-Comtois*, m'a placé sur la ligne d'un assassin et d'un infanticide; c'est lui qui m'appelle *insolent, orgueilleux, ingrat, singe de bourreau, nouveau Babeuf, septembriseur,* et qui demandait pour ma peine *cinq ans de fers* et *cinquante francs d'amende.*

En revanche, je recueille les sympathies du haut commerce, de la Banque, du peuple, des administrations. Tout ce qui entend un peu les affaires me lit et m'encourage. On m'attend.

Je viens de recevoir une lettre de *Considérant*, qui me le fait peu estimer. Considérant ose me dire qu'il n'a lu de tous mes ouvrages que mon *Dimanche;* qu'il a à peine jeté les yeux, depuis deux ans, sur ma *Propriété,* etc.; que du reste il me répondra après que j'aurai publié ma dernière édition (ce qui pourra bien arriver dans vingt ou trente ans). Cette lettre est bête et fausse; on est toujours bête quand on sort de la vérité. D'ailleurs elle est dictée par l'esprit de répression intellectuelle que tout le monde s'entend à merveille à appliquer aujourd'hui. J'ai, quant à moi, la chance de réunir tout le monde contre mes publications, ce qui produit, comme j'ai dit, une *conspiration de silence à mon égard.* Mes publications ont l'air d'être clandestines, et cependant elles s'insinuent partout et déjà portent leur fruit. Quand j'aurai le plaisir de vous voir, je vous parlerai d'une vaste entreprise qui en ce moment s'organise à Besançon, d'après une idée d'égalité, et dont l'objet est d'amener périodiquement l'extinction de l'intérêt de l'argent, et cela comme je l'ai indiqué, par la force des concurrences. Vous verrez.

Pour revenir à ce qui me concerne, j'ai trouvé des bailleurs de fonds, qui sous une forme commerciale, se proposent de continuer pour moi l'œuvre de l'Académie. Ainsi je travaillerai au jour le jour, à peu près comme auteur commandité. Mon prochain Mémoire sera publié de cette manière. Le premier chapitre sera pour les robes noires et laissera entrevoir tout ce que je puis faire sur cet article ; je me propose de placer le second, destiné aux philosophes, sous le patronage de M. *Claude-Joseph* Tissot ; pourvu qu'il m'en accorde la permission. Ce chapitre débuterait par quelques réflexions générales sous forme de lettre. J'espère bien, mon cher et docte compatriote, que vous ne vous en trouverez pas compromis. Du reste, loin de m'associer ceux à qui je ferai de ces adresses, je ne songe qu'à les prendre pour *interlocuteurs*. Ainsi nul danger pour vous.

Janvier et février sont perdus pour mes études, mais non pour mes réflexions. J'ai beaucoup pensé depuis six semaines ; je me connais mieux maintenant, et je comprends ce qui me manque encore pour mettre plus de monde à mon unisson. Il est un point sur lequel nous nous rencontrerons toujours, mon cher professeur : rationaliser les esprits, la politique, la religion et la morale ; abattre les préjugés et les fausses sciences ; écraser les oppresseurs de la pensée et de la liberté civile ; livrer à l'infamie les corrompus et les lâches. Quand j'aurai dit tout ce que je pense, je me préparerai au combat ; quand mon enseignement sera terminé, je deviendrai, s'il le faut, conspirateur ; jamais le monde n'aura ressenti tant d'effroi. Souvenez-vous que j'ai annoncé une *dernière ressource* plus terrible que l'assassinat, l'insurrection, etc.; cette dernière ressource a fait frémir le public bisontin, le Parquet, la Cour, le jury, la presse, quand j'ai déclaré que je ne pouvais la révéler. J'ai besoin d'une conversation pour vous le dire, mais je vous assure que M. Guizot et Louis-Philippe m'y font penser involontairement.

Mes très-humbles respects à Mme et Mlle Tissot; mes amitiés à votre Charles, et toute mon estime et mon affection pour vous, mon cher compatriote.

P.-J. PROUDHON.

Besançon, 3 mars 1842.

A M. TISSOT

Mon cher Monsieur Tissot, j'ai reçu votre lettre ce matin, affranchie (Pourquoi ?...), et je ne puis m'empêcher d'y répondre sur-le-champ, tant j'y trouve de choses curieuses, plaisantes, tristes et aimables.

Vous êtes suspect ! suspect au recteur, suspect au ministre, suspect à l'évêque ! Je ne suis pas surpris si, en butte à toutes ces suspicions, vous repoussez la dédicace d'un suspect ! Je vous dois quelques explications à cet égard.

Je dédie mes livres à deux sortes de gens : à mes amis et à mes adversaires. Je demande aux premiers leur consentement; les seconds ne sont avertis qu'en même temps que le public. Je sais tout ce que pourrait avoir de dangereux pour un membre de l'Université une belle et bonne dédicace signée de ma main; aussi ne voulais-je rien faire sans vous avertir; du reste, je vous l'ai dit, vous n'eussiez été en aucune façon compromis. Je trouve toute sorte d'avantages à me faire, de gré ou de force, un interlocuteur. Si j'étais seul au monde, plutôt que de monologuer, je parlerais à mon chapeau, tant j'ai horreur des soliloques.

Pour revenir à vous, mon cher compatriote, la seule question dont il se fût agi entre nous était une question de métaphysique et de méthode : *catégories*, *séries*, *genres*, *espèces*, etc. J'enrage de vous voir si obstiné, et il faut que je vous enlève à Kant. Les propriétaires ne me sont rien ; les académiciens encore moins ; les cafards si peu, que je ne daigne pas m'en occuper. Mais vous ! Que vous restiez kantiste de mon vivant, c'est ce qui me tourmente et me fera faire les plus grands efforts d'imagination et de dialectique. Quand je dis *kantiste*, je veux dire engoué des principes de droit de Kant, de son rationalisme sophistique, de sa théorie de la raison pure, et de sa psychologie. Voilà ma déclaration de guerre : il faut que vous me terrassiez ou que je vous absorbe (1).

Je réponds à vos critiques.

J'ai trop cajolé, dites-vous, dans mon *Avertissement*, « un homme qui s'est chargé de me désabuser lui-« même de la bonne opinion que j'avais de lui. » — Vous avez raison, mais c'est précisément ce que je ne comprends pas. Depuis que j'ai eu le plaisir de vous écrire, j'ai reçu une lettre de Considerant, la plus sotte, la plus fausse, la plus insignifiante lettre du monde. Il me dit qu'il n'a pas encore lu vingt pages de tous mes Mémoires, que d'ailleurs il y répondra quand j'aurai publié mon dernier mot. Notez ceci : dans trente ans, je n'aurai pas tout dit encore. Enfin, M. Considerant ne dit rien qui vaille la peine, ne répond pas un mot, ni à mon *Avertissement*, ni à la lettre particulière que je

---

(1) Homère, *Iliade*, xxiii. vers 724 : ἤ ἐμάνλειρε, ἤ ἐγὼ σε. C'est le mot d'Ajax à Ulysse.

lui ai écrite, rien enfin. Cette lettre m'a dégrisé, et je
commence à le croire aussi charlatan que les autres.
Votre reproche est donc légitime ; mais comment avez-
vous pu me dire que Considerant s'était chargé lui-
même de détruire la bonne opinion que j'avais de lui,
puisque vous saviez bien que je ne l'avais jamais vu,
et que je n'avais eu avec lui la moindre relation ? J'ai
été satisfait de sa brochure sur la *politique générale*, et
j'ai été si heureux d'avoir un prétexte de lui dire des
choses flatteuses, que je m'y serai peut-être abandonné
sans trop de réserve. Bien des gens pourtant n'ont pas
trouvé que je le cajolasse beaucoup. Encore une fois,
expliquez-vous, ou bien je croirai que la lettre de
M. Considerant, adressée à moi, vous a été commu-
niquée par ordre du cabinet noir.

Vous regrettez que je n'aie pas fait une critique plus
détaillée du système de Fourier, mais c'est que je n'ai
voulu traiter que la question de *répartition*, la seule que
j'aie abordée jusqu'à ce jour, et que j'ai réservé celle
d'*organisation*. Chaque fruit en son temps. L'économie
politique, je ne puis trop le redire, est une science en
création ; il est impossible de faire une critique convenable des systèmes d'organisation sans s'être fait
auparavant des principes et des lois : et des *lois* et des
principes ne se découvrent pas tous les jours, et ne se
démontrent guère par l'évidence intrinsèque. Ma réponse aux phalanstériens suffit, puisqu'elle se résume
en ces termes :

La répartition, dans Fourier, résulte de l'organisme ;
Or, cette répartition est économiquement fausse ;
Donc le mécanisme sociétaire est faux, *a priori*.

M. Wolowski, dites-vous, a fait de mes Mémoires
autre chose qu'une critique scientifique ; vous serait-il

possible de me faire connaître cette critique, en même temps que vous me feriez passez votre appréciation ? Il est ridicule pour un homme tel que M. Wolowski de ne voir en moi qu'un sectaire à étouffer ; il devrait savoir qu'une idée ne périt jamais que par une idée supérieure. Pourquoi ne m'a-t-il pas envoyé sa critique ? Il faut que je sache ce que l'on m'objecte si l'on veut que je me convertisse et que je fasse pénitence.

J'ai été tout à fait réjoui de votre idée des *étables d'Augias*, mais je n'approuve pas que vous vous traitiez aussi mal que vous faites. Je suis de mon naturel assez peu modeste, mais je suis franc dans mon amour-propre et je ne crois guère à la modestie des autres. Sachez donc reconnaître ce que vous valez, ou vous m'obligerez à vous le dire en face. Pourquoi donc ai-je débuté par une clameur si haute ? C'est parce qu'il est nécessaire aujourd'hui, pour se faire entendre, de crier et de couvrir la voix des autres. Vous avancez beaucoup, ma foi, avec vos éloquentes élucubrations ! Il y a dans toute la France quelques centaines d'individus qui peuvent vous apprécier, et, sur ce nombre, des rivaux qui vous jalousent, des écoliers de la *Normale* qui vous dénigrent, des intrigants qui vous dissimulent, des cafards qui vous détestent. Que ne faites-vous comme moi, morbleu ! Les belles manières n'obtiennent rien ; frappez à tour de bras. Faudra-t-il que je me fasse votre vengeur ?

Puisque vous connaissez M. Wolowski, ne pourriez-vous lui glisser, à la première occasion, que je sais qu'il est fort savant et éclairé, mais que j'estime surtout en lui son caractère? Je pourrais bien avoir la fantaisie de lui dédier quelque chose. Je le confonds dans mon esprit avec M. Laboulaye, jurisconsulte amateur, dont je fais beaucoup de cas.

Dans quelque temps, mon cher philosophe, j'aurai à vous présenter une démonstration pratique et réalisée de ma théorie sur l'égalité et la possession; mais je sais d'avance que le fait ne prouvera rien pour vous, s'il ne vous en démontre la légitimité. Mais voici qui vous soumettra, je pense : si le fait dont je parle tend à *s'universaliser*, pourrez-vous douter qu'il ne soit *légitime?*

Une confidence : j'ai remarqué que l'œil de Pauthier ne tombe plus sur moi que de travers depuis que je me suis fait antagoniste de la Propriété; aurait-il peur pour son château?

Je vais me remettre au travail; j'ai traité avec deux bailleurs de fonds pour la publication d'un prochain Mémoire; je vends la peau de l'ours avant de l'avoir tué. Je ne connais pas encore un homme qui admette sans restriction tout ce que j'ai déjà imprimé, mais on est généralement fort curieux de me lire.

J'aurais bien des choses à vous dire de notre magistrature et de notre Académie; ce sera pour une entrevue.

Adieu, mon illustre compatriote, je vous embrasse de toute mon âme.

P.-J. Proudhon.

Besançon, 3 avril 1842.

A M. FLEURY

Mon cher ami,

. . . .

. . . .

Pour moi, mon cher Fleury, je serai bien fin et bien opiniâtre si je continue à travailler malgré tous les embarras d'affaires et de famille qui me tombent comme la grêle. Cependant je lis, je médite et j'écris avec une ardeur toujours égale, et comme si je croyais que le monde va changer dans six mois à ma parole. J'ai même fait un traité avec des commanditaires pour l'impression d'un ouvrage en deux volumes, qui devra paraître en novembre prochain.

Ma métaphysique est faite; c'est quelque chose de curieux et d'extraordinaire, je vous assure, mais qui ne sera pas compris d'emblée et va me mettre tous les kantistes sur les bras. Après cette métaphysique vient une Economie, puis une philosophie de l'histoire, puis bien des choses dont je n'ai pas encore trouvé le premier mot nulle part. Inutile de vous dire que, dans tout cela, je n'expose que des méthodes et des lois ; ce n'est pas en deux volumes qu'on déroule le tableau de l'esprit humain et de la société. Ma prétention est d'ouvrir une mine et d'en indiquer le chemin ; quant à l'édifice, je crois que cinquante volumes n'y suffiraient pas. Je crois que c'est une œuvre infinie et qui réclame le concours de tous les savants et de tous les siècles. Si je ne m'abuse pas, et que ma métaphysique soit aussi certaine que je la suppose, elle doit entraîner une révolution dans toutes les sciences morales et philosophiques.

Admirez la sagesse de la nature, qui donne à chaque homme sa spécialité. L'un manque de loisir, de mémoire et de livres, c'est-à-dire qu'il reste nul sous le rapport de l'érudition ; en revanche, il se forge un instrument de découverte et de classification, qui supplée pour lui à tous les trésors de la science. Un autre vit moins de cette vie intérieure et ne s'arrête sur chaque idée qu'autant qu'il faut pour la saisir et l'emmagasiner dans son cerveau ; en revanche, il acquiert cette richesse, cette abondance de faits et d'idées, sans lesquelles la science ne saurait se développer. Ainsi se forme la science collective ; ce que nous lui apportons chacun est peu de chose en comparaison des erreurs, des scories et déblais qui nous sont personnels. Ce serait une opération bien faite pour humilier les amours-propres humains que de dégager l'apport de chaque auteur ou savant de tout ce fatras dont il l'a accompagné.

J'ai rencontré hier le père Weiss pour la première fois depuis mon retour ; je l'ai accompagné deux cents pas. Je vois avec peine que l'Académie se soucie aussi peu de moi que du dernier écolier des Ignorantins. La malveillance de ces messieurs, de nos magistrats et de notre clergé, jointe à mon procès, ne m'a pas, vous imaginez bien, ramené de mes défiances; seulement je déguise ma colère par prudence pure et nécessité. Mon prochain ouvrage sera aussi calme et convenable dans ses formes que le plus délicat le puisse souhaiter; mais j'ai besoin pour cela de me promettre à moi-même que plus tard j'aurai ma revanche. Oh! million de tonnerres de diables! je vous jure que tout ce qui est différé n'est pas perdu. Dans vingt ans mon ressentiment sera aussi vif qu'aujourd'hui, et je comprends assez la marche lente de la société pour espérer que les sots et les récalcitrants ne me manqueront pas. Pour le moment, il faut songer à ma réputation et à mon avenir. Je ne désespère toujours pas de me faire agréer un jour; il ne faut pour cela qu'un changement de règne et de ministère. Cela pourrait venir plus tôt qu'on ne pense. Dans tous les cas, on ne me reprochera rien l'année prochaine, pas même d'avoir dit la vérité.

Vous savez qu'il a été question de me placer à la mairie; la place est donnée à un homme dont les longs services le méritaient mieux que mes brochures. Au reste, il n'y a pas eu candidature de ma part; ceux qui me portaient se sont désistés, et il n'est plus question de rien. Un nouvel ouvrage réveillera le zèle; puis, après quelques semaines, ce zèle s'éteindra. Voilà comme se passe une vie. Il vous faut, mon cher, profiter de l'expérience des autres; sollicitez-vous? ne laissez pas dormir les recommandations, surtout faites vos affaires vous-même. Marmier n'est pas arrivé à la cour sur la faveur de ses compatriotes; il y est arrivé par ses propres efforts. Enfin, comptez que la bienveillance des autres vous servira toujours plus que votre

mérite ; les hommes sont ainsi faits qu'ils aiment mieux
obliger gratuitement que rendre justice.

Je vous souhaite le bonjour et vous embrasse de tout
mon cœur.

Mes amitiés à Vernier.

P.-J. PROUDHON.

Besançon, 21 avril 1842.

A M. TISSOT

Mon cher et honoré compatriote, vous avez bien fait de me réprimander, et je vous en remercie. Comme vous dites, j'ai parfois la maladie de notre pays; je veux dire que je suis triste, défiant, ombrageux, chagrin, assiégé de soupçons et de mauvaises pensées, et, dans ces terribles instants, ce sont toujours mes amis, qui, présents, souffrent de cette humeur, absents, ont toujours tort. Châtiez-moi donc comme je le mérite, et d'une main ferme, et soyez sûr que je vous en aimerai davantage, et que nous ne nous brouillerons pas. Si j'avais affaire toujours à des gens comme vous, j'aurais bien des défauts de moins; mais, quoi! les lâches humains ont plus peur de dire une petite vérité à un homme que de se battre avec lui, et tel deviendra mon ennemi pour avoir fui devant une explication ou une correction paternelle. J'espère, mon aimable philosophe, que vous ne prendrez point ceci pour hypocrisie, et je passe au contenu de votre dernière et à la brochure qui l'accompagne.

Je regrette beaucoup que cette brochure, ou cette préface, ne soit pas votre dernier mot sur la Propriété;

car j'aimerais bien savoir tout d'une fois et n'être pas renvoyé de Pilate à Barabbas. Quand connaîtrai-je enfin tout ce que vous me reprochez? Je remarque une chose : dans la Propriété, les *économistes* ne veulent voir que le ressort qui jusqu'à ce moment a formé les capitaux; les *jurisconsultes*, que la souveraineté de l'homme sur la chose et la transmission de cette souveraineté, principe d'ordre et de gouvernement; les *philosophes* y voient surtout l'individualisation de la personne dans la société, et la manifestation du *moi* dans les choses. Et, comme les uns et les autres se demandent : — Sans Propriété, comment concevoir la formation des capitaux, sans Propriété, comment imaginer un principe d'ordre et de gouvernement; sans Propriété, que devient le signe caractérisque de la personne? — il arrive que, malgré la puissance des objections, malgré la force du doute, personne n'est ébranlé. Je voudrais donc savoir si les arguments que vous tenez en réserve, et qui peuvent être nombreux, se ramènent aux trois points sommaires que je viens de poser; cela me mettrait tout à fait à l'aise, et vous rendriez service non-seulement à moi, mais à la science elle-même.

Au reste, j'avoue que la Propriété, malgré tous ses vices, est un de ces principes qu'on ne doit, qu'on ne peut même abandonner que lorsqu'on n'a pu y substituer un autre principe qui, sans avoir les défauts qu'on reproche à celui-là, en produise tous les bons effets. C'est ce que j'ai pensé dès le premier jour, et dès le premier jour je me suis occupé d'organisation, mais sans cesser d'attaquer la Propriété, persuadé, d'une part, que ce qui est sujet à de si terribles inconvénients n'est point l'expression de la nature ni du droit, ni le dernier mot de la Providence; d'autre part, qu'il n'y aurait aucune raison suffisante de changer la Propriété contre un autre principe, s'ils étaient de tout point identiques et équivalents. Toute réforme commence nécessairement par une critique ; j'ai tâché seulement que la mienne, ardente et colorée dans la forme, fût au fond plus savante et moins déclamatoire que celle de mes devanciers.

J'attendrai donc avec patience la Revue de M. Wolowski ; mais je regrette que vous n'ayez point fait entrer dans votre brochure l'article que vous lui avez envoyé, et qui aurait intéressé tout notre pays.

A mon tour maintenant de vous réprimander.

Vous avez été injuste envers vous et envers moi, et vous avez méconnu mes intentions quand vous avez refusé l'adresse d'un chapitre que je me proposais de vous faire. Il ne s'agissait pas ici de l'honneur assez banal d'une dédicace, ni de mettre votre nom en évidence comme celui d'un personnage illustre, ni de vous prendre (horreur!) pour nouveau sujet du martyre de mes sarcasmes. Ma pensée, pensée toute scientifique, était de publier des idées métaphysiques, non sous l'approbation ni la protection, mais sous l'adresse d'un métaphysicien ; comme on adresse un mémoire de physique à Biot, à Arago ou à l'Académie des sciences, des vers à Lamartine, une découverte à un ministre, une dénonciation à un procureur du roi. Puis je désirais honorer un compatriote, honorer la Franche-Comté, en montrant ses enfants voués à l'étude, et formant une petite société intellectuelle ; enfin m'imposer à moi-même un joug salutaire en plaçant devant mes yeux le nom cher et vénéré de l'un des hommes que j'aime et que j'estime le plus. — J'ignore si je persisterai dans le projet d'adresser un chapitre à M. Blan-

qui, un autre à M. Wolowski, un autre à mon ami
Bergmann ; dans tout cela il n'y a pas une seule pensée
de critique, pas plus que de dédicace ; c'est seulement
un *envoi* de ma pacotille aux juges compétents. Blanqui
et Wolowski, Bergmann et Tissot étant en quelque
façon arbitres officiellement constitués de ces sortes de
choses, il est loisible au premier venu de leur faire
l'honneur ou le désagrément de les prendre pour juges ;
mais Bergmann et Tissot étaient mes amis, et je ne
voulais rien faire sans leur participation. Réfléchissez-y
encore, je vous prie ; vous ne serez ni mon Mécène ni
mon Aristarque, ni mon Saint ; il n'est question ici que
d'un appel à vos lumières, et de l'édification du public.
Ce ne sera pas la première fois qu'un auteur aura commencé chaque livre ou chaque chapitre d'un ouvrage
par une invocation, une apostrophe, etc., à sa muse, à
sa maîtresse, à son ami. Je veux, par manière de repos,
de résumé ou d'énoncé de ce qui va suivre, causer avec
un juge, avec un connaisseur, un expert ; c'est un exorde
épistolaire dans un livre éminemment didactique. Qu'y
a-t-il là qui vous puisse déplaire ?... J'aurai bien dû
ne vous rien dire, et vous eussiez été, je vous assure,
agréablement surpris. Allons, Monsieur le philosophe,
dédaignerez-vous la prière d'un disciple, quand Jésus-
Christ écoutait celle d'une pécheresse et d'un publicain ?

Je suis très-content de la manière dont vous avez
soutenu votre thèse, et, bien que votre langage ne soit
pas explicite comme serait le mien, vous avez parlé
comme vous deviez. Ayant affaire à des hommes qui
admettent le principe de Propriété, et voulant me renfermer dans les limites du sujet, il me semble, sauf
l'érudition qui chez vous est si abondante, que je n'aurais pas fait autrement que vous. Vous avez surtout

distingué le *morcellement du sol* de la *division des pro-priétés*, deux choses que la commission académique et son rapporteur Perron ont confondues, ce qui les a mis en train de dire que les inconvénients semblaient égaux entre la thèse de votre concurrent aristocrate et la vôtre. Voilà nos habiles !... Mais tais-toi, ma langue !

M. Auguste Demesmay vient d'être élu député... de la famille Demesmay. Il n'y a presque dans l'arrondissement de Pontarlier que des Demesmay et des clients des Demesmay. M. Boissard a été joué par eux le mieux du monde. Cette élection est le tour de passe-passe électorale le plus curieux que l'on ait vu.

J'ai reçu de Pauthier sa *Réponse à M. Julien*. Je voudrais bien que notre ami Pauthier fût un peu moins quinzième-siècle et qu'il abandonnât le rôle de glossateur pour celui d'historien. Abel Rémusat lui a tracé la route ; pourquoi s'en écarte-t-il ? Deux volumes bien savants, bien pensés, bien écrits, sur la langue, la littérature, etc., de la Chine, vaudraient mieux que tout ce fatras. Le public sera toujours persuadé qu'il sait le chinois mieux que Julien s'il veut prendre la peine d'écrire comme Rémusat.

Question typographique :

Votre brochure n'a-t-elle pas été tirée à la mécanique ? Combien vous coûte-t-elle d'impression et pour combien d'exemplaires ?

Je viens de déménager ; depuis quinze jours j'ai fait le manœuvre et le porteur ; ce qui a produit un vide affreux dans ma pauvre cervelle. Je suis logé actuellement rue de Collége, nº 10, près de l'église.

Tout à vous, avec l'estime la plus parfaite et l'attachement le plus sincère.

P.-J. PROUDHON.

Besançon, 9 mai 1842.

A M. BERGMANN

Mon cher Bergmann , je commence par te remercier
de l'envoi de ta brochure et de celle de M. Ferrari. Il
ne se peut rien de plus satisfaisant à mon gré que ta
doctrine linguistique; j'y retrouve dans un autre ordre
d'idées toutes mes idées sur la méthode, la métaphysique
universelle et l'économie sociale. Il y a tout un monde
dans ta tête; il ne faut pas t'en tenir à ces petits articles
qui ne signifient rien ou du moins qui disent trop peu.
Il faut exposer une synthèse complète , accompagnée
d'une assez grande masse de faits et d'idées pour qu'elle
soit à l'abri de toute atteinte; puis tu l'appliqueras immédiatement aux spécialités littéraires et philologiques
dont tu es chargé. Il y a plus qu'une affaire d'amour-
propre, pour un esprit tel que le tien, à formuler et
systématiser tes idées : il y a encore le besoin de se
nourrir et de se, féconder par ses propres pensées. Ce
que tu sais est immense ; eh bien ! j'ose affirmer que
toute ta science doublerait par la seule nécessité de
l'exposition. Mais je prêche un converti, et j'ai l'air de
confondre la *publication* avec la *rédaction*.

Je suis assez satisfait de M. Ferrari; seulement, je ne lui trouve pas encore d'originalité. M. Ferrari est un esprit vigoureux; mais je ne puis affirmer, d'après ce que j'ai vu, qu'il pense par lui-même. C'est la manière universitaire, le goût des analyses, des comparaisons, des rapprochements; la défiance de l'exclusivisme et la disposition éclectique qu'on trouve partout depuis Cousin. Je ne puis m'accommoder de tous ces *peut-être*, de ces mille probabilités, de ces interminables incertitudes. Avec cette façon de mener les choses et de diriger l'esprit humain, on n'en finira jamais. Ici Platon; là, Aristote : qui a raison des deux? — L'un et l'autre, et ni l'un ni l'autre. — Que voulez-vous, enfin? — Je ne sais. Voilà le refrain de l'éclectisme. On me parle d'une synthèse entre Aristote et Platon, entre la propriété et la communauté, etc., etc. — Dites enfin ce que sont ces synthèses ; en ce qui me concerne, je m'y perds.

Du reste, j'ai été on ne peut plus content de la justice qu'on lui a rendue. Nos archevêques jouissent de leur reste. Ils ne savent pas qu'il est trop tôt pour le peuple ignorant d'en finir avec l'Église, et que, s'il reste au catholicisme encore un souffle de vie, c'est pour le bon plaisir de l'université. Mais voici ce qui arrivera. Il se trouvera pour la religion comme pour la propriété un homme qui lui portera le dernier coup; les éclectiques seront mis en demeure de formuler leurs synthèses : on hésitera quelque temps ; on criera même contre l'intempestif aggresseur ; puis on se résignera, et nous vivrons en paix. Voilà ce que j'espère et ce que je crois. Puisque rien ne se peut effectuer en ce monde sans un peu de désordre et de bruit, il faut en prendre son parti et préparer le moment de la crise, comme fait un habile médecin. Mais nous n'avons que des empiriques.

J'aurais voulu qu'au moins *un* des universitaires dénoncés, au lieu de crier à la *calomnie*, répondît hardiment : « *Non, je ne suis plus catholique, et vous, vous êtes stupides.* » Mais ces Messieurs ont préféré faire comme Voltaire, qui écrivait contre l'*Infâme*, tout en faisant ses *Pâques*. — C'est Cousin qui a fait la plus triste figure ; quoi de plus ignoble que de l'entendre dire qu'il croit à la *Trinité*, voire à l'*Incarnation*, et citer en preuve deux ou trois lambeaux de phrases platoniques sur le *logos*, ce *logos* qui n'eut jamais le sens commun ? Tout cela est indigne.

J'ai lu avec attention le programme du congrès. J'espère toujours y assister ; je compte même y présenter un morceau de haute métaphysique et un d'Economie politique. Je n'écris pas au secrétaire ; mais tu peux dès maintenant me faire inscrire comme souscripteur ; si je ne puis aller, je t'adresserai un Mémoire, et tu le communiqueras, si tu le juges à propos.

Je travaille avec activité à mon nouvel ouvrage. J'en attends toute ma réputation et mon classement définitif parmi les penseurs. Je n'ose encore espérer que le gouvernement sentira la valeur de mes recherches ; les hommes de pouvoir sont toujours si prévenus, qu'une vérité leur fait peur et qu'ils la déguiseraient volontiers plutôt que de la répandre. L'homme qui, dans chaque découverte, doit trouver une nouvelle ressource et un nouveau moyen d'organisation, cet homme-là n'a pas encore paru.

Peut-être aurai-je l'intention de mettre un des chapitres de mon livre sous le patronage de ton nom, comme on place un enfant ou une chapelle sous l'invocation d'un saint. Il ne s'agit point ici d'une dédicace, ni d'une association à mes idées, comme il m'est arrivé pour notre Académie : c'est un simple billet d'envoi que je désire rendre public (avec ta permission, s'entend), et pour l'édification des lecteurs. Tu pourrais bien te trouver de la sorte en compagnie de MM. Blanqui, Wo-owski, etc. etc. Tu vois qu'il n'y a rien là de compromettant pour ta dignité et le secret de tes pensées; quant à moi, l'avantage que j'y trouve consiste à interrompre, par-ci, par-là, un livre trop sérieux, au moyen d'une communication amicale, et à me soutenir au niveau d'une discussion calme et digne à l'aide des noms de quelques hommes que j'aime et que j'estime. C'est une sorte de porte-respect que je m'impose, et une satisfaction pour mon cœur et mes sentiments. J'attends ton consentement dans trois ou quatre mois. Tâche de ne pas refuser ; je te communiquerai d'avance, si tu l'exiges, ma petite épître. Tu es le seul esprit vraiment synthétique que je compte parmi mes amis; et comme la linguistique tiendra une place dans mon ouvrage ainsi que dans toute ma vie, j'ai besoin de toi. Résigne-toi donc, mon ami, à figurer honorablement dans un livre qui sera le plus grand effort de ma pensée et que je prépare depuis quatre ans, à travers toute cette malheureuse polémique.

Point de nouvelles de Maguet. — Haag est marié en Allemagne. — Je n'ai pas encore lu le dernier ouvrage d'Ackermann, que Dieu conserve! Je suis en retard avec beaucoup de monde. — Dessirier vient de faire un *syllabaire*, dont j'ai reçu ce matin des exemplaires. Je n'ai pu venir à bout de lui faire comprendre la classification naturelle des lettres.

Mon atelier chôme en ce moment. J'aurai de la besogne dans quelque temps, en assez grande quantité. Mais tout cela ne me rassure pas, et je pense toujours à délaisser l'industrie. J'ai encore une ou deux publications à faire, après quoi je liquiderai.

Tu ne me marques pas si ta femme te rendra bientôt père. C'est une nouvelle dont on ne manque pas de faire part à ses amis.

Adieu, je t'embrasse.

P.-J. PROUDHON.

Besançon, 23 mai 1842.

A M. ACKERMANN

Mon cher Ackermann, vous devez croire que je vous oublie; je vous prouverai bientôt que si, je ne vous ai pas écrit, je n'ai cessé de penser à vous. Pendant deux ou trois mois il m'a été impossible de vous répondre, et comme vous changez assez fréquemment de domicile, j'attendais dans un calme philosophique une lettre de vous, pour savoir où vous adresser la mienne. Las de vous attendre, je mets la présente sous la garde de Dieu, et vous prie de ne pas vous piquer d'honneur en négligeant de me faire connaître au plus tôt où vous en êtes; cela m'épargnera la peine de recommencer une lettre aussi longue que celle-ci.

Vous saviez que je travaillais en décembre à un troisième Mémoire. Ce Mémoire a paru le 10 janvier, jour de mon départ pour Paris; il a été saisi le 18; l'auteur décrété d'accusation, et mandat d'amener lancé contre lui le 22. Toutes ces nouvelles me sont parvenues le 24; perquisition a été faite dans ma chambre de la rue Jacob le 25; 500 exemplaires de mon pamphlet saisis au roulage ont été déposés au greffe de Paris; et visite domiciliaire opérée chez mon libraire et plusieurs de mes

amis. On n'y allait pas de main morte, je vous jure.
Mes amis étaient consternés : ils déploraient tous mes
violences, ma sombre humeur d'antipropriétaire, et
cette rage de critique furibonde qui me précipitait dans
les griffes implacables du pouvoir. Le télégraphe ma-
nœuvrait à mon honneur (car nous avons une ligne
télégraphique à Besançon), j'étais recommandé d'en
haut ; et le zèle de nos substituts se signalait à l'envi
contre le monstre révolutionnaire. Nul ne voyait pour
moi d'issue possible à cette affaire ; le jury prévenu, les jugeurs triomphants, le clergé se frottant les mains, l'Académie disant : « C'est bien fait ; » tout le monde à peu
près certain de ma condamnation. J'étais accusé de neuf
délits, qui, par indulgence, ou plutôt parce qu'ils ren-
traient les uns dans les autres, furent réduits à quatre :
1° attaque à la Propriété; 2° excitation à la haine du
gouvernement; 3° et de plusieurs classes de citoyens ;
4° offense à la religion. Je fus assigné à comparaître
aux assises de Besançon par *citation directe*, pour le
3 février suivant. Je partis le 29, arrivai le 31, et j'eus
48 heures pour voir un avocat, écrire une défense. Mon
conseil, jeune homme d'intelligence et de cœur, ne savait de quel bout prendre mon affaire, et je fus obligé
de lui faire la leçon. Il allait se jeter dans des lieux
communs qui m'auraient perdu, et qui d'ailleurs ne
m'allaient pas. Enfin je comparus; foule immense à
l'audience; la haine, la curiosité, l'intérêt, mille passions remuaient le public dans les sens les plus opposés.
Il est incroyable à quel degré de haine on était monté ;
j'étais un passe-Robespierre, un antechrist. J'ai vu
une jeune et jolie personne de 16 ans fuir à ma présence, par la terreur que je lui inspirais; une dame de
50 ans manqua à une soirée où elle apprit que je devais

me trouver. Il y allait de cinq ans de prison au moins; amende, confiscation, etc. En même temps je rencontrais de généreuses sympathies. Si l'on m'avait appliqué 10,000 francs d'amende, ils eussent été en deux jours couverts par souscription. L'Académie, par son journal (notre Académie s'est faite journaliste), me plaçait sur la même ligne qu'un assassin et un infanticide; et, vu mon manque de fortune, invoquait pour moi 10 ans de fers et 50 francs d'amende. Rangez cela parmi les aménités littéraires.

Lorsque l'avocat général eut prononcé son réquisitoire, l'effroi était au comble. La seule lecture des passages incriminés, faite d'une voix sonore et éloquente, faisait frémir l'auditoire. A dire vrai, je n'avais encore rien écrit de plus véhément et de mieux travaillé. Puis j'avais eu le tort d'attaquer tout le monde, en sorte que je ne pouvais inspirer d'intérêt d'aucun côté. — Relativement à moi, l'attente était extrême. Que va-t-il dire pour sa défense? se rétracter? ce serait se déshonorer, sans profit; le pouvoir ne pardonne pas au repentir; s'expliquer? cela paraîtra louche et de mauvaise foi; invoquer la liberté des opinions? lieu commun rebattu; insister avec audace? c'est aggraver sa position. — Mon interrogatoire avait produit surtout un effet magique lorsque, interpellé sur un passage de ma brochure, où je menaçais les propriétaires de quelque chose qui n'était *ni l'assassinat, ni le pillage, ni l'insurrection, ni le refus de travail, ni l'incendie, ni le régicide*, etc., mais qui était *plus terrible et plus efficace que tout cela*, je refusai de répondre. A ce moment on me crut perdu. On s'épuisait en conjectures sur le fatal secret; c'était un beau texte pour faire de moi un génie infernal. Je puis vous dire que j'avais en vue la réorganisation des cours vehmiques ou tribunaux secrets d'Allemagne, dont j'ai fait une théorie appropriée à notre temps.

Enfin je parlai pour moi-même ; ma lecture dura deux heures. — Figurez-vous l'étonnement de tout ces curieux, prêtres, femmes, aristocrates, etc., quand, au lieu d'un républicain à gilet rouge, barbe de bouc, voix sépulcrale, on vit un petit blondin, au teint clair, à la mine simple et pleine de bonhomie, à la contenance tranquille, prétendant qu'il n'était accusé que par une méprise du parquet, dont au surplus, il louait le zèle ; et affirmant que ses idées étaient celles de tout le monde, que loin d'être hostiles au gouvernement, elles lui étaient très-favorables ; que loin de mériter des reproches de la part de qui que ce fût, elles n'étaient dignes que d'éloges ; et prouvant cette thèse par des développements scientifiques si recherchés, si pénibles à suivre, et rendus dans un style tantôt d'une clarté et d'une simplicité extrêmes, plus souvent d'une profondeur métaphysique et technologique telle qu'on n'y comprenait plus rien ; figurez-vous, dis-je, un homme accusé de conspiration contre l'ordre social, et présentant pour défense un pâté d'économie politique si difficile à digérer et à saisir que tout le monde avoue n'y avoir rien entendu, et vous aurez à peine l'idée de cette mystification judiciaire. — Mon avocat commença par déclarer qu'étranger à mes études il ne pouvait ni les rejeter ni les adopter, et il insinua que le jury, en matière scientifique, était incompétent ; puis il partit de ce point de vue pour expliquer la vivacité de mes phrases. — Le procureur général reconnut qu'il ne pouvait répondre à mon plaidoyer, mais que mon livre était là, qui, selon lui, parlait assez haut... C'était s'avouer battu. — Le président, dans son résumé, fit un aveu analogue ; si

bien qu'il s'agissait pour le jury de savoir si vérita-
blement il y avait un côté philosophique dans mes
doctrines, qui pût rendre raisonnables et innocentes
les effroyables imprécations que je m'étais permises
contre la Propriété. Le chef du jury dit : « Cet homme
est dans une sphère d'idées inaccessible au vulgaire ;
nous ne pouvons condamner au hasard, et qui nous
répond de sa culpabilité? »

Ce n'est pas tout; accusé d'exciter à la haine et au
mépris des *prêtres*, des *académiciens*, des *journalistes*,
des *philosophes*, des *magistrats*, des *députés*, etc., je pris
occasion de la partie scientifique et inabordable de ma
défense, pour faire une revue critique de ces différentes
classes de citoyens. Cette critique, lue avec un grand
sérieux, une grande simplicité d'intonation qui con-
trastait singulièrement avec le sel, la vivacité, l'énergie,
la justesse des sarcasmes; toute pleine d'allusions personnelles, dont quelques sujets se trouvaient précisément à l'audience, produisit un effet merveilleux. —
Les jurés se regardaient et se pinçaient pour ne pas rire ;
les juges baissaient la tête, pour sauver leur gravité,
et le public riait. Ce qu'on me reprochait d'avoir écrit
n'approchait plus de ce qu'on me laissait dire · et ma
recette homéopathique produisit le résultat que j'en
attendais. Je fus acquitté aux applaudissements du
public; poignées de mains des jurés, et félicitations
des juges !!! Le lendemain, il y eut querelle entre les
gens du parquet, qui se rejetaient l'un à l'autre la
maladresse des poursuites...

Maintenant je suis hors d'atteinte; ma brochure s'est
écoulée, assez lentement cependant. Je n'ai pas l'honneur des sympathies d'aucun parti; j'ai si horriblement
maltraité le *National* que tout le monde craignait pour

ma sûreté; j'ai frappé sur Fourier, Saint-Simon, les communistes, etc.; si bien que j'ai réussi à éteindre les feux de mes contradicteurs, mais il y a contre moi, comme je l'ai dit, *conspiration du silence*. J'ai, depuis deux ans, contribué plus que personne à déplacer le terrain des discussions politiques; sous ce rapport j'ai servi indirectement le pouvoir et l'ordre. Mais on ne m'aime pas. Blanqui m'écrivait : *Le gouvernement rend justice à votre caractère, mais il déplore votre tendance.* Eh bien! je veux que ma tendance soit celle du pouvoir; et je vous certifie que cela arrivera.

Voilà, mon cher Ackermann, l'histoire de ma mésaventure; je l'ai échappé belle, et ce n'a pas été sans peine. J'ai eu besoin de toute ma présence d'esprit et de toutes mes ressources; l'effort que j'ai fait pendant deux jours pour produire mon plaidoyer m'a causé une névralgie et des agitations cérébrales pendant huit jours. Ce n'est pas un jeu que d'être traduit en Cours d'assises; et je vous souhaite de ne jamais passer par là.

Actuellement je travaille à un ouvrage sur l'organisation. J'ai trouvé un bailleur de fonds qui m'avance le nécessaire, et je vais tout doucement. — Mon imprimerie ne marche pas, et je vais prendre une résolution héroïque. Je calcule qu'en vendant tout à vil prix, je resterai chargé de 5 à 6,000 francs de dettes avec rien, soit d'une rente de 250 à 300 francs. J'accepte cette condition, et ne crois point acheter trop cher ma liberté. Dans trois mois je serai peut-être aussi libre que l'air des sommets du Jura; alors nous reprendrons le fil de nos discussions littéraires. Je viens à vous, et aux livres que votre amitié m'a envoyés.

1° *M. Gros*, dites-vous, trouve ma psychologie misérable; cela ne me surprend pas. Quiconque admet la *dualité* de notre nature, comme l'ont fait jusqu'ici les spiritualistes et les théologiens, ne peut guère s'accommoder de mes spéculations sur la sociabilité et la justice. Je crois savoir à peu près tout ce qu'on me reproche; la justice, comme l'idée du beau, est, dit-on, une notion, une forme primitive et essentielle de notre âme; et j'en fais, moi, un attribut physiologique, commun à l'homme et aux animaux, ne différant entre eux que du plus au moins et par certaines idées propres à celui-ci, absentes chez ceux-là. Certes, si je n'avais pas lu tout ce qui a été dit avant moi, cette doctrine, ainsi brusquement présentée, prouverait une grande ignorance; mais je n'ai voulu que présenter en peu de mots, et d'une façon presque énigmatique, mes opinions psychologiques; il faut voir la fin. Je nie purement et simplement toute la psychologie et la métaphysique de Kant; quant à la physiologie, je crains fort que messieurs les Allemands ne prennent ici, comme en tout, leur infatigable érudition pour profondeur scientifique; et quoique non-physiologiste, je ne suis point d'humeur à les accepter pour autorités souveraines en quoi que ce soit. On peut juger tous leurs auteurs par un exemple; croyez-vous que le livre de Strauss, que j'ai lu en entier, serait moins savant s'il était réduit à 200 pages, au lieu de 4 in-8°? Tels sont les Allemands; tandis que le Français apprend en courant son arithmétique, et se permet à peine quelques applications pratiques pour se délasser des perpétuelles abstractions de la science, l'Allemand s'exerce sur tous les sujets de l'univers; il compte les heures, les minutes et les secondes qui se sont écoulées depuis le déluge; fait autant de règles de proportions, de compagnies, etc., qu'il y a d'objets de commerce et de combinaisons dans le négoce; et il

appelle cela de la science! Je ne me laisse point abuser
par la métaphysique et les formules de Hégel; j'appelle
un chat un chat, et ne me crois pas beaucoup plus
avancé pour dire que cet animal est une différenciation
du grand tout, et que Dieu arrive à la sui-conscience
dans mon cerveau. Si l'on serrait un peu cette métaphysique, on arriverait facilement à cette conséquence
que l'intelligence, *latente* dans la matière inorganique,
atteint son *maximum* de puissance et d'activité dans
l'homme; ce qui peut accommoder le panthéisme et le
matérialisme, indifféremment. Ne voilà-t-il pas une
profonde philosophie : « En abstrayant de la nature
toute différence et toute spécialisation, il reste zéro de
forme; cet état est l'identité pure... » ou bien : « Tout
être est une partie différenciée du même, etc. » — Re-
tournez cette donnée au moyen des formules tantologi-
ques et des abstractions verbales de Hegel, et vous
produirez une apparence de système universel qui
paraîtra ingénieux et profond, mais qui ne vous appren-
dra absolument rien.

Au surplus, mon ouvrage sur l'organisation politique
sera terminé dans six mois. Je ne m'y piquerai pas de
cette science de détails dont l'Allemagne est si amou-
reuse; *deux et deux font quatre*, cela me suffit, et je n'ai
pas besoin d'énumérer tous les œufs, les bœufs, les
arbres, les champignons dont on peut dire : deux et
deux font quatre. Il en est de même pour moi de tout
le reste. Or, oserait-on me dire que le système de Hégel
est autre chose que la formule *thèse, antithèse, synthèse,*
prise pour loi de la *différenciation de l'absolu,* et successivement appliquée, avec grand appareil et grand
fracas, à toutes les questions de philosophie, d'art, de
droit, etc.?

Eh bien ! cela, pour moi, mon cher, est puérilité; ce n'est pas science.

Je suis surpris que votre hégélien admette la partie négative de ma dialectique, et rejette les conséquences positives. Comment oublie-t-il que, par une conversion d'arguments et de forme, toute cette partie négative va devenir pratique, science positive, affirmation enfin? J'attendais mieux d'un hégélien. Quoi! un philosophe de cette école, où l'on sait si bien remanier une proposition, une formule, et la faire paraitre sous mille faces, n'a pas compris que cette longue critique du droit de propriété allait tout à coup, en un tour de baguette, se traduire en système de jurisprudence! Je vous le répète : messieurs les Allemands, dans leur pédantisme catégorique et subjectif, nous méprisent; mais qu'ils sachent bien qu'aussitôt que leurs systèmes dont ils sont si fiers, et que nous ne connaissons que par les plagiats de M. Cousin et les vanteries de quelques gobe-mouches, auront passé à l'étamine française, il n'en restera rien.

2° Je viens à votre brochure. J'en suis plus content que de tout ce que je connais de vous, et je vous en fais mon compliment. Cette fois, vous êtes penseur, toujours un peu subtil; mais enfin, il y a des observations, des choses et des idées en vous. Sauf quelques réserves, j'aime votre ouvrage. J'y ai trouvé de l'intérêt, de l'instruction, de la vie, du style. Je regrette que vous ayez pris si vite la couleur germanique; mais cela prouve, selon moi, que vous profitez de votre séjour, et que si jamais, bien saturé de la forme et de la pensée allemandes, vous revenez en France, vous serez un écrivain original et spirituel tout à la fois. Cela même me semble votre spécialité : bien choisir dans la masse des lieux communs littéraires, tant rebattus depuis Quintilien, Denis d'Halicarnasse et Aristote, ceux qui conviennent à votre tour d'esprit, les traiter d'une manière neuve et piquante, vous en faire un texte afin de répandre quelques vues intéressantes, quelques critiques pleines de goût, quelques paradoxes émoustillants ; cela, dis-je, est plus difficile qu'on ne croit, demande plus d'art que de force de conception, plus de talent que de génie, et il me paraît que vous y réussirez. Je vous ai dit que j'avais à faire quelques réserves ; je vais suivre l'ordre de vos pages.

1, 2. Je trouve que vous avez outré la pensée de Boileau, pour avoir le plaisir facile de le réfuter. — Il fallait, avec un peu de bienveillance pour lui, vous borner à l'interpréter dans votre sens ; cela suffisait à votre but, et votre livre n'y perdait rien. Nous avons tous le sentiment inné de la poésie et un commencement de talent poétique. Boileau le pensait, n'en doutez pas, tout comme Gœthe ; mais il n'admettait pas que ce germe, dans sa moyenne proportionnelle, pût devenir par le travail ce qu'on le voit dans Homère. Cela suffisait à sa thèse, et je trouve qu'il avait raison. Nous sommes tous appréciateurs, parce que tous nous avons le germe ; nous ne sommes pas tous *faiseurs*, parce que nous ne recevons pas tous la fécondation.

P. 2. Je ne puis accepter votre définition de la poésie, et c'est la plus grande tache que je trouve à votre ouvrage. Votre définition convient tout au plus au *sentiment poétique;* mais la poésie est le *talent d'exprimer ce sentiment* ou de *reproduire le spectacle d'une émotion*, si vous voulez que j'emploie votre style. Il me semble que vous tombez ici dans la *non-différenciation :* défaut allemand.

P. 6. Je trouve fort de mon goût votre idée de *poète possible ;* que de choses possibles je suis aussi, moi !...

P. 10. *Considérant...* Ce paragraphe me plaît par la pensée et l'expression. Mais je ne puis souffrir votre orthographe de *fescur.* Vous qui aimez les sens pleins et fermes, et qui visez à la logique en tout, pourquoi ne pas écrire *faiseur* de *faire,* et non *fere?* Et puis, est-ce que *faiseur* ne sonne pas mieux que *feseur?* — Autre chicane : je vous passerai *doner, personel,* etc., mais non pas *conaître.* Il y a ici un *n* qui ne se peut perdre, et que le latin reproduisait dans *cog-nosco (cum-nosco* ou *cum-gnosco,* de γινωσκω). Le cas n'est pas le même que dans *doner,* de *donare.*

Enfin *eus, ceus, heureus* sont très-logiques; mais ils font une étrange figure.

P. 12, 13, 14. Tout cela est plein d'excellentes remarques et bien rendues. Mais cela prouve contre vous, que les hommes *non-poètes* sont des gens en qui le *sentiment* ne passe point à l'*idée,* ni de l'*idée* à l'*expression.* En sorte que ma remarque, p. 2, subsiste.

P. 17. *Le sentir simple du grand poète,* etc. Très-bien.

P. 18. *Les yeux proéminants des Français.* — Physiologie mal employée et de mauvais goût. Vous vous regardiez au miroir.

P. 22. L'exemple donné par vous de Molière et de Voltaire ne s'accorde pas avec votre théorie : Molière a peint les travers de l'esprit, et Voltaire ceux du cœur; réfléchissez-y encore.

P. 31. *Affinités poétiques.* — Ce chapitre est curieux, et le sujet en est vrai.—Mais il devrait être plus approfondi.

Livre II. — Critiques fort justes. — P. 68, *foniqucs*

est horrible à voir, et, à côté d'*orthographiques*, semble une contradiction.

P. 100. *Sous-phrase*, *haute-phrase*, *antéposition*. — Voilà que vous imitez le style de Fourier dont les livres sont distribués en *préface* et *postface; prolégomènes* et *inlégomènes;* etc., etc. — Si nous inventons autant de mots que nous aurons de nuances d'idées, cela ira à l'infini, et nous ne nous entendrons jamais. L'art de parler et d'écrire consiste à différencier et préciser avec le moins de signes possible. Il ne faut pas faire de nos idées une nomenclature botanique; songez plutôt que les œuvres d'esprit sont comme des organismes qui, dans une variété infinie de *combinaisons*, emploient toujours les *mêmes pièces*. C'est là la raison secrète qui rend le néologisme peu agréable. Mais les rhétoriciens ne la connaissent pas; et, tout en nous recommandant de fuir les mots nouveaux, ils ne nous enseignent point à varier les combinaisons des vieux pour leur faire dire toutes les choses qui nous viennent.

Terzuolo a cessé ses affaires; c'était un bon garçon, très-estimable, qui a eu le tort de croire que le travail, le zèle, la probité, le talent suffisaient pour s'enrichir.

Haag est marié; Dessirier vient de faire un syllabaire; Maguet a perdu sa mère; Bergmann a publié un article (dans l'Encyclopédie, si je ne me trompe) sur l'origine des langues. Il y aura cette année congrès scientifique à Strasbourg; je me propose d'y aller.

Il faut que je songe à endormir le dragon et à amorcer le requin; j'ai passé entre les dents du monstre comme une anguille; mais je ne me soucie point de renouveler l'expérience. Peu s'en est fallu que je ne fusse croqué. Je vais travailler à me rendre acceptable, même au pouvoir; il me faut une publication d'éclat, et j'es-

père l'exécuter. Dans six mois, on saura tout ce que je
veux, et tout ce que je puis. J'attends cette époque pour
prendre une résolution définitive sur mon genre de vie.

Je vous embrasse et vous souhaite bon courage.

P.-J. PROUDHON.

Rue du Collége, 10.

Besançon, 5 juillet 1842.

A M. ANTOINE GAUTHIER

Mon cher Gauthier, je t'adresse par la poste, en
même temps que la présente, un exemplaire d'un pamphlet sur les élections, dont je suis éditeur responsable,
et dont tu devineras l'auteur, si tu peux. Cet écrit fait
allusion à beaucoup de petites circonstances locales,
que tu connais en partie. Nous sommes menacés
d'avoir un conseiller ou avocat général pour député;
autant un Laubardemont. Si ton père est électeur,
écris-lui donc de voter de la bonne façon : il ne faut
pas laisser revenir l'ancien régime sur l'eau.

Je travaille autant que j'ai d'haleine, et ne vais ni si
vite, ni aussi bien que je voudrais; j'éprouve ces alternatives d'enthousiasme et de découragement qui ne
manquent jamais de saisir tout homme qui poursuit
une vérité et qui connaît la lâcheté des autres. Je suis
sûr de produire une œuvre profonde et qui sera le
commencement de l'extermination de tous les préjugés,
un livre qui fera frémir de joie les cœurs honnêtes, et
pourtant je n'en attends guère d'effets d'abord. Mon
travail exige trop d'attention de la part du lecteur pour
qu'il devienne populaire, et ceux qui pourraient l'en-

tendre à demi sont aux trois quarts égoïstes ou fanatiques. Je m'aperçois tous les jours qu'il y a bien peu de liberté d'esprit et de courage dans le monde. J'ai écrit et publié sans effort mes précédents Mémoires; aujourd'hui il me semble que j'ai été téméraire.

Il y a un mois qu'une *société d'émulation* pour les sciences et les lettres me demande un article pour sa collection; je le fais, et je choisis mon sujet dans la Bible, sur laquelle mes études d'hébreu m'ont permis d'amasser de curieux matériaux. J'avoue que ce morceau aurait consterné et mis en furie tous les tonsurés; cependant, il ne contenait pas autre chose qu'une analyse exacte, pleine de grec et d'hébreu, de deux ou trois Psaumes; mais enfin c'était de la science philologique pure, et malgré la bonne volonté de MM. G***, C*** et L***, etc., mon article a été rejeté. Entre quarante ils ont moins de hardiesse que je n'en aurais à moi seul. Car tu dois penser que cet article recevra de moi tôt ou tard sa destination; je ne ferais pas grâce au public d'une vérité, pour être pendu.

Je sens de plus en plus, que je suis mal ici pour étudier et pour écrire. J'ai été acquitté par grâce, et, certes, mon absolution n'est pas un triomphe. On ne me manquerait pas une seconde fois. Un tas de libertins, qui ne croient ni à Dieu ni au diable, me feraient brûler par zèle de religion. Il faut que je gagne le large et que je mette la guerre sur un pied tel qu'on puisse écraser cette clique sans qu'ils aient droit de réclamer. A cette fin, je réserve ma critique pour les petites choses; hors de là, je ne serai plus à l'avenir qu'un savant et un métaphysicien, louant tout, afin d'avoir le droit de montrer, au moyen de quelques réserves, le vice de tout. Cette allure ne me va guère; mais *il le faut*.

Mon imprimerie est pour moi une cause d'ennui et de ruine. J'offre à tout le monde, et la chose est publique, de la vendre au prix de vieux bois, vieux plomb, vieux fer. On n'en veut pas à ce prix; on s'imagine que c'est un guet-apens. Je me croirais heureux si j'en étais débarrassé avec 6,000 fr. de perte, ce qui me ferait 100 écus de rente à payer toute ma vie, et à mes héritiers, si j'en laisse une succession quelconque. Je ne peux même jouir de ce bonheur d'être prolétaire à 6,000 francs au-dessous de zéro.

Je vais avoir un peu de besogne : peut-être cette activité ranimera-t-elle l'espoir des amateurs; je le souhaite. Mes publications iraient plus vite et seraient mieux faites.

Je ne publierai cette année qu'un volume de près de 500 pages; ce volume renferme la plus grande partie de mes espérances, entre autres ma *Méthode*. Imagine-toi, pour te faire une idée de ce que c'est, que l'arithmétique n'existe pas, et qu'au milieu de notre civilisation nous comptons comme faisaient les Romains, avec des jetons et des mécaniques. Tout d'un coup, un homme arrive avec les dix chiffres et leurs combinaisons, addition, multiplication, division, extraction, proportions, logarithmes; cela serait merveilleux. — Eh bien ! ma *Méthode* est le quatrième terme de cette série : *Géométrie, arithmétique, algèbre....* une espèce de calcul, applicable à toutes les idées et discussions possibles, aussi exact que les mathématiques et plus général encore. Il me faudrait dix-huit mois encore pour élaborer cela ; la nécessité, la crainte de l'avenir, le désir d'être suivi dans une carrière inconnue, dès les premiers pas, me décident à hâter ma publication.

Lorsque dans six mois tu auras acquis de nouvelles

preuves que je jouis bien de ma raison, je te raconterai une anecdote dans laquelle j'ai été sot à fouetter. Je ne veux pas que tu me croies meilleur que je ne suis. Je ne fais pas parade de mes bêtises; mais quand j'en ris, mes amis peuvent me le pardonner.

Je finis par où j'aurais dû commencer; peut-être (je dis *peut-être*, car j'espère bien que la chose ne sera pas), peut-être aurai-je besoin, dans deux mois, de 150 à 200 francs; pourras-tu m'être de quelque utilité, soit comme intermédiaire, soit autrement? Je te préviens que je te rembourserai tôt ou tard, mais pas à terme, et qu'en ce moment ceux qui connaîtraient l'état de mes affaires ne m'avanceraient rien. Ce n'est ni pour effet protestable, ni pour loyer de maison, ni pour engagement de commerce; je couvre cela peu à peu, avec le produit de ma boutique ; mais ma boutique ne me rapporte pas toujours assez, et comme je me sers le dernier, il peut arriver que j'aie besoin pour *vivre*. Je voudrais donc finir mon livre, après quoi je m'occuperai plus spécialement à gagner de l'argent. Car il m'ennuie d'être méprisé par les nigauds parce que je n'en ai pas, lorsqu'en réalité je ne suis si pauvre que par obstination d'étude et de liberté.

Réponds-moi à loisir, mais n'oublie pas notre candidat.

Tout à toi, mon cher camarade.

P.-J. Proudhon.

Besançon, 31 juillet 1842.

A M. TISSOT

Mon cher Monsieur Tissot, je ne pensais pa qu'une bluette électorale pût exciter votre concupiscence, d'autant plus que pour la bien entendre il faut être un peu au courant des journaux et cancans du pays. Toutefois, puisqu'ainsi vous plaît, je la confie à la poste, qui vous la remettra en même temps que cette lettre. Il faut que vous sachiez, en passant, que parmi nos électeurs les uns ont trouvé l'*avis motivé* trop profond, les autres trop modéré et trop courtisan ; l'*Impartial* a eu le courage d'écrire que cet *avis* effleurait les questions sans les résoudre ; c'est ainsi que le commerce a bistourné la judiciaire des Bisontins. Presque personne n'a vu que je me moquais des députés, des électeurs et du gouvernement. Cependant je dois cette justice à MM. de Sermage, Bourgon, Weiss et quelques autres, qu'ils ne s'y sont pas mépris.

Je vous aurais déjà envoyé mon *Bergier* si je n'étais dans l'intention de refaire et rééditer prochainement le petit essai grammatical qui le termine. Je regarde cet essai, qui est de ma première façon, comme apocryphe, et je le désavoue. Permettez-moi de ne vous donner que ce que je signe, et que ma maturité reconnaît. J'espère au surplus ne vous pas faire attendre longtemps.

J'ai l'*Ethique* de Kant, adressée par vous à votre ami *Proudhon;* si c'est le même ouvrage que la *Morale* que vous m'offrez du même, je vous remercie de bien bon cœur. Je suis en retard avec vous, et je vous prie de croire que je tiens trop à vous pour vous oublier jamais.

Le prétexte dont se sert Wolowski pour vous rendre votre article est puéril; si cet article est si long qu'il doive remplir un numéro, qu'il le publie en deux fois. Mais je soupçonne qu'il y a là-dessous quelque complaisance pour le pouvoir ; intimidation, monopole et séduction, silence et réticence, tout est bon à M. Guizot pour empêcher la circulation des idées.

Présentement, je travaille aussi sérieusement que je le puis ; je m'efforce, ainsi que vous me l'écriviez autrefois de vous-même, d'amortir en moi l'imagination et la passion, par les fortes études, et je me propose de redevenir pamphlétaire à quarante ans. Comme je puis réussir dans ce genre, je n'y veux pas arriver avec un mince bagage.

Voici quelques nouvelles relatives à moi, et qui, peut-être, vous intéresseront. Quelques jeunes gens se sont avisés de former ici une *Société d'émulation du Doubs.* Il y a six semaines, ils me prièrent de leur faire un article pour leur recueil, qui paraît deux fois par an. Je leur offris un morceau de philologie qui parut leur faire plaisir; il y avait du grec et de l'hébreu, ce qui charmait infiniment ces braves garçons; mais il y avait aussi autre chose : l'article en question roulait sur l'exégèse biblique en usage dans l'Église, et la conclusion était la négation absolue de l'intelligence des Écri-

tures chez les théologiens. Je citais en preuve, entre
autres passages extraits des prophètes, trois Psaumes
que je traduisais en entier, avec analyse grammaticale,
logique et historique. C'était extrèmement curieux et
divertissant, et j'espérais bien que vous en feriez votre
régal. Mais l'imprimeur, qui se trouve être celui du
clergé, et qui est soufflé par le séminaire et Monsei-
gneur, commença par déclarer qu'il n'imprimerait rien
de moi ; puis le conseil de la *Société d'émulation* ayant
été réuni, on convint que l'on ne pouvait se mettre à
dos le clergé, qui aurait de l'influence sur le conseil
municipal, lequel alors refuserait les secours qu'on en
espérait. On me demanda si je ne pourrais point rajuster
mon article aux convenances cléricales. Je répondis que
non ; qu'au surplus la société pourrait décliner la responsabilité, et que je signerais. Cela parut trop péril-
leux encore ; bref, mon article fut écarté. Je regrette
beaucoup cette faiblesse ; s'il y avait eu deux ou trois
têtes hardies dans la société, elles eussent entraîné et
subjugué les autres, et c'en était fait, il y avait à
Besançon un drapeau anticafard d'arboré. Après cela,
je me suis dit que j'avais plus de courage à moi seul
que toute la ville de Besançon, car notez que pas un
des sociétaires n'est meilleur chrétien que moi.

Mais nous n'y perdrons rien, je vous jure ; et si vous
travaillez à écumer la marmite, moi, je la perce par le
fond. Il faut faire la guerre avec acharnement, car
voyez un peu où l'on nous mène ! L'Université caresse
les prêtres, le pouvoir les favorise, et notre gouvernement bourgeois, d'origine voltairienne, se fait jésuite à
robe courte. *Ah ! Basile, mon mignon, si jamais volée de
bois vert !...*

La *Phalange* a publié contre moi trois grands articles

auxquels j'ai répondu par une lettre fort polie, mais dont je n'espérais guère l'insertion au journal. C'est ce qui est arrivé. Je me suis avisé de me défendre avec les maximes et principes phalanstériens, vous concevez, bonnement, clairement; c'était si simple qu'il était impossible de s'y refuser. Considerant a trouvé que cette lettre était offensante pour lui. Le fait est qu'elle faisait peu d'honneur à l'esprit de l'école et à la clairvoyance, ou, si vous voulez, à la bonne foi scientifique des chefs. Considérant ne s'est pas trompé. Cette nouvelle épreuve me le fait connaître à fond, et je vous certifie qu'il repassera devant ma porte. S'il existait un Paul-Louis Courier, les fouriéristes et les cafards suffiraient à son immortalité; je veux tâcher de les faire servir, tout au moins, à mes divertissements.

C. Convers disait avant-hier qu'il était charmé de n'avoir pas obtenu la majorité dans les élections. Cette parole est d'un égoïste ou d'un sot. S'imaginerait-il que moi et beaucoup d'autres avons chauffé sa candidature pour ses beaux yeux? Il s'agissait de faire comprendre au préfet qu'il y avait à Besançon un foyer d'opposition respectable et, quel que fût le candidat, que cette opposition pouvait devenir redoutable. La répugnance tout à fait *personnelle* qu'inspirait C. Convers à plusieurs électeurs, jointe à la conduite singulière qu'il a tenue, a fait seule échouer sa candidature. Voilà ce dont je suis pertinemment instruit et qu'il faut vous dire. O Dieu! où trouverons-nous donc un homme?

Je fais un gros livre, un volume de 500 pages, format et caractères de ceux que vous connaissez déjà. Le premier chapitre, sur la religion, et le deuxième, sur la philosophie, vous plairont, si je ne me trompe, au moins dans l'ensemble; j'espère moins du troisième, où j'examine la valeur des catégories de Kant. Je vous cite en plusieurs endroits comme autorité.

Je sais ce qui se dit de vous dans la boutique universitaire; il m'a paru tout simplement que quelqu'un de haut placé, comme on dit, ayant envie de traduire Kant, commençait à faire place nette en vous éreintant. Votre maître Cousin, quoi que vous en disiez, n'a jamais été qu'un Macaire, ayant tout juste assez d'intelligence pour comprendre que la philosophie était matière bonne à exploiter sous un gouvernement bigot, mais dénué de génie, d'instincts généreux et de la plus commune bonne foi. Je ne l'imprimerais pas, mais je ferais une communion d'action de grâce, s'il m'était possible de le lui dire en face et par devant témoins.

Faites de petits livres, je vous en prie, je vous y exhorte; car, malgré la recrudescence dynastique qui nous étouffe, malgré les larmoiements causés par la mort de Coco Poulot, l'antipathie du peuple est profonde; le bon sens le plus vulgaire condamne le gouvernement, la science le réprouve et la bonne foi le flétrit.

Dans dix ans vous m'en direz des nouvelles.

La feuille d'impression, format in-12 (24 pages à la feuille), caractère petit romain (conforme en tout à mes imprimés), tirage à 500 exemplaires, reviendrait au maximun à 45 francs. Tout tirage en plus ne coûterait que le papier et l'impression, savoir : 9 francs par rame et 5 francs de tirage, total 14 francs. Ce serait donc 59 francs pour un mille. La brochure n'est pas comprise. On pourrait accorder quelques réductions, cela dépendrait des circonstances.

Mes très-humbles respects à Mme et Mlle Tissot; mes amitiés à Charles, et affection pour vous, mon cher et vénéré philosophe.

P.-J. PROUDHON.

Besançon, 29 septembre 1842.

A M. BERGMANN.

Mon cher Bergmann, je n'assisterai pas aux solennités du congrès. J'avais fait économie d'une petite somme pour me procurer ce plaisir; l'échéance d'une traite de commerce à disposé de mes ressources. Mais le défaut d'argent est le moindre de mes embarras; un atelier que je ne puis quitter un instant, des épreuves à lire, du manuscrit à fournir, la rapidité du temps qui me surprend à l'improviste, ne me permettent pas de consacrer une huitaine aux plaisir et à l'amitié. Tu peux me plaindre, car je suis désolé de ce contre-temps, mais non me blâmer.

J'achève de mettre au net ma nouvelle publication. Tu y trouveras, placé sous la protection de ton nom, le morceau que je devais présenter à MM. les savants de Strasbourg : il est intitulé MÉTAPHYSIQUE. Que ce mot ne t'inspire aucune défiance. Sous un nom qui jusqu'à ce moment n'exprime rien, j'ai donné la théorie de la loi universelle; en un mot, j'ai ajouté un 4e tome à cette série : *géométrie, arithmétique, algèbre......* Ce n'est ni plus ni moins qu'une science nouvelle, de laquelle j'attends une révolution radicale dans ce qu'on appelle la *philosophie*, comme mes idées sur la *propriété* conduisent à une révolution radicale en jurisprudence. (Tu sens que je me place ici, comme je le dois, en dehors de l'application médiate ou immédiate, pour laquelle je n'ai pas mission.)

Dans quelque temps, tu recevras copie de la dédicace que je veux te faire de ce chapitre. J'y conserverai le tutoiement qui existe entre nous ; à moins que tu ne penses que cela soit peu convenable. Tu m'en diras ta pensée.

Il y a une question de philologie proposée dans le prospectus du congrès dont la solution m'intéresse : *Pourquoi un nom pluriel neutre, en grec, se construit avec un verbe singulier.* Apprends-moi donc cela, je t'en supplie.

J'ai reçu, il y a déjà longtemps, une lettre d'Ackermann...... J'oubliais que cette lettre m'est arrivée dans la tienne. Il m'y parle effectivement de ses amours : la personne est ce qu'il a jamais vu de plus céleste ; il sent pour elle un dévouement qui irait jusqu'au martyre. Il paraît que notre ami n'avait connu jusque-là que chaleur du tempérament. — J'ai appris par Maguet qu'Ackermann commence à se trouver à l'aise ; d'après le rapport de Haag, qui vient de faire aussi un riche mariage, Ackermann se ferait de 3 à 4,000 francs. Avec cela, je comprends que l'on soit amoureux, et que l'envie vous presse de faire souche.

Je suis résolu de me défaire de mon imprimerie à tout prix ; j'attends l'achèvement de mon livre et des labeurs commencés.

Il est encore une fois question de me procurer ici un petit emploi ; cela dépend du préfet ; j'ignore quel tour prendra cette affaire.

Je t'embrasse de tout mon cœur, et te prie de m'envoyer quelque chose de ta façon.

Tout à toi,

P.-J. Proudhon

Besançon, 20 décembre 1842.

A M. BERGMANN.

Mon cher Bergmann, l'impression de mon ouvrage
ne va pas vite; le travail d'atelier m'enlève à chaque
instant à ma rédaction. Toutefois, voici à peu près les
termes de la dédicace dont je t'ai parlé, et que je mettrai
au net après tes observations.

Mon ouvrage se compose de six chapitres : la *Reli-
gion*, la *Philosophie*, l'*Économie politique*, l'*Histoire* et les
Fonctions sociales.

Le titre général est : *De la Production de l'ordre dans
l'humanité.*

Selon moi, la *religion* et la *philosophie* sont des états
particuliers et transitoires de la conscience et de la raison qui doivent s'évanouir dans la science pure. —
Toutefois, ma négation ne porte pas sur *la réalité objective* de la religion et de la philosophie, mais sur leur
forme spéculative. C'est-à-dire que j'admets la légitimité
des questions qu'elles soulèvent, la réalité de l'objet
qu'elles cherchent; mais que je repousse leurs solutions.
Dogmatiquement et scientifiquement, la religion et la
philosophie ne sont rien.

J'entends par *métaphysique* la théorie universelle des

lois de la nature et de la pensée. Dans ce chapitre, je prétends faire ce que Kant a déclaré impossible; savoir, de démontrer apodictiquement les questions morales, politiques, philosophiques, à la manière des mathématiciens, je veux dire par la *construction des concepts* (expression kantiste).

Il va sans dire qu'il ne s'agit pas de lignes, de chiffres, de mécanique, ni d'algèbre, mais de quelque chose d'analogue. Du même coup je donne de certains problèmes de métaphysique, tels que le critérium absolu de certitude, la réalité des corps, etc., des solutions absolument neuves, et qui montrent les choses sous un point de vue merveilleux. C'est ce chapitre, la partie importante de mon écrit, que je mets sous ta protection.

L'*Economie politique* est une application de la théorie universelle, par conséquent une science *à priori;* l'Histoire est l'exposé des mêmes lois, montrées dans la nature même et dans la société, d'après les lois absolues qui gouvernent les fonctions existantes.

« Ami,

« C'est à toi que j'offre cet écrit; c'est toi dont les conseils et l'exemple m'avertirent autrefois que la philosophie, sans la science, est l'ombre de la raison. *Apprends quelque chose,* me disais-tu ; *et puis tu philosopheras.*

« Pourquoi cet avis salutaire m'a-t-il été donné si tard? Je ne regretterais pas aujourd'hui une jeunesse usée à de stériles spéculations, et de longues espérances trompées.

« J'ai nié la religion; j'ai nié la philosophie; que suis-je maintenant pour parler au nom de la science? Il faut que je l'avoue en cet instant solennel: les

distractions de ma vie et une éducation toute philosophique et religieuse ne m'ont presque permis de rien
apprendre; assez fort jusqu'ici pour détruire, les matériaux manquent à mon imagination pour édifier. De
tout ce que le genre humain a découvert, je n'ai entrevu
que les moindres parcelles; chaque ligne de cet écrit
témoignera de l'insuffisance de son auteur.

« Toutefois, j'ose le dire, la médiocrité même du
savoir me servant d'inspiration, des lambeaux ramassés
pendant mes courtes études je me suis créé, par une
sorte de désespoir, une science à moi seul. Puisses-tu,
ami, honorer de ton estime ce fruit de mon indigence!
Puisses-tu y recueillir quelqu'une de ces indications
précieuses que la sagesse elle-même a souvent dues à
un heureux instinct! Peut-être, d'ailleurs, en voyant
ce qu'a fait de si peu un aventurier de la science,
d'autres, riches d'érudition et de loisir, nourris de fortes
pensées, souriront à mon audace, suppléeront mes
manquements, et, *convertissant ce sentier en route royale*,
(Kant), achèveront dignement une tâche laborieusement
commencée.

« Tu es heureux, mon cher Bergmann; tu interroges
en trente idiomes la raison humaine; tu suis, dans les
formes merveilleuses du langage, les lois de la pensée;
et pour toi la science de la parole n'a point de secrets.
Tes nombreux amis te chérissent et t'honorent, et les
joies pures de la famille mettent le comble à ta félicité.
Savoir, aimer, quel destin pour un mortel! C'est le tien,
mon cher Bergmann, ce sera un jour celui de tes
frères. »

Je suis en marché pour vendre mon imprimerie;
d'un autre côté, les personnages les plus influents de

notre ville s'occupent de me placer aux archives de la préfecture, et le préfet paraît bien disposé. Je ne sais ce qui arrivera. Mon livre doit soulever encore bien des clameurs et jeter la rage dans les sacristies.

Je te souhaite une bonne année.

Tout à toi.

P.-J. PROUDHON.

Besançon, 30 décembre 1842.

A M. BERGMANN

Mon cher Bergmann, je fais compliment à ta paternité ; je fais des vœux au ciel pour que ton fils ressemble à son père ; si j'avais l'honneur de connaître ta
jeune femme, j'ajouterais : et à sa mère. Il faut que
l'amitié soit un sentiment bien profond, ou que je sois
peu sensible au bonheur de devenir père à mon tour,
mais il me semble que je me retrouve dans les enfants
de mes amis, parce que j'y retrouve mes amis eux-
mêmes. Cette génération suffit à mes dispositions con-
jugales.

Voici ce que tu manderas à Ackermann :

J'avais d'abord pensé que le port de ses livres coûterait plus qu'ils ne valent, et je ne songeais pas à les lui
envoyer. Après avoir pris de nouvelles informations, il
se trouve que le port ne montera pas si haut que je le
pensais. Peut-être ne dépassera-t-il pas 40 francs. Je
m'occuperai donc de cet envoi, pourvu qu'Ackermann
veuille bien m'indiquer les livres qu'il demande ; car il
serait inutile pour lui, je crois, de lui envoyer le tout.
Il y a des classiques latins et grecs, des bouquins bons
à envoyer à la cuisine ; des vieilleries hébraïques ;

toutes choses qu'il trouvera dans les bibliothèques de Berlin. Puis, j'ai laissé chez Haag deux ou trois petites caisses fermées et pleines de papiers, avec des bouquins encore dont je n'ai pas voulu m'embarrasser à Besançon. Je n'ai guère ici que le Voltaire, avec une petite collection de classiques français. Qu'il désigne donc ce qu'il veut avoir, et je me mettrai en mesure. Si j'avais trouvé à les vendre, j'aurais cru faire plaisir au propriétaire en les échangeant contre de l'argent; j'ai offert plusieurs fois Voltaire pour 100 francs; on n'en a pas voulu.

Je t'ai parlé dans ma dernière de l'état de mes affaires; j'ai appris hier que l'archevêque lui-même appuyait ma présentation au préfet, en sorte que je ne peux guère manquer de réussir. Toutes ces circonstances feront qu'après la publication de mon livre on me regardera comme un monstre d'ingratitude, parce que j'aurai dit mon avis sur le sacré et le profane. Cependant je vais faire ma demande; une fois placé, il me semble que je resterai, parce qu'une destitution serait un scandale, et qu'on aimera mieux accueillir mes explications que de me persécuter encore. Il faut que le gouvernement m'accepte; si cela arrive, ma carrière peut devenir brillante. J'aurai l'avantage d'être tout à la fois le réformiste le plus avancé peut-être de l'époque, et le protégé du pouvoir. A te dire vrai, mes amis de Besançon pensent que je me berce d'illusions. Peut-être n'ont-ils pas tort. Quoi qu'il en soit, il y aura du nouveau dans ma vie avant Pâques. Je serai destitué pour mon livre, et cela fera de l'éclat; si je ne le suis pas, je suis plus fort que n'importe qui en France.

Nous avons eu l'abbé Ravignan, un parleur, pendant tout le mois de décembre. Tu sais que les prédicateurs courent la France et préparent pour la dynastie d'Orléans la vigne du Seigneur. Tout le beau monde, les oisifs, les magistrats, ont suivi les sermons de cet abbé. Le peuple seul y manquait. J'y ai été cinq ou six fois ; j'ai toujours trouvé un homme au-dessous de son rôle.

On nous promet pour le carême l'abbé Lacordaire ; si notre archevêque s'avise de le faire venir, je ferai voir aux Bisontins un spectacle nouveau. Je me propose de publier toutes les semaines, avec le compte rendu des sermons, une critique sommaire et péremptoire de tout le système chrétien, et l'on verra qui restera sur le carreau, du sermonaire ou du raisonneur. J'ai d'excellents matériaux prêts, et sans offenser la religion ni la caste, j'espère faire des pamphlets délicieux. Je désire de tout mon cœur, je te l'avoue, que ce plan puisse être mis à exécution ; ma place ne m'arrêterait pas.

Je suis en marché pour mon imprimerie. J'en serai quitte pour 4 ou 5,000 francs d'étrivières.

Je te salue de tout mon cœur. J'attends ta réponse à ma dédicace ; puisque c'est un service que tu me rends, tu n'as pas besoin d'affranchir.

Dis à Ackermann de m'écrire ; dis lui que je m'occupe de lui, que j'espère qu'il me trouvera un traducteur et un éditeur pour mon prochain ouvrage.

Tout à toi.

P.-J. Proudhon.

1843 ou 1814.

A M. ACKERMANN

(Le commencement de cette lettre a été déchiré.)

Le titre de ma dernière publication vous a mécontenté; vous me connaissez trop bien pour supposer que je devinsse jamais un Hegel, un Kant, un Newton peut-être, en métaphysique. J'espère qu'à cet égard la lecture de mon livre vous remettra. Le sans-façon avec lequel je parle de moi-même et de mes devanciers ne vous semblera plus que l'expression de ce sentiment d'égalité qui est en moi, égalité à laquelle je crois de toute mon âme, et qui, selon mon opinion, doit s'étendre un jour jusqu'aux personnalités intellectuelles. Je crois volontiers que je ne serai jamais un Kant, ni un Leibnitz; trop de choses me manquent pour cela, non de la part de la nature, mais du côté de la fortune. Mais je vous avoue que depuis deux ou trois années l'étude m'a appris à considérer sans frayeur tous ces grands génies qu'à si juste titre le vulgaire admire, et que je trouve beaucoup plus près de nous qu'il ne nous semble. Suivant toujours la même psychologie, je suis venu à croire, sans en être enorgueilli le moins du monde, que je pouvais (comme tout homme bien constitué, du reste) acquérir, par le travail et par une bonne méthode ou instrumentation, la même puissance intellectuelle que ces hommes auxquels vous me comparez ironiquement; j'ajoute que la faiblesse d'esprit, l'imbécillité, l'ignorance, l'étroitesse de conception, étant des perturbations, des *anomalies*, que le progrès social doit faire disparaître, un jour viendra où l'immense majorité des humains, sans être identiques, seront équivalents de capacités, comme ils seront égaux par le salaire.

Toutes ces croyances peuvent être des billevesées; mais elles détruisent jusqu'au soupçon d'orgueil, jusqu'à la possibilité d'exorbitance d'amour-propre.

Au surplus, lisez-moi si vous en avez le loisir; tâchez de m'entendre; puis, au lieu de m'administrer des férules, j'espère que vous daignerez me faire de bonnes et solides objections.

Je vais à Paris où je compte passer au moins six semaines. Je ne négligerai rien pendant ce temps pour m'y procurer des moyens d'existence plus en harmonie avec mes vues réformistes; j'espère être enfin accepté par le monde politique et littéraire. Je vous manderai ce qui arrivera de moi; et, puisqu'il faut parler sincèrement, je me flatte toujours que vous reviendrez à Paris, où vous êtes mieux placé qu'en Allemagne. Je m'occuperai même, si vous m'y autorisez, de vous préparer la voie, autant du moins que mes propres relations me le permettront.

Donnez-moi bientôt de vos nouvelles, et, malgré tout, croyez que je conserve, à toute épreuve, un cœur chaud et un esprit sain.

Votre ami.

P.-J. PROUDHON .

Besançon, 22 janvier 1843.

A M. FLEURY

Mon cher ami, je profite de l'occasion de Mme Villars pour vous répondre aujourd'hui même. Disons tout par ordre et commençons par la fin.

Mon projet, si bien conçu par l'honorable M. Bergier, d'entrer aux archives de la préfecture est *à vau-l'eau,* comme vous dites ; le résultat de toutes les sollicitations, parmi lesquelles celle de M. Maurice a été la plus considérable, est un refus péremptoire du préfet. J'ai su cela par voie indirecte, et comme, depuis plus de trois semaines, MM. Micaud et Bergier ne m'ont reparlé de rien, j'en ai conclu que le chagrin de ma déconfiture était la cause de leur silence, et qu'il fallait attribuer mon insuccès à mes *antécédents*. Depuis, un adjoint de la municipalité, M. Convers, s'est avisé de me proposer à M. Micaud, le maire, comme secrétaire ou autre chose ; M. le maire a répondu qu'il reconnaissait toute ma capacité, mais qu'il craignait que je ne fisse d'eux comme des Académiciens, savoir des instruments ou des *niais*.

Ce qui me fait plaisir en tout cela, c'est qu'il ne vient à l'esprit de personne de supposer un seul instant que je puisse démentir mon passé et même mes idées. Ainsi, mon cher ami, repoussé par la préfecture, repoussé par la municipalité, peu recommandable au clergé, suspect à la magistrature, redouté par la bourgeoisie, je n'ai rien à faire ici. Mon imprimerie est vendue (j'en suis pour 7,000 francs d'étrivières, dont j'aurai à prélever les intérêts chaque année sur mon travail) ; je n'ai pas cinq sous à gagner à Besançon, et toutes les sympathies que j'inspire se réduisent à cinq ou six personnes. Au 1er mai, je vous embrasserai.

J'ai lu les deux volumes de l'*Histoire* de Louis Blanc, et j'en suis mécontent. L'auteur m'a prouvé ce que je savais déjà, qu'une intrigue dynastique avait escamoté la révolution de Juillet à la bêtise républicaine ; mais il m'a fait voir aussi, sans s'en douter, que les républicains d'aujourd'hui n'étaient pas plus avancés que ceux d'alors, puisque ces douze années de règne ne signifiaient pas autre chose pour eux que douze années de duperies. Eh ! laissez donc là Louis-Philippe, et Dupont, et Laffitte, et Molé, et Thiers, et Guizot, et tous ces pantins : regardez donc, si vous avez des yeux pour voir, d'un côté, cet immense *deleatur* tracé sur les idées bonapartistes, légitimistes, théocratiques, nobiliaires, militaires, grecques ou renouvelées des Grecs ; et, de l'autre, un droit nouveau s'élaborant insensiblement dans l'esprit du peuple et des savants, au milieu des petites jongleries et corruptions de tous les partis. Le règne de Louis-Philippe, comme préparation à un ordre nouveau, est l'un des plus remarquables de l'histoire ; qu'importe que Louis-Philippe et ses ministres n'en sachent ni le pourquoi ni le comment ?

Je vais faire venir la brochure de M. Ortolan ; j'ai un chapitre à faire dont le sujet est précisément le sien ; et

quelle que soit la conclusion du professeur, elle me
servira indubitablement. J'ai entendu faire peu d'estime de M. Ortolan ; cependant, j'ai vu de lui quelque
chose qui promettait ; n'aurait-il fait qu'une amplifi-
cation, sur une spécialité de faits, d'une idée connue
avant lui ? C'est ce qu'il faut savoir.

J'ai remercié dans mon cœur Pierre Leroux de la
bonne œuvre qu'il a faite en tympanisant M. Cousin ;
mais je lui sais mauvais gré d'avoir dit que M. Jouffroy
était sceptique, ce qui, selon moi, n'est pas exact.
M. Jouffroy avouait que la philosophie n'avait résolu
encore aucun des problèmes posés par la religion, mais
il croyait qu'elle était destinée à les résoudre ; et il pensait, en conséquence, que son rôle à lui, et celui de
notre génération, était de préparer cette solution. Voilà
le caractère du savant qui plonge dans l'avenir de la
science et ne se permet aucune hypothèse prématurée !
Mais il y a loin de là au scepticisme. Dire qu'on ne sait
pas encore et dire qu'on ne saura jamais, diffèrent
autant que la lumière des ténèbres (Bossuet).

Du reste, même après avoir lu les rectifications de
Pierre Leroux, j'ai trouvé que les attaques de M. Jouffroy n'étaient que relatives, qu'elles portaient sur l'état
présent de la philosophie beaucoup plus que sur l'incapacité de M. Cousin. Il a fallu dans celui-ci un orgueil
bien sot, bien bouffi, pour ne pouvoir supporter l'inventaire que Jouffroy faisait de l'éclectisme, et n'oser
braver les conséquences très peu justes, selon moi, que
la malignité pouvait en tirer contre lui. Peut-être
n'avez-vous pas lu le livre de Jouffroy, car, à coup sûr,
les phrases retranchées perdraient beaucoup pour vous
de leur vivacité et de leur amertume. Ce qui est odieux
et méprisable en M. Cousin, c'est sa conduite son

égoïsme et son orgueil ; mais, à coup sûr, la critique de Jouffroy n'avait ni l'intention ni le sens qu'en a fait sortir Pierre Leroux.

J'admire votre bonhomie à me demander mon opinion sur des choses où ce serait à vous de me formuler ma croyance. Je vous l'ai déjà dit : je connais assez imparfaitement l'histoire de notre Révolution, et il m'est difficile de vous formuler, sans faire mes réserves, une opinion sur ce qui pouvait être ou n'être pas, comme sur la valeur et les intentions présumables de certains personnages.

Cependant, vous m'interrogez si directement que je m'en vais vous répondre comme un écolier au catéchisme, et en vous laissant toute la responsabilité de mes paroles. Peut-être, au lieu de demander si les réformes opérées par la Révolution pouvaient s'accomplir sans l'anarchie et le despotisme républicain, devrait-on poser ainsi la question : Le mouvement de 89 commencé, l'anarchie et le despotisme pouvaient-ils ne pas s'ensuivre ? Quoi qu'il en soit de cette distinction, voici, en tout cas, ma pensée :

Cette demande paraît fondée sur cette maxime, un peu à la façon de Marat, que, pour obtenir le moins, il faut demander le plus. C'est aussi un aphorisme de la morale évangélique, que nous devons tendre à la perfection, bien que nous soyons toujours pécheurs devant Dieu.— Je n'aime pas, je l'avoue, les maximes générales. Ici, par exemple, l'aphorisme marâtiste est démenti par cet autre que, une fois un principe admis, tôt ou tard il développera ses conséquences. Eh bien ! la nation voulait invinciblement, et à tout le moins, ce que fonda la Constituante, sauf correction et progrès ultérieur ; or, ce qu'établit la Constituante, c'est, en résumé, le principe de la souveraineté représentative, l'égalité devant la loi, la liberté de conscience et celle de la presse. Qui oserait dire que ces principes n'eussent pu produire leurs résultats sans la catastrophe du 21 janvier, du 31 mai, etc., etc. ?

Maintenant, pourquoi la nation ne put-elle se tenir aux institutions de 89, et comment expliquer les événements qui suivirent ? C'est, à mon avis, que dès 89, et en même temps que s'affranchissait la bourgeoisie, se posait la question du prolétariat, question qui pouvait être résolue comme conséquence de la réforme de 89, mais que le peuple, ameuté par quelques démagogues, s'habitua à considérer comme le dernier terme d'une série qui n'était point achevée, savoir : *Roi, Clergé, Noblesse, Bourgeoisie, Peuple.* Or, en voyant la résistance de Bailly et de Lafayette, de Mirabeau lui-même, et plus tard des Girondins, le peuple s'entêta à séparer ses intérêts de ceux de la bourgeoisie ; plus il rencontra d'obstacles, plus ses chefs crièrent à la contre-révolution, plus la violence s'accrut du côté du mouvement, tant qu'à la fin la multitude l'emporta sur les lumières et le *statu quo* du parti conservateur. Mais, comme l'expérience manquait aux tribuns, comme ce n'est pas avec des discours et des sentiments qu'on organise une société, la République ne put vivre ; les institutions bourgeoises demeurèrent, les tendances du prolétariat aboutirent au néant, et tout fut, tout est encore à recommencer.

D'après cela, je puis formuler mon opinion sur Robespierre. Mettant à part les qualités bonnes et mauvaises de cet homme, sa médiocrité, sa rhétorique, etc., je crois que, comme chez Danton et autres, il n'y avait en lui que des aspirations et des tendances,

mais point d'idées originales, point de doctrines for-
mulées. Robespierre, s'il eût été tout-puissant, nous
aurait fait vivre comme les Pythagoriciens ou comme
des citoyens de la république de Platon ; c'est-à-dire
que sa volonté eût tout fait comme dans les établisse-
ments d'Owen, mais que rien n'eût pu subsister en
vertu d'une énergie propre et selon des lois absolues.
Robespierre voulait être le père abbé, prieur et sacrifi-
cateur du couvent Français ; il aimait les processions
et les parades ; la République eût été fortunée et la
prospérité toujours croissante chaque fois que, poudré,
enrubané, il aurait fait au Champ-de-Mars une invocation à l'Être suprême.

Voilà, mon cher ami, tout ce qui me vient pour le
moment sur votre question ; cela n'est pas fort érudit
ni profond ; pour cela même, cela pourrait être vrai.

Il me tarde autant qu'à vous de vous rejoindre ; je
suis fatigué, excédé. J'arriverai à Paris avec des matériaux toujours frais. Je suis décidé à vivre de mon
métier d'imprimeur et du produit de quelques publications, sans rien solliciter davantage ; cela me semble
plutôt fait et plus honorable.

Je vous embrasse de tout cœur et vous prie de présenter mes salutations à nos amis.

P.-J. PROUDHON.

Besançon, 4 février 1843.

A. M. BERGMANN

Mon cher Bergmann, je t'écris aujourd'hui sans motif d'utilité pressant, mais pour te faire connaître où j'en suis. J'ai vendu mon établissement, et me voilà libre. Tout est réglé, arrangé; je quitte au 1er mars prochain; je rembourse une partie de mes dettes, et je reste avec 7,000 francs de déficit, dont j'ai à prélever les intérêts (350 francs) sur mon travail à venir.

L'affaire de la préfecture n'a pas réussi; le préfet n'a consenti à m'accorder rien; j'en ignore les véritables motifs. Comme mes amis et recommandeurs gardent tous un silence profond sur la déconfiture de leurs espérances à mon égard, je présume que les causes de ma répulsion viennent de mon passé et du peu d'espoir qu'on a de voir changer mes sentiments. Ce qui me confirme dans cette opinion, c'est que, un adjoint de notre municipalité ayant proposé au maire de s'emparer de moi, celui-ci, après être convenu de tout ce dont j'étais capable, surtout dans les travaux de mairie, répondit qu'il craignait que je ne fisse d'eux comme des académiciens, des *niais* ou des *instruments*.

Ainsi, mon cher, tes excellents conseils ne peuvent

en ce moment recevoir d'application; repoussé de la préfecture et de la mairie, suspect au parquet, hostile au clergé, redouté de la bourgeoisie, sans profession, sans avoir et sans crédit, voilà où je suis arrivé à trente-quatre ans. Je n'ai plus rien à faire à Besançon; j'ai dans mon métier de compositeur une ressource honnête et avouée; le bec de ma plume me fournira un petit supplément; avec cela, je vais attendre les événements, et je renonce au rôle de solliciteur.

Mon livre paraîtra en avril; j'ai revu et corrigé la dédicace que je t'ai adressée; j'y ai inséré une phrase, au sujet de la religion, pour que l'on ne te mît pas en communauté d'opinions avec moi sur une matière aussi dangereuse. Tu me comprendras fort bien, toi; mais les sots, les envieux et les cafards ne cherchent que plaies et bosses, et ils sont en majorité. J'ai cru devoir prendre cette précaution, qui, sans rien préjuger de tes senti-ments, t'enlève toute complicité et par conséquent toute responsabilité. Voici, au surplus, cette phrase :

« J'ai donc répudié la philosophie; mais que diras-tu, « ami, en apprenant que du même coup j'ai nié aussi la « religion? Toi dont l'âme aimante et pure, dont l'esprit « toujours élevé à Dieu, convertit en un culte sublime « tout sentiment, toute action, toute pensée, ne crain- « dras-tu pas pour la société les suites de cette néga- « tion effrayante, etc. »

Tu vois qu'un évêque pourrait accepter cette dédi-cace.

Je compte être à Paris après Pâques, et présider moi-même au débit de mon livre. Un libraire m'offre déjà d'en prendre cinq cents à 3 francs. Je désire qu'il en prenne mille.

Adieu, mon cher Bergmann; mon livre sera la première nouvelle que tu recevras de moi, et je te ferai part de mes démarches ultérieures.

Tout à toi.

P.-J. Proudhon.

Besançon, 11 avril 1843.

A. M. ACKERMANN FRÈRE

Monsieur, j'ai eu l'honneur de répondre ou de faire répondre une fois déjà à M. Paul Ackermann, votre frère èt mon ami, que la cassette et les papiers qu'il réclame, étaient demeurés à Paris, chez M. Eugène Haag, rue de Savoie, nº 7, et que je n'avais à Besançon, de tous les effets qu'il m'avait confiés à son départ, qu'un Voltaire, édition Beuchot, et un certain nombre d'ouvrages de littérature et de philologie, de divers formats.

Je regrette beaucoup, Monsieur, de n'avoir pu causer avec vous à votre passage à Besançon. Votre frère est un des hommes que j'aime et que j'estime le plus, et qui méritent de l'être. Je regarde son absence comme une véritable perte pour moi; mais je m'en consolerai si j'apprends qu'il obtient en Prusse les succès et la considération qu'il mérite. Son grand défaut, tant que je l'ai connu, a été d'avoir trop de vertu pour son siècle; j'espère, non qu'il s'en sera corrigé, mais que du moins il aura appris à s'en servir. Nous avons quelquefois parlé de vous; il vous jugeait supérieur à lui sous le plus grand nombre de rapports; jugez, Monsieur, s'il m'a donné l'envie de vous connaître.

Ayez la bonté, je vous prie, de lui dire que ses dernières lettres m'ont vivement intéressé ; que ses *Antonymes* m'ont paru quelque chose de fort ingénieux, mais que j'aurais voulu, au lieu d'une si grande multiplication d'exemples, quelque chose de théorique et de savant sur la synonymie et l'antonymie des langues. Il y a là, ce me semble, plus d'une curiosité métaphysique à déterrer. Quant à ce qui me regarde, si votre mémoire n'est point surchargée déjà de tous ces détails, je vous supplierais de lui apprendre que j'ai vendu mon atelier d'imprimerie à 25 p. 100 de perte, et que je me trouve aujourd'hui chargé de 7,500 francs de dettes ; — que je partirai fin avril pour Lyon, où je dois occuper un emploi dans une maison de commerce et de transport de houilles par le canal du Rhône au Rhin, et que j'achève, entre temps, un grand diable de livre sur l'organisation politique, que je compte avoir le plaisir de lui faire parvenir dans quelques semaines.

M. Bergmann, de Strasbourg, que vous verrez peut-être en passant, et l'un des correspondants de M. votre frère, avait été chargé par moi de lui transmettre ma réponse à la dernière demande qu'il m'avait faite de ses livres ; savoir, ainsi que je vous l'ai dit plus haut, que je n'étais plus dépositaire de ses papiers ; et 2° que tous les livres que j'avais ne me semblaient pas mériter les frais de transport ; qu'en conséquence il voulût bien me dire lesquels il désirait. J'espérais à cette occasion que M. votre frère m'écrirait ; je l'attends encore.

Agréez, Monsieur, l'assurance de toute ma considération.

P.-J. Proudhon.

Lyon, 25 mai 1843.

A M. ET Mme PROUDHON

Mes chers parents, ma chère mère, j'ai appris hier
par Mlle Bretet, que vous étiez allés demander de mes
nouvelles : vous auriez bien pu remettre en même temps
un billet, qui m'aurait appris si mon frère est marié ou
non. J'attends de le savoir pour écrire à sa femme. Où
en êtes-vous enfin? Je ne fais pas grand'chose, bien
que je trotte tout le jour et que je n'aie pas un moment;
j'ai plus d'appétit que jamais, et j'ai lieu de croire que,
si je puis me tenir avec MM. Gauthier, je m'en trouverai
bien. Je n'ai qu'un chagrin : c'est que je ne pense pas
plus qu'une marmotte, ce qui n'est guère dans mes
habitudes.

J'enverrai lundi prochain, à M. Huguenet, de l'argent pour acquitter un effet de 162 fr. 40 cent. qui sera
présenté à l'imprimerie; plus une quarantaine de francs
qu'il remettra à M. Gandon.

Dites à celui-ci que depuis trois jours j'ai dû laisser
de côté mon ouvrage, pour écrire un grand Mémoire
au conseil d'État sur le Canal. Mais je vais me remettre
à l'œuvre.

Quand vous aurez quelque chose à me mander, préparez votre lettre, et remettez là à Mlle Bretet ou à M. Gauthier, qui nous écrivent souvent. Bonjour à Mme Rodier.

P.-J. PROUDHON.

Lyon, 31 mai 1843.

A M. ET Mme PROUDHON

Ma chère mère, M. Gandon m'apprend que mon frère a dû se marier le 30, et qu'il sera à Besançon avec sa femme le 31, aujourd'hui même. Vous me ferez part, un peu plus tard, de tout ce que vous savez de nouveau. J'ai envoyé deux fois déjà de la copie à M. Gandon, et dans le billet qu'il m'écrit il ne me dit pas s'il l'a reçue. Il m'importe d'en être assuré. Allez donc lui dire, s'il vous plaît, de m'envoyer les feuilles 20 et 21 dont j'ai besoin pour faire mon manuscrit : je connaîtrai à ce signe qu'il a reçu ma copie.

S'il n'a rien reçu, qu'il me l'écrive ou qu'il marque d'une croix l'enveloppe.

On doit se présenter aujourd'hui même à l'imprimerie pour un billet de 162 fr. 40 c. dont M. Gauthier fera les fonds. Informez-vous près de M. Huguenet si ce billet a été soldé.

Demain, j'enverrai encore du manuscrit à M. Gandon.

Je vous embrasse, ma chère mère, et souhaite que vous ayez été contente du mariage de nos jeunes gens.

Pour moi, je serai triste jusqu'à ce que mon bouquin ait vu le jour. En attendant je me porte bien.

P.-J. PROUDHON.

Lyon, 4 août 1843.

A M. MAURICE.

Mon cher Maurice, en arrivant à Lyon, j'ai cherché à placer tout ou partie de notre édition de Bergier. M. Guyet, ancien voyageur de la maison Gauthier, actuellement libraire place Bellecour, m'avait fait espérer qu'il ferait ce marché. J'ai eu la maladresse de dire qu'il y aurait bien 2,500 exemplaires : ce nombre les a effrayés, et je crois que si je n'avais parlé que de 1,000 à 1,200 ils se seraient décidés. Toutefois, nous avons conclu à un essai. J'ai fait venir, par le canal de MM. Turbergue, 50 exemplaires de cet ouvrage, et, selon que MM. Guyet et Gérard verraient le public y mordre, ils traiteront avec nous. Je ne les ai pas revus depuis.

Je suis absolument sans nouvelles de mon livre; je l'ai fait si épais, si assommant, si indigeste, que peu de gens auront le courage d'aller jusqu'au bout, et que pour le bien entendre il faudra le lire lentement et deux fois. Ceux qui pourront faire ce sacrifice, il est vrai, ne s'en repentiront pas. Ils auront appris plus de choses qu'on n'en a produit (de nouvelles) depuis soixante ans. Voilà, en attendant le jugement des critiques, ce que j'ose penser moi-même de ma publication.

Si vos dames apercevaient certains paragraphes de mon ouvrage dans lesquels il est question de la disparition de tous les cultes, dites-leur, je vous prie, qu'il n'est question là-dedans que de spéculations métaphysiques, étrangères aux habitudes du beau sexe; que, bien loin de détruire ce que la religion inspire de sentiments honnêtes, élevés, mystérieux, d'espérances sublimes, il ne s'agit que de donner à ces sentiments et à ces espérances une base scientifique, positive, qui les transforme, les épure et les enlève au domaine des théologiens. Voilà tout ce que je puis dire de plus simple et de plus clair sur ce chapitre, qui ne peut cette fois manquer de me faire passer tout à fait pour l'Antechrist. Mais vos dames sont formées, dès longtemps, à la tolérance et à la charité; elles savent qu'un athée même, s'il était parfaitement honnête homme, ne serait pas pour cela repoussé; elles se sont fait une religion agissante, plutôt qu'une foi spéculative. C'est à ces habitudes de cœur et d'esprit que je prendrai la liberté de les rappeler, si jamais elles sont tentées de blâmer mon dessein et mes opinions.

J'ai fait un bout de factum sur la question des droits de navigation que je vous envoie. Mlles Bretet et Gauthier, qui étaient chargées de le répandre à Besançon, ayant cru y voir quelque chose de blessant pour les banquiers en général, ont supprimé cette publication, et cela a été cause que ni vous ni bien d'autres n'en avez eu connaissance. Mais la brochure a couru à Lyon, Châlons, Saint-Étienne, Mulhouse, Dijon, Paris, etc.; le *National* s'en est servi pour un article; bref, c'est moi qui ai fait courir le bruit à la Chambre

qu'un *appel* était formé au *Conseil d'État* (c'est le titre
de la brochure) contre l'ordonnance Lacave-Laplagne ;
et j'ai contribué, pour ma part, à former l'opinion sur
cette question. Cependant, mon Mémoire est trop
écourté ; j'ai recueilli depuis bien des lumières, et
l'année prochaine, quand viendra la discussion sur le
rachat des rentes, je reviendrai à la charge. Il faut bien
que je montre que j'entends les questions pratiques
autant que les théoriques.

Je suis à Lyon, vous devez croire, comme un homme
enterré. J'ai renoncé pour un laps de temps à avoir ni
volonté, ni désir, ni passion ; jugez si le sacrifice est
dur, pour un homme aussi personnel, aussi volon-
taire, aussi fougueux que je suis. Mais, devant la nécessité, j'avale mon courage, et ne bouge pas plus qu'un
cadavre. Sans livres, sans solitude, sans société savante
ou lettrée, je m'abîme dans des blagues et des flâneries
éternelles. Je commence à être déjà plus familier avec
le *débit* et le *crédit* ; je vois de plus près les effets de la
concurrence, et suis plongé dans tout ce que le commerce lyonnais a de dégoûtant et d'ignoble.

La maison de MM. Gauthier frères est une maison
nouvelle, qu'il s'agit d'asseoir et d'organiser sur un
bon pied ; ma grande affaire a été de philosopher sur
cette question, comme j'aurais fait sur un problème de
métaphysique et de politique, et de calculer les bases
de l'édifice. Si à l'avenir MM. Gauthier suivent, dans
leurs affaires, un plan de conduite tout nouveau, s'ils
sortent de la routine vulgaire, j'y aurai, je crois, forte-
ment contribué. J'ai déjà fait pour eux plusieurs projets, mémoires, pièces diplomatiques (j'entends par là
tout simplement quelques lettres importantes *à divers*) ;
et déjà ils s'applaudissent de ma manière de concevoir

les affaires et de les mener. J'aurai, je crois, en ces
messieurs des patrons dévoués et reconnaissants ; je ne
les quitterai pas non plus pour d'autres, ou par un coup
de tête, ou sans avoir mon nid tout fait ; mais vous
sentez qu'il ne peut guère me convenir de patauger
toute ma vie dans cette boue lyonnaise.

Oh ! la sale cité ! Dieu veuille que la négligence de
toilette qu'on m'a toujours reprochée ne dégénère pas
ici en crasse !... Depuis que je suis à Lyon, j'ai pris des
lunettes, et je m'en repens. Auparavant toutes les
femmes du pays me paraissaient passables ; à présent
elles me semblent atroces. J'en accusai d'abord mes
verres ; mais, un jour que je fus au musée, je reconnus
que les belles choses me paraissaient effectivement très-
belles, plus belles même que nature : que les laides étaient
enlaidies. A la campagne, le paysage a quelque chose
pour moi de velouté, d'adouci, que la réalité ne présente pas. J'en ai conclu que mes lunettes découvraient
les défauts de *forme* les plus cachés et dissimulaient
les défauts des *couleurs* et des *teintes.*

Lyon est un mélange de population débauchée et
bigote ; j'ai vu les plus belles processions du monde ;
de longues rangées de petits garçons et de petites filles
couronnés de roses ; on aurait dit des nuées de chéru-
bins. Le clergé est ici tout puissant. — *Nota.* Si, quand
vous aurez à parler d'un sot, vous avez besoin d'un
exemple, ne manquez pas de citer M. G***, libraire
ecclésiastique, mari de Mlle C***.

J'ai fait deux voyages aux mines de *Saint-Étienne* et
Rive-de-Gier. J'ai vérifié par moi-même ce que c'était
que la *coalition charbonnière* et la moralité des exploi-
teurs dissidents et libres. Il y a là-dessus des choses à
dire dont ne s'avisera jamais un journaliste ; et cela

parce qu'un journaliste est un bavard qui croit que la rhétorique est la clé de tout.

Je suis déjà passablement au fait de la navigation fluviale ; à m'entendre parler l'argot des mariniers, on dirait quelquefois un maître. C'est ici surtout que je puis me convaincre de la vérité de mes paradoxes ; l'effet du progrès industriel ainsi que de la libre concurrence est de faire baisser sur tous les points le bénéfice jusqu'à concurrence du prix du travail. Nous touchons au moment où de gros capitaux ne serviront plus dans le commerce qu'à s'assurer un emploi, dont tout le revenu sera, comme je vous le dis, le prix du travail personnel. Une association en garantie des capitaux est désormais inévitable ; il faut, je vous le répète, être sur les grands centres industriels pour s'en convaincre.

J'en aurais long à vous dire pour vous peindre le désordre qui règne ici partout, désordre qui n'est égalé que par la bêtise des acteurs. Les niaiseries et l'imbécillité de notre gouvernement m'apparaissent plus que jamais dans toute leur vérité ; et si j'ai commencé à devenir réformiste, par mes seules réflexions, je le suis bien davantage depuis que je vois et que je touche. Non, je n'en doute pas, encore trente ans de ce régime, et la France est morte. Je vous laisse à penser là-dessus quelle peut être ma conclusion. Périssons plutôt que de pourrir dans cette gangrène !...

Je vous remercie des témoignages de votre bonne amitié ; je vous dirai mieux, j'y compte, et n'en doute pas depuis longtemps. Présentez mes hommages à Mmes Blécher, et mes amitiés à M. Bichel. Je suis encore effrayé du danger qu'a couru votre gentille petite fille ; voilà ce que c'est que de n'avoir qu'un enfant !

Ne pourriez-vous donc diminuer vos terreurs de moitié ? Je soumets cette question à Mme Maurice.

Tâchez de me réconforter, mon cher Maurice, et vivez longtemps.

Je vous souhaite le bonjour et vous serre la main cordialement.

P.-J. Proudhon.

Lyon, 13 août 1843.

A. M. PAUTHIER

Mon cher sinologue, si je ne vous ai pas écrit pour vous remercier lorsque je reçus vos publications, c'est que j'espérais pouvoir vous rendre bientôt la monnaie de votre pièce. J'ai été ému de votre indignation, et je vous rends grâce d'avoir appliqué un si bon coup de fouet à cet animal de Julien. Mais souvenez-vous que vous n'obtiendrez justice complète que lorsque j'aurai moi-même accompli ma mission d'exterminateur, et que mes idées auront triomphé.

J'accepterais vos félicitations si je pouvais ignorer que je ne suis qu'un infiniment petit dans l'inauguration de la *loi sérielle*, et que tout mon mérite en cette affaire consiste à avoir donné le signal d'une autre ère intellectuelle, amenée peu à peu par le cours inévitable du temps. Mais je regrette que la rapidité de votre lecture ne vous ait permis de saisir que la moitié de mes idées; sans cela vous ne m'eussiez pas fait l'étrange objection que j'ai lue dans votre lettre. Non, la révélation de la *loi sérielle* ne changera rien au cours normal de la société, pas plus que la découverte de Newton n'a troublé le cours des astres, parce que la loi sérielle est elle-même la *norme* suivant laquelle la société se développe. Cette proposition est l'objet spécial de mon livre. Ce qu'il y aura de changé par cette révélation, ce seront nos opinions, ce sera notre discipline intellectuelle; de même que par la révélation des Newton, des Galilée et des Copernic, les systèmes des astronomes ont été bouleversés. Que dis-je dès les premières pages de mon livre? Que la société, pour se constituer définitivement selon sa norme, est appelée à la connaître; que jusque-là elle parcourt une série d'épreuves ou de révolutions, dont le terme est la perception de la loi absolue. Si donc j'ai bien réellement fait ce que votre objection suppose que je n'ai pas prévu, avouez qu'il ne vous reste rien à dire.

Mais, en franc orientaliste que vous êtes, vous vous rejetez dans le sein de la fatalité. La fatalité? Comment pouvez-vous prendre cette vieillerie pour la loi du monde, à moins que vous ne l'entendiez ainsi, *summa lex, summa necessitas?* Car observez que ce mot de *fatalité* ou *nécessité* ne représente rien à l'esprit; toutes les fois que je l'entends prononcer, il me semble avoir un étourdissement. Remarquez de plus l'heureuse application que ce mot me permet de faire de ma critique de la philosophie. Les philosophes, chercheurs de CAUSES, entendent par *fatalité, nécessité, destin,* etc., une FORCE invincible, toute-puissante, inexorable, inflexible, c'est-à-dire quelque chose de parfaitement inintelligible. Nous, métaphysiciens, au contraire, chercheurs de LOIS et de RAPPORTS, nous entendons par fatalité la condition suprême de toute chose, le pourquoi et le comment qui fait que chaque chose est ce qu'elle est, et ne peut, sans perturbation, être autrement que ce qu'elle est; comme, par exemple, la racine carrée de 64 est

nécessairement 8, et ne peut, sans contradiction sérielle, être 7 ou 9. Voilà de ces choses que les mathématiciens ont à peine entrevues. Ainsi, pour nous, tout
ce qui est *force*, *cause*, de même que substance, est inintelligible : par conséquent, si la fatalité peut offrir
prise à notre intelligence (je ne dis pas à notre conception ou sens intime, car le *sens* intime *sent;* il ne distingue, ne définit pas), ce n'est pas comme force ou
cause, c'est comme loi. Mais dès lors, si la fatalité est
synonyme de loi suprême ou universelle, il faut trouver
la formule de cette loi aussi bien que ses applications
spéciales. Ce n'est pas à moi de dire si j'y ai réussi ou
non. — Dieu, dans ce système, Dieu, s'il existe, n'est
autre chose que le *moi* infini, dont la raison, le νοῦς, est
adéquat à cette loi sérielle ou fatalité, tandis que son
vouloir, sa liberté, y sont entièrement soumises. Dieu,
enfin, précisément parce qu'il est omniscient et souverainement libre, se conforme sciemment et volontairement à cette loi ou fatalité objective, subjective et absolue; en sorte qu'on peut dire de lui : *Summa lex,*
summa necessitas, summa libertas.

Voilà, mon cher sinologue, ce que vous verrez clairement dans mon *Prospectus* quand vous aurez le temps
de l'y chercher; peut-être alors, s'il vous faut absolument une loi de la loi, serez-vous forcé d'aller au delà
même du destin, cet extrême philosophique de l'ancien
monde. Tous les peuples ont eu le pressentiment d'une
Loi suprême; mais comme, ainsi que je l'ai observé, les
peuples enfants font la *loi* adéquate à la *volonté*, ils ont
symbolisé leur idée en représentant la loi absolue sous
l'image d'une divinité aveugle, assise sur un trône
d'airain, par delà tous les soleils, etc., etc. Maintenant
nous expliquons le symbole, autant du moins que nous

le pouvons, mais quand nous nous serions trompés, vous ne devriez pas distinguer la *fatalité* de la *loi*, parce que c'est prendre un symbole pour une idée, c'est raisonner en théologien et non en philosophe.

Je m'attends bien à ce que force gens vont essayer de m'*éreinter*, suivant leur noble expression. Il est si bien reconnu aujourd'hui qu'on a raison de tout avec des *blagues*, qu'on ne me les épargnera pas. Je veux d'abord prendre mon temps; et comme sur chaque numéro de mon livre j'en sais déjà dix fois plus que la malveillance n'y verra, je compte avoir beau jeu à mon tour. Le plus gros de ma besogne est fait; mes études s'avancent et c'est maintenant que je vais travailler à mon œuvre littéraire. A trente-quatre ans et demi, je suis mieux armé et plus avancé que Rousseau ne l'était à quarante; sans avoir le même talent, j'espère ne pas exercer une moindre influence. Encore une fois, ce n'est qu'un *prospectus;* et si les chiens aboient au lever du bâton, que sera-ce au frapper !

Je vous remercie de bien bon cœur de vos offres de service; mais je ne puis consentir à me remettre aux *épreuves;* j'y ai presque perdu les yeux, c'est assez. Ce qu'il me faut, c'est un *entrepreneur*, comme L. Blanc et d'autres qui ne me surpassent de guère en ont trouvé; un libraire pour qui je travaille à Paris, à Dijon, à Strasbourg, quand et comme il me plaira. Je n'ai pas une seconde loi sérielle à publier, mais j'ai de belles choses à en tirer. Cette condition me paraît si désirable et si douce que je ne négligerai rien pour y arriver. Je puis tabler pour la valeur d'un bon volume à fournir par an, plein de choses neuves, curieuses, toujours originales; je n'ai besoin que d'un appointement qui me fasse vivre. Je ne demande pas cher; j'offre en garantie mon passé, et pour caution des avances que l'on me fera, tous mes amis.

Ne croyez point, mon cher sinologue, que je veuille me mettre au service de Cabet; j'aurais pris son journal, qui doit être seulement hebdomadaire, parce que je regardais cela comme une récréation, que j'exigeais d'être maître absolu de la direction, et que j'entendais, en écrivant peu, ne me mêler ni d'administration, ni de finance. Mais je pense que Cabet a trop bonne opinion de lui pour me remettre son gouvernail.

Adieu, mon cher compatriote; la mort de votre oncle m'a touché d'une vive sympathie; je savais combien cet homme était bon, et combien vous lui étiez attaché. Vous n'avez pas cru devoir me parler de votre situation de fortune; j'espère qu'elle est digne de vous et qu'elle remplit les vœux de tous vos amis.

Je suis maintenant commis batelier; je vis avec des gens de rivière, et je vous écris à bord de notre remorqueur, à trois lieues de Lyon, dans la plus belle vallée de France.

Et ma prétendue? est-elle toujours fille, et sage, et jolie?...

Je vous souhaite toutes les joies du ménage et du célibat.

P.-J. Proudhon.

Lyon, 20 septembre 1843.

A M. ACKERMANN

Mon cher Ackermann, votre dernier billet, daté du 8 juillet dernier, m'est parvenu le 15 de ce mois ; ainsi, les occasions que vous prenez pour m'écrire ne sont pas plus diligentes que mes intermédiaires.

La vignette qui décore la tête de ma lettre vous fera connaître mon adresse, ce que je fais et où je suis. J'ai vendu mon imprimerie, je suis sorti de ma boutique le 1er mars dernier, avec 20,000 francs de passif et 10,000 francs d'actif ; voilà où je suis arrivé après quinze ans de travail et d'études.

De nos livres, nous en parlerons tout à l'heure.

En remettant ma déplorable industrie, je me suis trouvé si serré et si sec que force m'a été d'entrer dans un bureau en qualité de commis, pour subvenir immédiatement aux besoins les plus pressés de mon existence. Je suis commis batelier, à Lyon ; je passe mes journées avec des mariniers, des crocheteurs, des charretiers, des négociants, des commissionnaires, des chauffeurs, etc., etc., tantôt dans mon bureau, tantôt à bord de notre remorqueur *le Dragon*, l'un des plus forts bateaux à vapeur qui soient sur la Saône. Là je multiplie mes observations et j'achève *ab experto* mon cours d'économie politique, commencé avec A. Smith et Say. Mon temps ne sera pas perdu. Après avoir été, comme industriel, tué par la concurrence, je contribue à mon tour à en écraser d'autres ; et vous n'imaginerez jamais l'effet terrible que produit une théorie savante, employée au mode destructeur. Comme je suis le principal et même l'unique conseiller de mes patrons, j'ai tout loisir d'appliquer mes idées d'organisation, et j'en profite pour faire des expériences sur les concurrents mal intentionnés ; *in anima vili.* — Entre temps, je fais des brochures sur des matières administratives ; des pétitions au ministre ; des requêtes au préfet ; je fournis de notes les bureaux du ministère ; en un mot, si le pouvoir savait l'auxiliaire puissant qu'il a en moi, au lieu de me faire surveiller, il me pensionnerait.

Je compte cet hiver être à Paris où je commencerai ma carrière de journaliste ; alors je vous montrerai un autre homme. Tandis que l'on me croit enseveli dans la métaphysique, je leur révélerai tout à coup des connaissances pratiques, acquises sur une foule de points, et avec lesquelles je ferai enrager, j'espère, bien des gens. L'année prochaine verra des choses nouvelles, soyez-en sûr.

Mais vous, mon cher Ackermann, êtes-vous donc tout à fait Prussien ?

> Faites tous vos vers à Paris,
> Et n'allez pas en Allemagne,

disait quelqu'un que vous estimez fort.

J'ai toujours espéré que vous n'étiez à Berlin qu'un oiseau de passage, et que, dussiez-vous y *doubler* votre existence, vous reviendriez bientôt à Paris, vous, vos fils et votre compagne, comme dit la *Marseillaise*. Le temps est meilleur aujourd'hui que lors de votre départ, et, de quelque façon que la chose tourne, il se prépare des événements dont le résultat inévitable sera de vous donner place dans la république des penseurs et des artistes.

Et d'abord, la pure littérature classique, attique et antique, revient sur l'eau et fait prendre en dégoût la romantique ; tout se tourne vers les études fortes, solides, nourries d'observations et de faits ; partout on ne parle que de science sociale, science morale et politique, science économique, science du droit, sciences à construire, sciences en construction.

D'autre part, il se manifeste entre le pouvoir, représenté ou personnifié dans la dynastie d'Orléans, et le peuple une antipathie croissante ; des bastilles s'élèvent, le régime militaire se glisse partout ; la Chambre des députés est châtrée ; il faut que d'ici à deux ans nous, Français trop turbulents, soyons mis à la raison, ou que nous fassions encore une fois danser la carmagnole à la monarchie.

Vous sentez qu'au milieu de tout cela un homme comme vous est bien placé ; monarchie ou république, il y aura transition et révolution complète, et vous êtes novateur dans toute la force du terme. Puis, comme la meilleure part de notre vie ainsi que de notre destinée est de voir, d'apprendre, où seriez-vous mieux pour cela qu'au sein d'une nation qui monte ou qui descend, je ne saurais trop encore vous dire lequel des deux ?

C'est l'espoir de vous revoir qui me fera différer de vous envoyer vos livres, jusqu'à ce que je reçoive de vous une lettre par le retour du courrier ; d'autant plus que j'ai besoin de divers renseignements pour faire cette expédition.

1º Je ne conçois pas que vous teniez à recevoir un tas de bouquins comme ceux qui forment la masse de vos livres : latins, grecs, hébreux, etc. Vous trouverez tout cela et mieux que cela en Allemagne. C'est donc vos poètes et prosateurs classiques proprement dits qu'il convient surtout de vous envoyer; ayez donc la bonté de m'en donner à peu près la liste.

2º Quant à vos caisses, je les ai positivement déposées dans la chambre de Haag, rue de Savoie, avec Maguet, qui, j'espère, les aura recueillies. Depuis ce dépôt, Haag est allé se marier, et je conçois comment il l'a oublié, ou n'en a rien su. D'ailleurs, il est si paresseux, si mou! *At non in venerem segnis, nocturna que bella...* Si donc ces caisses sont encore chez Maguet, voulez-vous qu'on les expédie avec vos livres, et dans ce cas, j'enverrais les livres à Paris. Ou bien, préférez-vous recevoir les uns et les autres séparément, ceux-ci de Besançon, celles-là de Paris ?...

Voilà donc, mon cher ami, de nouvelles lenteurs apportées à votre impatience ; que voulez-vous? vos livres sont à Besançon, vos caisses à Paris ; et moi, l'expéditeur, je suis à Lyon. Il faut nécessairement nous entendre.

Mon livre nouveau est en vente, et vous en recevrez *trois* exemplaires avec vos livres : le premier pour vous, le deuxième pour M. Gros (si je ne me trompe), qui a eu la bonté de m'envoyer son livre sur la *Personnalité divine ;* le troisième pour la personne qui voudra se charger de me traduire et de m'éditer en allemand.

Vous trouverez dans ce volume toute une métaphysique nouvelle, autrement simple, claire et féconde que

celle de vos Allemands. Pauthier m'en a fait de grands
compliments. Bergmann me félicite de tout son cœur ;
il va jusqu'à dire qu'il ne me croyait pas capable
de tant et si bien faire. Cependant, il m'a fait quelques
objections très-spécieuses, qui toutes provenaient, ainsi
que je le lui ai fait voir, de ce qu'il avait perdu de vue
une partie de mes propositions.

Pour votre gouverne, voici maintenant ce que, relativement à ce dernier écrit, je suis bien aise de vous
dire. J'entends que tout ce que j'ai publié jusqu'à ce
jour soit considéré comme *études et exercices*, dans la
confidence desquels, il est vrai, j'ai cru devoir mettre
le public, mais que néanmoins je n'entends pas comprendre dans le cercle de mes travaux sérieux et
durables. C'est à partir de ce jour que je voudrais, si
rien ne s'y oppose, commencer ma carrière littéraire et
scientifique. J'ai fait une grande accumulation de
matériaux, d'idées, de tours de phrase, etc., etc. J'ai
remué une masse de choses ; tout est sur le chantier et
attend la mise en œuvre. Il faut que je sois bien malheureux ou bien maladroit, si de tout cela je ne tire
rien.

Prenez donc votre résolution de revenir, et écrivez-
moi de garder vos livres. Je serai à Paris en décembre,
et j'y trouverai des sympathies et des moyens d'existence ; au besoin, mes relations s'étendant toujours, je
ne serai jamais au dépourvu d'emploi, ni exposé à
manquer de pain. Sans femme, sans attachement, ne
conservant plus de passion que l'amour du vrai, la
haine du privilége et un immense goût pour la promenade, la conversation et la flânerie, j'espère mener
gaiement ma vie de bohémien. La littérature se refait,
les blagues romantiques tombent tous les jours ; le

discrédit des écrivains corrupteurs et corrompus est au comble ; ce que l'on demande partout est le beau, le vrai, l'utile. Il y a place pour vous. Venez.

Je suis trop enfoncé dans le positivisme pour causer avec vous littérature, et j'ai trop d'affaires sur mon bureau pour soigner ma correspondance. Je ne puis plus que vous embrasser et vous prier de me dire si la personne en question est devenue vôtre ; si vous avez quelque espoir de ce côté-là ou d'un autre ; en tout cas, de m'écrire au plus tôt.

Vous êtes au moment de la vie où l'amour nous poinct davantage ; après cela il diminue.

Tout cela n'est rien : voir et savoir, formuler le beau et le vrai, c'est cela qui est tout.

Vive memor quam sis ævi brevis, et croyez que dans trente ans, comme le lendemain de votre départ, je ne vous oublie pas.

P.-J. PROUDHON.

Lyon, 16 octobre 1843.

A Mme PROUDHON

Ma chère mère, je suis très-surpris que mon père soit jaloux de ce que je vous écrive. Est-ce lui qui fait mes cravates et mes chemises? Est-lui qui va voir M. Micaud, M. Gandon, M. Bodier, le cousin, etc. quand j'ai une commission à faire? Il faut bien que j'écrive à ceux qui font ma besogne; de quoi se plaint-il?

Il est vrai que mon cher père m'a écrit une lettre à laquelle j'ai oublié de répondre; je n'avais rien à dire, et j'ai été très-satisfait des renseignements qu'il m'a donnés. Dites à mon père, je vous prie, en lui montrant celle-ci, que je ne suppose pas que vous lui cachiez mes lettres, et que d'ailleurs, quand j'aurai à causer d'affaires, c'est à lui que je m'adresserai : aux hommes les grandes affaires ; aux femmes le ménage. Faites-moi passer, à l'adresse de MM. Gauthier frères, à *Chalon*, un caleçon de molleton et une cravate de 15 sous. Si mon père connait quelque chose au molleton, qu'il fasse cette commission et il aura de mes nouvelles.

Dites à mon père que l'année sera médiocre pour les vins en Bourgogne et dans le Midi, et que les buveurs seront pris par la gorge.

Mes amitiés à M. et Mme Bodier et à tous ceux qui ne me haïssent pas. Si jamais vous me manquez, chers père et mère, je quitte Besançon et le Doubs; je n'ai pas la maladie du pays ; j'ai l'horreur du pays.

Si Charles a besoin de quelque chose, qu'il m'avertisse d'avance, et je tâcherai de pourvoir. Il est convenu entre MM. Gauthier et moi que je travaillerai chez eux à volonté huit ou neuf mois par an, à Lyon, Chalon, Besançon et Mulhouse, et que je serai de retour à Paris pour mes études et la vente de mes ouvrages. — Ainsi, je passerai près de vous d'ici à trois semaines ou un mois, et j'irai voir mes amis de Paris ; puis je reviendrai en février, ou en mars au plus tard. Ce sera une jolie et agréable existence; il ne me manquera que de vous avoir plus souvent auprès de moi.

Voilà les projets ; quel sera l'avenir?

Dieu seul le sait.

Hier, j'étais avec une quarantaine d'amis; et ces quarante m'ont affirmé qu'ils en représentaient au moins 10,000, mais on n'ose pas se réunir en masse, à cause de la police. — Je porte des lunettes.

Je vous embrasse chers père et mère.

Votre fils,

P.-J. PROUDHON.

Lyon, 7 novembre 1843.

A M. HUGUENET

Mon cher Huguenet, j'ai presque disposé de vous sans vous consulter. Voici l'affaire.

La Compagnie d'assurances *l'Urbaine* a besoin d'un agent à Besançon, en remplacement de M. Jacquard, banquier, démissionnaire. Cet emploi exige un homme posé, mûr, actif et d'une moralité reconnue. M. Jacquard le banquier ne pouvant se livrer aux démarches qu'exige une telle mission, s'est démis volontairement. Le choix de M. Jacquard, et son acceptation jusqu'au jour où il a cru devoir remercier la Compagnie, vous prouve que l'emploi en question n'a rien que de très-honorable. Sous le rapport des appointements, il peut vous donner de 1,000 à 3,000 francs par an, selon les assurances que la Compagnie fera dans le pays, et celles que vous lui aurez procurées. Par tous ces motifs, j'ai cru que vous conveniez à la chose autant qu'elle vous convient à vous-même, et j'ai donné votre adresse à M. Monnerot, inspecteur de la Compagnie *l'Urbaine* à Lyon, qui me demandait si je connaissais quelqu'un.

Vous pourriez donc aller trouver M. Jacquard, et, s'il

était besoin, vous pourriez vous faire présenter à lui, soit par M. Micaud à qui vous communiqueriez ma lettre, soit par M. Maurice, notre député, votre ancien condisciple, qui est bien avec M. Jacquard et vous veut du bien. Avec la recommandation de M. Jacquard, vous écririez directement à la Compagnie d'assurances *l'Urbaine* à Paris, vous vous réclameriez de M. Monnerot, son inspecteur à Lyon, et, je ne doute pas que vous ne soyez nommé.

C'est un emploi agréable, facile, qui peut devenir lucratif, et au pis-aller ne vous produira jamais moins que l'imprimerie. Je vous assure , que si je n'étais retenu ailleurs, j'eusse recherché la place pour moi-même. Joignez à cela qu'elle vous laisse la plus grande liberté. M. Monnerot ou la Compagnie vous donneront au surplus les instructions que vous aurez à suivre. J'ai étudié ici la matière : c'est facile.

Je vous supplie, mon cher Huguenet, par amitié pour moi et en souvenir de notre si longue confraternité, de ne pas négliger cette affaire. Indépendamment de la solde, vous y trouverez la liberté, l'indépendance et une occasion de former et d'entretenir une foule de relations précieuses pour vous et vos enfants. Faire des visites, causer avec les gens, recevoir et verser des fonds, voilà en somme ce que vous aurez à faire.

Bonjour au père Dessirier; je n'oublie pas ce que je vous dois à tous deux; mais mes moyens sont toujours moins grands que ma reconnaissance.

Remettez l'incluse à son adresse.

Je vous serre la main.

P.-J. PROUDHON.

Lyon, 25 novembre 1843.

A M. ACKERMANN

Mon cher Ackermann, j'ai reçu votre billet du 14 courant et votre lettre du 3 de l'expiré, des propres mains
de votre frère. M. Ackermann aîné m'a paru de tout
point plus aimable, plus réfléchi, plus raisonnable que
vous. Je commence par vous le déclarer franc et net :
je suis d'une humeur de chien.

Enfin, vous vous mariez ! J'ai reçu cette grande nouvelle sans surprise comme sans plaisir : sans surprise,
parce qu'il était dans votre nature de finir par là ; sans
plaisir, parce qu'avec **mes 34 ans** bientôt révolus je
suis plus disposé à prendre en pitié les amoureux, qu'à
éprouver une véritable sympathie de leur prétendu bonheur. — Cela n'empêche pas notre ami Pauthier de
m'écrire qu'il tient à ma disposition une jolie paysanne
de Neuilly-sur-Marne ; il prétend qu'en fait de femme
une paysanne est tout ce qu'il faut à un philosophe.
Certes, je n'accepte pas ce titre ambitieux ; mais nous
verrons la petite : et, ma foi ! s'il est écrit que je me
doive marier, je prendrai mon sort avec une résignation
toute philosophique. —

Votre future joint à une instruction très-étendue
une humeur douce et un esprit des plus fins. J'en con-
clus qu'avec cela il faut qu'elle soit bien éprise de vous,
pour n'avoir pas aperçu le côté faible de son fiancé. Car
enfin, mon cher Ackermann, avouez que vous êtes un
peu taquin, personnel, ponctuel comme un maître d'é-
cole, parfois violent et absolu. Ah ! mon ami, que vous
aurez à faire pour être longtemps aimable et heureux !
Croyez-vous donc qu'une femme, une maîtresse, une
épouse, soit un ami ; que la loyauté, la probité la plus
parfaite, des mœurs pures, l'amour du travail et de la
gloire, les sentiments les plus généreux, puissent longtemps balancer auprès d'elle les petits défauts que nous,
hommes, n'apercevons seulement pas ? Ce qui m'in-
quiète est que je vous vois enthousiaste et idolâtre de
votre femme comme un jeune-premier. — Mais, impru-
dent, qu'aurez-vous donc à lui offrir dans dix ans, dans
trois mois, dans six semaines ? Mais tout ceci n'est rien ;
et je ne suis qu'à mon commencement.

. . . .

Malgré les contradictions grammaticales qui pullu-
lent dans notre langue écrite, elle reste et restera fidèle
à ses vieilles traditions, sous peine de se dénaturer et
de périr. Vous aurez prouvé que notre orthographe
pèche à chaque instant contre l'étymologie, l'analogie,
la syntaxe, etc, ; tout le monde dira que vous avez raison, mais personne ne concluera à accepter vos chan-
gements. Et si vous êtes étonné qu'en ce siècle novateur, si hardi en réformes, la réforme de l'orthographe
soit seule repoussée, je vous en dirai, ou plutôt redirai
la raison : c'est qu'une réforme qui implique destruction de la chose à réformer, doit être repoussée, tant

que l'on n'accepte pas la destruction même de la chose.
Ainsi, je demande la réforme de la propriété, de la monarchie, de la théologie, de la philosophie, bien que je
sache à merveille que toutes ces réformes auront pour
résultat final de ruiner la monarchie, la théologie, la
philosophie et d'abolir la propriété; mais aussi je veux,
je poursuis résolument l'abolition et la ruine des unes
et des autres.

Votre dernier billet me fait espérer que je vous verrai
sous peu à Paris ; venez-y, venez au plus tôt et n'en
sortez plus. — J'ai des offres de plusieurs libraires; il
vient de se fonder un nouveau journal, *la Réforme*, où
je suis appelé par tout le conseil de gérance, et dont il
est possible que je devienne rédacteur en chef. A défaut
de ce journal, je serai accueilli dans la *Revue indépendante* fondée par Pierre Leroux, et dans d'autres publications périodiques. Enfin, je crois que la besogne ni le
pain ne manqueront pas, et vers le 15 ou 20 décembre
je serai à mon poste. Si vous tenez plus à mener une
vie intellectuelle qu'à assurer votre bien-être matériel,
vous viendrez me rejoindre. Je ne vois pas pourquoi
votre femme répugnerait à prendre ce parti ; après avoir
eu le courage d'épouser un homme de lettres sans fortune, manquerait-elle d'énergie pour braver l'orgueil de
sa parenté ?

En deux mots, vous reviendrez en France pour y travailler à vos livres, et pour n'en plus sortir, ou vous ne
serez jamais qu'un misérable paperassier. Le beau succès de vendre des livres en Allemagne ! Comme si dans
ce pays toute espèce de livres ne se vendaient pas !
comme si l'on savait distinguer là-bas l'excellent du
pire ! Tous les jours j'entends dire que tel ouvrage, peu
estimé en France, se traduit et se débite par milliers de

l'autre côté de la Manche et du Rhin ; sur quoi les auteurs ne manquent pas de dire et d'imprimer que nos
voisins les Allemands et les Anglais n'ont pas déjà le
goût si mauvais.

Je me proposais de vous expédier vos livres dans
quinze jours ; puisque vous devez venir, je n'en ferai
rien, d'autant plus que je compte bien qu'une fois ici
vous ne sortirez plus. Si les raisons que je viens de
vous donner ne suffisent pas, je vous en réserve d'autres un peu plus vigoureuses ; vous pouvez vous y
attendre. Insensible aux verges, peut-être sentirez-vous
les coups de bâton ; le tout sans rancune.

Je vous remercie du soin que vous prenez de ma
réputation à Berlin ; aussitôt que j'aurai une occasion
(celle de l'envoi de vos livres me manquant, puisque je
ne les expédierai que sur nouvel ordre), je vous ferai
passer une douzaine ou deux d'exemplaires. Déjà il
a paru un article bien peureux, bien anodin, dans le
Journal des Économistes ; article où l'on se borne à présenter sommairement l'ensemble de mon travail, sans
oser approuver ou désapprouver quoi que ce soit. Il
semble de plus en plus qu'il y ait pour la critique égal
péril à parler soit *pour*, soit *contre*, soit seulement *sur*
mes publications. On craint le préjugé ; on craint l'auteur ; on craint même, en le nommant, de se compromettre. A propos de mon livre, je vous recommande de
ne rien publier sur les catégories avant de m'avoir lu ;
car je donne dans mon troisième chapitre l'analyse des
catégories, et la solution du fameux problème de la certitude. Cette partie est la plus curieuse, la plus neuve,
la plus fondamentale, et j'ose croire la plus inattaquable de mon livre. — J'en attends une révolution
dans les études philosophiques, plus grande encore que

la révolution opérée par Kant. Vous trouverez chez moi des choses inouïes jusqu'à ce jour dans le monde des penseurs, des choses qui par l'ensemble et le détail découvrent tout un nouveau plan dans la création, et dont l'effet (sauf erreur) ne peut se comparer qu'à celui que produisit l'apparition du système newtonien. C'est ce que les Allemands, plus raisonneurs que grands esprits, comprendront à merveille.

Le titre de mon livre est : DE LA CRÉATION DE L'ORDRE DANS L'HUMANITÉ.

Il est divisé par chapitres, paragraphes et numéros.

Le 1ᵉʳ chapitre est intitulé. . La *Religion*.
Le 2ᵉ — — La *Philosophie*.
Le 3ᵉ — — La *Métaphysique*.
Le 4ᵉ — — L'*Économie politique*.
Le 5ᵉ — — L'*Histoire*.
Le 6ᵉ — — Les *Fonctions* (ou l'organographie sociale).

La *Religion* et la *Philosophie* sont, selon moi, deux *états préparatoires de la société*, la thèse et l'antithèse de l'esprit humain. Réellement elles ne sont rien, formellement elles sont illogiques, illégitimes, anormales, partant non-permanentes.

La dialectique est comme le quatrième terme de cette série.

1	2	3	4

Géométrie, Arithmétique, Algèbre, Dialectique.

La dialectique n'a jamais été connue, et nous ne savons pas encore raisonner.

La métaphysique est la théorie de la loi sérielle, est la méthode absolue qui gouverne secrètement, par des applications diverses, toutes les sciences. Elle donne le moyen de constituer celles qui ne le sont pas encore, telle par exemple que l'*Économie politique*.

L'économie politique, ou science du travail, comprenant la distribution des instruments, des capitaux. .

. . . .

P.-J. PROUDHON.

Mulhouse, 15 février 1844.

A M. ET Mme PROUDHON

Chers parents, je pars demain matin pour Strasbourg,
d'où je prendrai la diligence de Paris, dimanche ou
lundi.

Envoyez-moi mes effets et livres par le roulage accéléré, bureau restant, service de *Philibert Pernont et
Prével.* M. Micaud vous dira ce que c'est. Ne tardez pas
un moment.

MM. Gauthier parlent tantôt de me fixer à Mulhouse, tantôt de m'attacher près d'eux à Lyon. Rien
n'est encore décidé. Quoi qu'il en soit, je vous recommande de ne faire aucune demande d'argent à la maison Gauthier de Besançon, jusqu'à ce que je sache ce
que je veux faire. Il est possible qu'ayant une fois revu
mes vieilles connaissances de Paris je ne veuille plus
du tout du commerce, et que je m'arrange pour vivre
autrement. Croyez toujours, en attendant, chers père
et mère, que mes efforts tendront pour toujours à vous
rendre la vie plus agréable et à me rapprocher de vous.

Voici le 1er mars. — Si M. Thaler ou tout autre vous

parle d'argent, vous répondrez que j'y songe et rien de plus.

A défaut d'argent, je ne manquerai jamais de raisons; et vous savez que je ne crains pas plus un créancier qu'un agent de police.

Je remets ma montre à Antoine, pour que vous me la fassiez raccommoder.

Quand elle sera en état, Micaud se chargera de me la faire parvenir.

Je vous embrasse, chers père et mère, et suis votre fils dévoué.

P.-J. PROUDHON.

Lyon, février 1844.

A M. PROUDHON

Mon cher père, je t'adresse avec la présente une lettre pour Charles, et je te prie de la lui faire parvenir. Il paraît que ces Lhoste ont été misérablement grêlés; c'est ce qui fait que le contre-coup nous en revient. J'aurai à lui faire passer quelque chose; je lui marque qu'il s'entendra avec ma mère.

Les affaires de Cordiron ne sont toujours pas terminées; quand aurez-vous fini ce brocantage? Apprends-moi donc un beau jour que tout est réglé, et je t'en aurai grande obligation.

Je comptais battre monnaie cet été avec quelques publications; malheureusement, à mesure que je travaille, je sens la nécessité de m'étendre et par conséquent de m'ajourner; je n'imprimerai rien avant cet hiver. Je prépare un ouvrage considérable qui me rapportera sûrement quelque chose; du moins j'ai tout lieu de l'espérer. Les libraires me recherchent; il ne s'agit pour moi que d'écrire. Mais tout en écrivant il faut vivre, il faut travailler; voilà ce qui m'empêche d'aller vite.

Tu me diras ce que font les Brutus, Huguenet, etc.
J'aime les nouvelles du pays. — Que ma mère aille
chercher les commissions de Micaud, le jour où tu
m'écriras.

Il me semble que tu dois être satisfait du temps.
Nous échapperons encore à la disette pour cette fois.
Conserve-toi, mon cher père, et aie bien soin de ma
mère, que j'embrasse de tout mon cœur.

Ton fils aîné,

P.-J. Proudhon.

1844.

A M. ET Mme PROUDHON

Chers père et mère, envoyez-moi, aussitôt la présente reçue, *cent* exemplaires de mon ouvrage sur la
PROPRIÉTÉ. Vous prierez quelqu'un de vous en faire un
ballot, bien enveloppé et ficelé ; il n'y a pas besoin de
caisse. Si M. Micaud peut me le faire parvenir par son
service, en huit jours, vous le lui remettrez ; dans le
cas contraire, vous le porterez à la diligence.

Je pense que vous êtes allé l'un ou l'autre à Burgille,
au 15 août. Vous me direz si la Lolotte est accouchée
heureusement. Mon ballot de livres vous sera une occasion de m'écrire et de m'envoyer des nouvelles de tout
le monde.

Joignez aux 100 exemplaires sur la *Propriété*, 12/13
sur la *Création de l'ordre*, que Gandon vous remettra ;
et dites-lui en passant que, si ce dernier ouvrage ne se
vend pas aussi vite que les autres, cela tient uniquement à la bourse de mes pratiques, à la difficulté du
sujet, et au peu de temps qu'ils peuvent consacrer à
l'étude. Cependant il me semble que la moitié est déjà
à peu près écoulée ; or, si Gandon a bonne mémoire,
c'est tout le succès que j'attendais ; sans cela, me

serais-je contenté d'un tirage à quinze cents ? Et puis,
notez que je n'ai pas encore lancé de *prospectus*, chose
que je me réserve de faire plus tard, après ma prochaine publication.

Bonjour à nos connaissances.

Je vous embrasse, chers père et mère.

Votre fils.

P.-J. PROUDHON.

Paris, 29 mars 1844.

A M. MAURICE

Mon cher Maurice, en même temps que vous me
mandiez le résultat de votre démarche auprès de Chalandre, M. Guyet, libraire à Lyon, m'écrivait de Strasbourg que les *Bergier* ne se vendaient pas. Décidément
cette affaire est mauvaise pour nous : d'une part la
maison Gauthier, qui seule pouvait nous écouler cet
ouvrage, nous ayant manqué, et de l'autre le clergé
s'enfonçant plus que jamais dans les platitudes dévo-
tieuses et tournant le dos aux études solides. Certes je
n'aurais pas donné les mains à une pareille entreprise,
si en 1837, j'avais connu l'esprit clérical comme en 1843.
Si vous avez jeté les yeux sur le chap. III de mon dernier ouvrage, vous aurez pu y lire ce que je pense et ce
que j'attends de nos prêtres. Mais, laissant les calotins
pour ce qu'ils sont, j'ai peine à concevoir le procédé de
Chalandre. Ce que la lettre que j'écrivais à ma mère ne
pouvait vous apprendre, parce que je n'étais pas moi-
même renseigné lorsque je l'ai écrite, c'est que M. Chalandre, aujourd'hui propriétaire du *Franc-Comtois*,

conjointement avec Berilot, m'a fait faire des propositions pour prendre la rédaction de ce journal. Or, ces
propositions me sont venues deux jours après le départ
de ma lettre. Comment, Chalandre causant avec vous,
n'a-t-il pas senti qu'un moyen d'obtenir mes services
était de m'aider dans l'écoulement de mon *Bergier?* Je
vous avoue que, malgré ma très-grande répugnance
pour le journalisme, j'aurais prêté l'oreille aux offres
qui m'étaient faites, si j'avais rencontré dans Chalandre
un peu de bonne volonté. Mais cet homme ne sait ce
que c'est qu'obliger : à plus forte raison, il ne comprend
pas qu'un léger sacrifice peut être quelquefois très-
profitable.

Pour achever de vous mettre au courant sur cette
affaire du *Franc-Comtois*, je dois vous dire que j'ai
répondu en substance à l'entremetteur (M. Micaud aîné)
qu'avant d'accepter j'avais besoin d'être renseigné sur
plusieurs points; si les nouveaux entrepreneurs du
Franc-Comtois savaient qui je suis, et s'ils étaient
décidés à me donner carte blanche? 2° si M. Chalandre
était dans l'intention de me faire subir, à moi, rédacteur, la censure de l'archevêché, dont il est imprimeur?
Je passe le reste sous silence.

M. Micaud m'a répondu, dans la lettre qu'il vous a
remise, que Chalandre viendrait à Paris pour l'Exposition, et qu'il me verrait. Mais aujourd'hui j'ai pris mon
parti; ma place chez MM. Gauthier frères me vaudra
plus que celle de rédacteur; et je me suis entendu avec
ces Messieurs pour pousser mes études en même temps
que je m'occuperai de leurs affaires.

A propos d'affaires et d'études, je dois vous dire où
j'en suis.

Ce qui me soutient le courage est l'exemple de

Micaud, sorti de prison avec dix fois plus de dettes que je n'en ai, et qui, en dix ou douze ans, est parvenu sinon à tout payer, du moins à satisfaire les plus criards et à se ménager une vie confortable. Eh bien ! je suis mieux qu'il n'était lors de son entrée chez les Gauthier, et j'ai devant moi encore d'assez belles espérances, malgré tous les contre-temps.

Je tirerai parti de *Bergier* comme je vous l'ai dit, mais il faut pour cela que j'aie le temps de refaire ma *Grammaire;* c'est ce dont je m'occuperai à mon retour, après la publication de l'opuscule que je tiens. Cet opuscule a pour objet d'aider l'écoulement de tout c qui me reste de brochures politiques.

Je crois que Prevôt est payé pour tenir ces brochures enterrées dans sa boutique. A chaque instant j'entends des gens se plaindre que mes livres ne sont pas connus ; c'est une chose étrange que la vente ne s'en fasse que par la propagande spontanée des lecteurs. Vous sentez que les livres sont comme toute autre chose, objet de commerce ; qu'à ce titre ils ont besoin d'annonces, d'étalage, etc. Eh bien ! je suis proscrit de chez mon propre libraire, lequel cependant se prétend satisfait de la vente.

J'ai pris d'autres dispositions et je vais le quitter.

Je compte donc, ma nouvelle brochure livrée à la circulation et mes maculatures vendues, former de tous mes Mémoires d'Economie politique un choix expurgé, augmenté, amélioré, et le publier par l'entremise du libraire Guillaumin, qui a la spécialité des Économistes. En vérité, mon cher Maurice, bien que j'aie déjà débité près de 3,000 exemplaires de la *Propriété*, autant de la *Lettre à Blanqui;* bien que l'*Avertissement aux propriétaires*, tiré à 1,000, soit complétement épuisé, ainsi que le *Dimanche*, tiré à 1,500; je n'ai pas encore fait mon entrée dans le monde littéraire proprement dit. Je ne suis connu que des radicaux et des hommes spéciaux de la science.

J'ai rencontré, à ce dernier voyage à Paris, de nouvelles et nombreuses sympathies. J'ai fait la connaissance de la Société des Économistes, entre autres du beau-frère de Blanqui et de son collègue M. Wolowski... Que vous dirai-je enfin ?.. J'ai l'espoir, assez bien fondé ce me semble, non de faire mon chemin dans la carrière des emplois, — il faudrait presque une révolution pour que cette carrière me fût ouverte, — mais d'acquérir une certaine considération dans le monde philosophique; ce qui ne m'empêchera pas de m'occuper d'affaires commerciales.

Je comptais, mon cher Maurice, vous faire parvenir les intérêts que je vous dois; voici ce qui m'arrive : le fils Dessirier a fait une entreprise de librairie qui l'a endetté; de plus, il a souscrit des billets à ordre dont l'échéance vient toujours plus vite qu'il ne s'y était attendu. Je lui ai prêté, il y a deux mois, cent francs que je comptais retrouver en mars ou avril; mais loin qu'il puisse me rembourser, il aurait grand besoin que je l'aidasse encore. Comme je redevais au père Dessirier 167 francs sur ses vieux comptes, je vais, puisque je suis en train, éteindre cette dette, en faisant un nouveau prêt au fils; ce sera autant de soulagement pour moi. Sans cet incident, j'aurais satisfait à ce que je vous dois, car je m'étais proposé d'être exact au terme et d'ajourner encore le père Dessirier, qui n'a pas besoin. Maintenant les rôles sont changés, et je vous prie de ne pas vous impatienter. Je vous le répète, je compte venir à bout de tout; décidé à vivre vieux

garçon, à moins d'une rencontre avantageuse, je crois
que mes créanciers ont une hypothèque assurée dans
mon travail; il suffit que je vive.

Je vous serre la main.

P.-J. PROUDHON.

Besançon, 12 mai 1844.

A M. BERGMANN.

Mon cher Bergmann, je suis ici de retour de Paris
depuis une quinzaine, et je repars demain pour Lyon,
reprendre mes fonctions de batelier et charbonnier.

. . . .

J'ai fait connaissance avec la coterie économiste,
car il faut appeler les choses par leur nom, et je suis
inscrit au rôle. Il y a là de bons garçons, hommes ins-
truits, de bon sens et de goût, avec lesquels il y a plaisir à se rencontrer. Je ne puis que gagner à ces relations; Guillaumin, le libraire, est le pivot de la confrérie.
Il m'a fait des avances, et je compte traiter avec lui pour
une prochaine publication; car enfin quand une fois on
s'est mis à écrire, les publications viennent comme
vendanges. Que veux-tu? Il faut que la librairie me
rende ce que l'imprimerie m'a pris, et j'espère en venir
à bout. S'il me convient l'année prochaine de me fixer
à Paris, j'y trouverai, je crois, de l'argent à gagner;
pour le moment, la chose n'était pas engrenée, et je
suis revenu à mes charbons. Des offres m'ont été faites
de divers côtés.

Un M. Mialle t'écrira peut-être pour te parler de ses

études *syllabiques* sur la langue française. C'est un ancien artiste, très-excellent homme, qui s'est donné une immense peine pour fort peu de chose; et qui, sur la dédicace que je t'ai faite de ma Métaphysique, s'est proposé de t'entretenir. Il s'est déjà présenté à M. Burnouf, qui l'a accueilli avec beaucoup de bienveillance. Fais-en de même; c'est un bon vieillard qu'il serait horrible de désoler.

Tu me donneras de tes nouvelles et de ta famille. Les jésuites nous désolent, et je prévois qu'il faudra recommencer sur nouveaux frais la guerre de Voltaire et de Rousseau. Tu peux compter sur moi pour cela ; je voudrais, pour l'an prochain, résumer toutes mes études bibliques en un volume qui soit pour nous ce que le livre de Strauss a été pour l'Allemagne. Quand je devrai me mettre à la besogne, j'aurai besoin peut-être d'aller travailler quelques semaines à Strasbourg. Mais qui vivra verra.

Présente mes respects à Mme Bergmann, dont l'extrême bonté, la douceur angélique, restent gravées pour la vie dans mon souvenir.

Je t'embrasse, mon cher Bergmann.

P.-J. PROUDHON.

Lyon, 12 juin 1844.

A M. TOURNEUX

Mon cher Tourneux, le jour ou la veille de mon départ, j'ai appris que tu contractais ou que tu allais
contracter mariage. Je t'en fais aujourd'hui mes félicitations, et te souhaite tout le bonheur que peut espérer
en mariage un homme d'intelligence et de cœur, tel que
je te connais. — As-tu fait part du joyeux événement à
tous nos amis?...

Je suis en train de recueillir des documents sur la
navigation de la Saône, et sur les chances d'amélioration
qu'elle peut encore avoir. Il résulterait de mes chiffres
ou plutôt des faits existants dont je suis témoin, qu'avec
un peu d'ordre, et en mettant un terme à l'anarchie
qui fait un tort immense au commerce et à l'État, en ce
qui concerne le transport, — que le chemin de fer pro-
jeté entre Lyon et Chalon-sur-Saône sera le moins
productif de tous les chemins de fer d'Europe; — conséquemment que c'est celui dont l'exécution est la
moins urgente, et qui peut être le mieux suppléé par la
voie navigable. Peut-être le ministre des travaux publics, dont tu es le subordonné, trouverait-il dans mon
travail des motifs nouveaux et catégoriques pour bien
asseoir son opinion?

Pourrais-tu me dire, en quelques mots, et par retour
du courrier, quand doit avoir lieu la discussion sur le

projet de chemin de fer de Lyon à Chalon-sur-Saône; — si tu penses que l'opinion du ministre, qui d'abord avait paru peu favorable à ce projet, est complétement changée; — et dans quel sens, sous quelle forme il conviendrait que je présentasse mes raisons? Dis-moi enfin tout ce que tu penses de l'utilité et de l'opportunité de nouveaux renseignements, que j'ose affirmer plus certains et plus complets que tous ceux qui, à ma connaissance, ont été publiés jusqu'à ce jour. M. de Lamartine, en Mâconnais fidèle, s'est fait le champion du chemin de fer latéral à la Saône : c'est de toutes les questions politiques celle-là peut-être dont il devrait le moins se permettre de dire un mot. Crois-tu que le *grand poète* ait assez d'influence pour obtenir de la Chambre le crédit qu'il sollicite?

Tu conçois qu'en ceci je n'écris que sous le nom de MM. Gauthier frères, entrepreneurs de transports par eau; c'est donc comme un homme du métier et juge compétent que je parle. Quant à l'intérêt personnel des signataires, tu sentiras parfaitement qu'il n'est autre ici que celui de simples citoyens pour l'économie des dépenses de l'État; le prix de voiture par eau est tellement au-dessous du tarif du chemin de fer que nous n'avons absolument rien à craindre.

A cette occasion, aie aussi la bonté de t'informer si notre pétition pour décharge d'amende est arrivée à ton ministère.

Donne-moi de tes nouvelles, tout en répondant à mes questions et crois-moi

Ton sincère et affectionné ami,

P.-J. PROUDHON.

Lyon, quai Sainte-Marie-des-Chênes, 28.
Chez Gauthier frères.

Lyon, 27 juillet 1844.

A M. MAURICE.

Mon cher Maurice, permettez-moi de vous demander des nouvelles de votre santé et de celle de toute votre famille. J'ai manqué à la promesse que je vous avais faite de vous revoir avant mon départ, et je vous en demande pardon ; bien que j'aie mille excuses à vous présenter, je sais aussi que vous êtes du nombre des personnes auxquelles je dois une attention particulière.

J'ai souscrit à M. Thaler un billet du montant des intérêts que je lui dois. Quant à vous, mon cher Maurice, je suis forcé de vous faire attendre encore ; ma mère a quelques dettes de boulanger ; la femme de mon frère est à la veille d'accoucher, et son beau-père a été l'un des plus grêlés de Salins. Tout cela épuise mes petites ressources, ce qui ne m'empêche pas d'espérer que l'année prochaine, avec les intérêts de mes dettes, je commencerai à attaquer le capital.

Mes occupations de bureau sont beaucoup moindres que celles de l'année dernière, ce qui me permet de travailler davantage chez moi ; j'en profite pour mes études et pour une publication nouvelle. Je comptais faire un peu de monnaie, cet été, avec quelques bilboquets économiques ; il n'en sera rien. Mon travail est trop important pour être ainsi mis par lambeaux ; et comme j'ai à choisir entre une demi-douzaine de libraires solvables, et que je n'imprimerai plus à mon compte, je préfère ajourner cette publication jusqu'à l'hiver prochain ; j'espère alors en tirer bon parti. C'est à Guillaumin, éditeur des *économistes* (vous savez que j'ai été reçu dans cette clique), que je compte m'adresser.

Je vois peu de monde et m'éloigne autant que je puis des réunions politiques. Cabet est ici en ce moment. Ce brave homme me désigne déjà comme son successeur à l'apostolat ; je cède la succession à qui m'en donnera une tasse de café. Il se prêche en ce moment je ne sais combien d'évangiles nouveaux, évangile selon Buchez, évangile selon Pierre Leroux, évangile selon Lamennais, Considerant, Mme George Sand, Mme Flora Tristan, évangile selon Pecquer, et encore bien d'autres. Je n'ai pas envie d'augmenter le nombre de ces fous ; aussi, je produis un effet mirobolant sur ceux qui me voient pour la première fois, quand ils viennent à s'apercevoir que j'ai le sens commun.

Vous avez élu M. de Magnonceau, conspué il y a deux ans, comme l'avait été ce malheureux Maurice en 1839. Cependant Convers a gagné 50 voix. Encore un petit effort, et l'y voilà. Au milieu de tout cela, j'admire Bretillot, qui aime mieux faire ou laisser faire les autres députés, que l'être lui-même. C'est du haut amour-propre ; toutefois, il sera sage à lui de ne laisser élire que des concurrents peu redoutables. Convers à la Chambre pourrait bien faire oublier Bretillot.

Mes très-humbles respects à Mesdames Blecher.

Je suis votre dévoué et obligé,

P.-J. Proudhon.

Lyon, 13 août 1844.

A M. MAURICE

Mon cher Maurice, je plains bien sincèrement Mmes Blecher de trouver toujours un surcroît d'ennui et de fatigue là où les autres trouvent une occasion de plaisir et de joie ; mais, après tout, ces dames en ont été quittes pour des coups de ciseaux et des points d'aiguille ; que serait-ce s'il leur avait fallu digérer les douze ou quinze harangues dont vos imbéciles de Bisontins ont régalé cette pauvre altesse ? Bretillot a fait justement comme maître Jacques, valet d'Harpagon, qui prenait sa casaque de cocher ou son tablier de cuisine, selon que son maître avait à lui parler de ses chevaux ou de ses marmites Discours de M. Bretillot, maire ; — discours de M. Bretillot, président de la Chambre de commerce ; discours de M. Bretillot, je ne sais quoi. — Est-il embêtant, est-il de son siècle, ce gaillard-là ! Ce que j'admire, c'est que M. de Nemours n'ait pas eu la présence d'esprit de dire au premier qui s'est présenté : *Parlez pour tout le monde !*

Je voudrais être renseigné sur un point : savoir si M. Pérennès, que j'ai connu depuis 1827 jusqu'en 1840, aussi encroûté légitimiste que fervent catholique, maintenant qu'il s'est approché d'un prince, dont le père l'a fait adjoint, n'est pas tant soit peu orléaniste? Voilà ce que sont les *principes* pour les dix-neuf vingtièmes du genre humain : affaire de sentiment, d'entraînement ou d'intérêt ; idée pure, jamais.

Vous voulez que je vous parle politique, mon cher Maurice ; cela suppose que vous me croyez plus éclairé que les journaux que vous ne lisez plus, ce qui est très-flatteur pour moi, assurément. Cependant, je suis aussi mal renseigné que vous ; et si quelquefois il m'arrive des échappées de lumière, je les dois uniquement au rapprochement, à la comparaison et à l'analyse des lois votées par les Chambres et des mesures prises par l'administration. Pour conjecturer l'esprit secret qui mène le pouvoir, je n'ai que ses actes ; or, c'est là un procédé long, difficile et qui donne peu de fruit pour beaucoup de peine.

Je suis convaincu que le pouvoir tend la main aux jésuites, que la guerre de l'Université contre le clergé tournera au détriment de la première et au profit de la monarchie et de l'Église. — Une preuve, entre autres : pendant que le ministère laisse M. Edgar Quinet déclarer la guerre au catholicisme dans sa chaire du collége de France, il le fait tourner en ridicule par M. Lerminier dans la *Revue des Deux-Mondes*. Pendant que Thiers a l'air d'écrire son rapport en faveur de l'Université, ce rapport accorde tout aux prétentions du clergé.

Je suis convaincu que le ministère n'est qu'une boutique où l'intérêt général est primé par l'intérêt dynastique et traîné à la remorque par les coteries. — Une preuve, c'est que le gouvernement tient à consolider les grandes fortunes, à constituer une aristocratie du com-

merce comme une grande propriété, parce cela est in-
dispensable à la dynastie. Je suis convaincu, de plus,
que la question stratégique, qui dans les chemins de
fer devrait être l'accessoire, est devenu le principal, non
pas parce que le pouvoir redoute une guerre avec
l'étranger, mais parce que le système de chemins de fer
inauguré par lui est le complément du système de fortifications de la capitale; cela, je vous le démontrerais,
la carte en main, si j'étais près de vous.

Ainsi, réaction monarchique, réaction ecclésiastique;
l'une et l'autre aidée de la connivence de la haute bourgeoisie, du haut commerce, de la grande propriété, des
légitimistes ralliés : voilà en deux mots le caractère de la
politique de notre temps. Tout cela, vous le sentez,
s'opère, non à la face du soleil, mais en tapinois, clan-
destinement, tortueusement, mais irréfragablement. On
ne l'avoue pas encore, mais on le fait sentir, et déjà
l'on se montre.

Pendant que la tête de la société va dans un sens, le
peuple va dans un autre.

Le pouvoir tourne à la religiosité, le peuple aban-
donne le catholicisme. A Lyon, par exemple, il existe
déjà une multitude de ménages qui ont rompu toutes
relations avec l'Eglise ; on ne baptise plus les enfants,
on ne marie plus ecclésiastiquement, plus de premières
communions, plus d'enterrements ; des hommes de
lettres, des médecins, de bons bourgeois suivent ce courant. Dans les campagnes, les paysans lisent Volney ;
l'insurrection commence sur tous les points contre l'enseignement du prêtre. J'ai observé tous ces faits par
moi-même. On commence à douter de tout ce qui est
traditionnel, ce qui signifie qu'on tourne le dos aux
idées monarchiques et religieuses. On dirait que c'est

maintenant seulement que l'esprit de 93 commence à
s'infiltrer parmi le peuple. Et, en effet, en 93 le peuple
ne connaissait ni les Grecs, ni les Romains, il ne se faisait aucune idée de république, d'égalité, de libre examen ; plus tard, distrait par les guerres de l'Empire, il
n'a eu le temps de réfléchir à rien. La Restauration est
venue qui, aidée par les nobles et le clergé, a entretenu
à merveille cette torpeur populaire. Depuis quelques
années seulement, on peut le dire, le peuple se pose les
questions que Voltaire, Rousseau, Mirabeau, etc., ont
posées pour lui il y a soixante et quatre-vingts ans ; et
en se posant ces questions, il y répond aussitôt, d'abord
en ce qui concerne les choses existantes, par une négation, puis, en ce qui concerne les choses à venir, par le
doute. Le peuple, en un mot, est sûr de ce qu'il ne veut
pas ; il ne sait pas encore ce qu'il doit vouloir.

Telle est la situation.

Qui l'emportera, dans cette tendance contraire, du
pouvoir ou du peuple? Evidemment il est impossible
que la masse n'absorbe pas un jour, et le pouvoir, et tout
ce qui s'oppose à elle ; mais comment, quand, à quel
prix cela s'obtiendra-t-il, par quels combats de pensée
ou de bras cette révolution s'accomplira-t-elle? Je crois
qu'il est impossible de le prévoir. Un rien peut, dans
dix ou quinze ans, ramener des jours cent fois plus
affreux que ceux de 93; l'avénement au pouvoir d'un
seul homme peut conjurer tous ces symptômes. Ce qui
est singulier, — et ce qui rassure en même temps, —
c'est que presque tout le monde aujourd'hui comprend
plus ou moins cela; mais, par une fatalité étrange, le
pouvoir est emporté et la société avec lui. Qu'il arrive
un mouvement favorable à l'esprit révolutionnaire, et
l'on sera tout surpris de voir se lever sur tous les points

des masses de prolétaires jacobinisés, et qui ne paraissent point aujourd'hui. Dieu veuille alors que la colère, la vengeance ne les porte pas à d'effroyables représailles.

Quand une chose doit s'accomplir, tout ce qu'on fait pour l'empêcher la sert. On a défendu par une loi les associations; qu'en est-il résulté? que la propagande se fait à la face du soleil, que les membres des sociétés secrètes sont devenus les commis voyageurs d'une réforme qui aspire à embrasser le monde. On a fait les lois sur la presse; vain espoir! Comme il ne se passe rien aujourd'hni qui n'ait été dit et imprimé autrefois, on réimprime en totalité ou par extraits habilement combinés les vieux auteurs, et l'on tue, à la barbe du parquet, lois, traditions et institutions. Et ce que je vous dis, mon cher Maurice, n'est pas une description de rhétoricien; je connais personnellement à Lyon et dans la banlieue plus de deux cents de ces apôtres qui tous font la mission en travaillant. C'est un fanatisme plus éclairé et d'une espèce plus tenace qu'on n'en ait jamais vu. En 1838, il n'y avait pas à Lyon un seul socialiste; on m'affirme qu'ils sont aujourd'hui plus de dix mille. Des bibliothèques se forment au moyen de collectes; il y a même des réunions pour les femmes !...

Tout cela, vous pouvez m'en croire, aboutira à quelque chose, et le mouvement n'est pas près de se ralentir; il y a progrès, et progrès effrayant, au contraire. Si vous désirez savoir où vous en êtes et de quel côté va le monde, croyez-moi, ne le demandez pas aux gens du pouvoir. N'allez pas au sermon, n'en croyez pas les riches égoïstes, méprisez les proclamations, les programmes et les bulletins, ne lisez pas les harangues académiques. Enquérez vous de l'état de la propagande sourde qui se fait spontanément dans le peuple, sans chef, sans catéchisme, sans système encore bien arrêté, et tâchez d'en comprendre le sens et la portée ; c'est là le véritable indicateur politique.

Bonjour, mon cher Maurice, soignez vos dames et conservez votre petite fille.

Tout à vous.

P.-J. PROUDHON.

Lyon, 15 août 1841.

A M. GUILLAUMAIN, LIBRAIRE.

Je vous avais promis d'aller vous voir avant mon départ de la capitale ; un ordre de ma maison m'a fait
partir si précipitamment qu'il ne m'a pas été possible
de tenir ma promesse. Aujourd'hui, je viens vous proposer de renouer le fil de l'entretien. Ainsi que j'ai eu
l'honneur de vous le dire, je m'occupe d'un travail dont
le but essentiel est d'appliquer les principes connus et
admis, les lois désormais irréfragables de l'Économie
politique, à la solution de quelques-unes des questions
sociales qui sont à l'ordre du jour, ainsi qu'à l'examen
de notre système constitutionnel et de nos codes. Vous
sentez, monsieur, que je n'ai ni ne puis avoir la prétention de réformer seul tout cela ; il y a de la besogne
pour cent économistes travaillant de concert. Il s'agit
seulement d'ouvrir la route et de faire un premier pas.
Par une coïncidence singulière et que je désirerais ne
pas laisser échapper, l'Académie des sciences morales
et politiques a posé une série de questions qui, bien
considérées, étudiées dans leur profondeur, embrassent
toutes les grandes divisions et tout l'ensemble de la
science. L'Académie a fait plus, elle a invité les con-

currents à exposer hardiment leurs idées et à se lancer sans crainte dans le champ de la spéculation. Je ne vous dirai point, Monsieur Guillaumin, que j'ai le projet de concourir et encore moins d'abuser de la permission; d'une part, je n'arriverai plus à temps pour le concours, et quant au reste je n'ai nullement la pensée de faire une plaisanterie de si mauvais goût. Mais il me semble utile de constater par une réponse originale, libre de toute complaisance intéressée et digne, la tendance innovatrice qui saisit l'Académie elle-même, c'est-à-dire le corps le plus éminemment conservateur de l'État.

Rassurez-vous, au surplus, sur le fond et la forme de mon livre, et puisque mes antécédents trop connus vous commanderaient peut-être de prendre vis-à-vis de moi des précautions, je dois vous dire qu'ayant à soulever des questions de plus en plus scabreuses je me renfermerai exclusivement dans les limites de la science, n'accordant rien à l'exposition oratoire que ce qui découlera directement des prémisses économiques.

Afin de donner de l'unité à un ouvrage, qui traitera les problèmes en apparence les plus étrangers l'un à l'autre, j'ai dû creuser plus avant qu'on ne l'avait fait peut-être les profondeurs de l'Économie, et chercher la loi générale qui gouverne toute la science, et partant la société elle-même. Ceci est la partie spéculative ou métaphysique, en un mot : le lien synthétique de toutes mes idées.

Rien encore, dans ce que j'ai publié jusqu'ici, ne peut vous donner l'idée de ce que je vais faire; quelques allusions jetées çà et là sont de trop faibles indices pour que mes lecteurs en aient pu saisir toute la portée. Il s'agit d'une loi supérieure, loi de la nature et de notre entendement, qui rend également raison de l'ordre et du désordre, de ce que nous appelons *bien* comme de ce·que nous qualifions *mal*, d'une loi qui explique l'utilité providentielle de l'usurpation, de la tyrannie, de l'esclavage, du paupérisme et de toutes les catastrophes et perturbations des sociétés, et qui nous découvre le mystère de cette alchimie divine, comme dit je ne sais plus quel économiste, par laquelle le mal tourne toujours à bien dans le monde.

Tel est, dans ses termes les plus généraux, le plan de mon livre, pour la publication duquel je souhaiterais, Monsieur Guillaumin, m'entendre avec vous. Le développement des idées et la froideur de la doctrine m'obligent à renoncer, pour cette fois, à mes habitudes de publications populaires et à bon marché ; mon manuscrit ne fournira pas moins de 6 ou 800 pages in-8. Au surplus, je m'efforcerai tant que je pourrai de me réduire et d'être court.

Maintenant, Monsieur Guillaumin, permettez-moi de vous dire un mot des conditions. D'abord, bien que vous soyez l'éditeur officiel de tous les ouvrages d'Économie politique qui paraissent en France, j'entends avoir la liberté de mes opinions , quelque différentes qu'elles puissent être de MM. Dunoyer, Rossi, Troplong, etc., etc. — J'entends, de plus, user largement, sauf le respect dû aux personnes et les égards que méritent les positions et les talents reconnus, du droit de réfutation et de critique.

Pouvez-vous, Monsieur Guillaumin, me garantir cette double franchise? De mon côté, je promets, et je ne devrais pas avoir besoin de vous le dire, d'y mettre la forme la plus polie, la plus académique possible. Grâce à vous, Monsieur Guillaumin , et à l'obligeance de

M. Garnier, je puis presque regarder comme mes
confrères et mes amis bon nombre de ceux que j'aurai
à citer ; n'avons-nous pas mangé ensemble le pain et le
sel ? comme dit le Bédouin. *Item*, vous n'ignorez pas,
Monsieur Guillaumin, que je suis très-médiocre catholique et encore plus mauvais dynastique ; c'est-à-dire
que, sauf toujours le respect des consciences et des personnes, sauf la tolérance que nous nous devons tous,
dans ce siècle où rien n'est démontré, où tout est mis
en doute, j'ai suivi, par tempérament ou conviction, il n'importe, et jusqu'au bout la route du libre
examen ouverte par Descartes, et le dogme de la souveraineté du peuple ouvert par Rousseau. — Je sais à
quoi je suis tenu pour ne faire poursuivre ni mon
libraire ni moi-même, et je ne suis pas plus amoureux
que vous du martyre ; mais, ces réserves faites, aurai-
je mon. franc-parler sur tout cela ?... Au reste, qui
pourrait vous retenir ? Libraire, vous n'entendez ni
approuver ni désapprouver le contenu des livres que vous
mettez en vente, et l'on conçoit très-bien que dans l'intérêt de la science, comme dans celui de votre commerce, vous deveniez éditeur de doctrines quelquefois
très-diverses.

Voilà, Monsieur Guillaumin, quelles sont mes conditions préliminaires ; pour le reste, vous en userez avec
moi comme avec mes autres confrères en Économie
politique. J'espère que vous me trouverez très-accom-
modant, si ce n'est que, vivant aujourd'hui de mon
travail, je préférerais du comptant et peut-être une
avance, à de plus beaux avantages éventuels.

J'ai déjà accumulé une grande quantité de matériaux ; mon plan est fait, mes cadres sont tracés, mes
démonstrations faites ; je n'ai plus besoin que d'un

mois de lecture environ, après quoi je suis en mesure de fournir du manuscrit sans discontinuer. Je désirerais fort que cette publication pût avoir lieu en février ou mars prochain; pour cela j'aurais besoin d'y travailler exclusivement dès le mois de septembre ou d'octobre. Le temps que me laissent mes fonctions de commis ne me permet pas d'aller assez vite.

J'ai lu avec un très-grand plaisir presque tous les numéros de votre *Revue* depuis son apparition.

Je crois que cette publication vous fera honneur et vous rapportera tôt ou tard de beaux bénéfices.

Il faudrait désespérer du public si de semblables publications ne fussent pas soutenues. Pour ma part, j'ai beaucoup profité à cette lecture, en ce sens que j'ai pu juger de l'état où en est la science, et du chemin qu'ont fait, souvent à son insu, les écrivains qui s'en occupent.

Les excellents matériaux dont la *Revue* abonde, les notices que l'on y trouve, ne sont pas non plus à dédaigner; c'est de l'érudition tout acquise, et pour un homme qui étudie l'Économie politique dans l'atelier, sur la rivière ou au comptoir, les comptes rendus des savants sont une bonne fortune. Mais Messieurs vos rédacteurs tremblent d'avancer; l'avenir est à eux évidemment, puisqu'il est à la science; et cet avenir, ils n'osent l'envisager, ils ne peuvent se résoudre à aller au devant de lui. Ils sont sur la route qui y mène, le visage tourné du bon côté, et parfois on croirait qu'ils ferment volontairement les yeux, crainte de vertige, et qu'ils se renversent en arrière, de peur de tomber en avant.

C'est là-dessus que je me propose de les interroger, de les sommer même, sauf à eux de ne pas répondre.

C'est avec plaisir, Monsieur Guillemin, que je recevrais de votre part une invitation au travail; et, si cet essai tournait à votre satisfaction, je pourrais peut-être vous proposer toute une suite d'affaires.

Recevez, Monsieur, avec l'assurance de ma parfaite considération, mes salutations sincères.

P.-J. Proudhon.

Lyon, quai Sainte-Marie-des-Chênes, 28.

Lyon, 1er septembre 1844.

A M. TOURNEUX

Mon cher Tourneux, mon amitié, aussi franche que la tienne, avait devancé tes explications. En quittant Paris, je te savais en épousailles, et, quand plus tard j'ai vu que tu ne me répondais pas, j'ai conclu tout naturellement que tu commençais ta vie de mari par une retraite.

Mes notes sur le chemin de fer de Chalon à Lyon ont été envoyées en même temps à M. le ministre des travaux publics et à M. Dufaure. Tu les trouveras, je pense, au secrétariat ou au cabinet particulier de ton ministère.

Je te garantis l'exactitude de tous mes chiffres, ainsi que de tous mes calculs. Ces chiffres résultent de nos prix courants actuels et d'éléments que j'ai personnellement recueillis à Lyon, Chalon et Mulhouse. Ces éléments, loin de s'affaiblir, ne font même que se fortifier ; aussi je ne crois pas possible de révoquer en doute que dans deux ou trois ans le prix de traction de matières de toute nature, sur Saône, ne dépasse plus *deux centimes par tonne et par kilomètre*. Déjà cette année, une masse de transports en houille ont été effectués, et à ce prix les travaux du corps des ponts et chaussées améliorent chaque jour le lit de la rivière. Il n'est plus possible de nier l'efficacité de leurs dragages, barrages, endiguements, etc. La Saône, à l'étiage, a présenté presque partout un mètre d'eau. A une pareille profondeur, les mariniers trouvent qu'il n'y a plus de sécheresse. En effet, un bateau peut être chargé sans imprudence à soixante-dix centimètres aux échelles, ce qui suppose un chargement de quatre-vingt-dix à cent vingt tonneaux. Quant aux voyageurs, tu verras dans mes notes une proposition de faire le transport, sous la protection de l'État, à 1 et 2 francs par personne, et gratuitement pour les pauvres et les militaires en congé.

MM. Gauthier offraient de payer 100,000 francs par an pour le privilége, de prendre tout à leurs risques, de fournir caution, etc., etc. Cette proposition réduisait de trois quarts et quatre cinquièmes le prix des places et le fixait à 1 *centime* 4 *millièmes* au maximum par voyageur et kilomètre.

Aujourd'hui, une concurrence vient de s'établir sur la Saône pour le transport des voyageurs ; les prix sont de 1 fr. 60 et 2 francs. Eh bien ! à ce prix, il est prouvé que le service peut donner de beaux résultats. Je connais parfaitement le détail des frais d'un bateau coureur, et je suis en mesure de prouver que si, en fin de compte, la somme totale des recettes pour les services réunis ne fait que couvrir la somme de leurs frais, cela viendra uniquement de l'excès de leurs frais généraux et de l'emploi d'un matériel inutile. Quatre bateaux, deux en montée, deux en descente, suffisaient pour le service des voyageurs sur la Saône : il y en a *huit*.

néral, les hommes clairvoyants de ce pays
que la partie de chemin de fer de Paris à Mar-
.omprise entre Chalon et Lyon ne *fera pas ses*
et ne pourra lutter contre la Saône sous AUCUN
ORT. Tu peux consulter à ce sujet mon petit
Mémoire.

Ne pourrais-tu prendre connaissance d'une affaire
dont je t'ai parlé autrefois, concernant deux amendes
de navigation infligées à mes patrons ? Je viens, pour
la deuxième fois, d'écrire à cet égard au ministre des
travaux publics ; ma lettre doit lui parvenir en même
temps que celle-ci te sera rendue. Tâche donc, je te
prie, de jeter un coup d'œil sur cette affaire et de
prendre connaissance de la pétition envoyée en mars
ou avril. Je te jure que les faits se sont passés comme
je les rapporte. Une bêtise, au devant de laquelle
M. Gauthier, soit par négligence, soit par empêchement, n'a pas couru, s'est envenimée, aggravée et tra-
duite à la fin en une amende de 1,000 francs. L'injustice, le ridicule de l'affaire sont encore plus vexatoires
que le chiffre de l'amende, et MM. Gauthier, avant de
porter leurs plaintes dans le journal de l'endroit, aime-
raient mieux en finir administrativement. Lis seulement nos pièces, et je compte que tu nous recomman-
deras. Il ne s'agit pour nous que d'obtenir un peu
d'attention.

Je suis enchanté de te savoir heureux et je te remercie des vœux que tu fais pour mon établissement.
Ackermann, Bergmann, Haag m'en ont dit autant que
toi. Malheureusement, je ne suis ni officier de l'Université, ni chef de division d'un ministre, ni éditeur
des œuvres d'un roi. Je suis tout simplement un
excommunié. L'apparition de mes brochures m'a fait

mettre partout à l'index ; l'humeur et le sentiment de
l'injustice m'ont aigri, et, comme Raspail, avec de la
capacité et du zèle, je ne fais pas le quart de ce que je
pourrais. C'est le châtiment qui attend les mauvaises
têtes ; l'isolement où on les jette équivaut a une priva-
tion de leurs plus belles facultés. Toutefois, j'espere
encore que mes études économiques me créeront tôt ou
tard une position, sinon officielle, du moins littéraire
et commerciale, et c'est dans ce but que je vais incessamment partir pour Paris. Je viens de m'entendre
avec le libraire Guillaumin pour une publication
importante et qui ne me demandera pas moins de six
mois. Ce travail achevé, j'en ai vingt autres sur le
métier ; je commence à avoir un débit assez considérable parmi le peuple, surtout à Lyon et dans les villes
et bourgs voisins, à quinze lieues à la ronde.

Je vais m'occuper de réunir tous les éléments de
succès qui se présentent ; Dieu fera le reste. Après, si
je rencontre quelque pauvre et compâtissante créature
qui veuille me donner ses soins, je tâcherai de la faire
vivre le moins mal que je pourrai : c'est tout ce que je
puis dire.

Adieu, mon ami ; sois heureux, et que l'amour ne te
fasse pas oublier l'amitié.

P.-J. PROUDHON.

P.-S. Je prends la liberté d'envoyer, par ton entremise, un petit mot à notre excellent Dessirier. Aie l'obligeance de le lui faire parvenir par la poste.

Lyon, 3 septembre 1844.

A M. MAURICE

Mon cher Maurice, je compte partir sous huit jours au plus tard pour Paris directement. Mes fonctions chez MM. Gauthier sont aujourd'hui réduites à rien, et je ne pense pas les reprendre. Je viens de m'entendre avec Guillaumin, libraire, éditeur des ouvrages de tous les économistes et fondateur de la *Revue* du même nom ; il consent à me faire une avance sur mes droits d'auteur pour ma prochaine publication, à fur et mesure que je fournirai le manuscrit. Cela veut dire qu'il me paiera partie comptant, partie sur la vente.

Cet arrangement m'assure le travail et la subsistance pour six mois ; après, qui vivra verra.

Mes publications se placent toujours peu à peu : j'en ai deux d'épuisées ; la *Propriété* le sera aussi bientôt, et je compte dans quelque temps traiter des réimpressions. La *Création de l'ordre* se débite comme je m'y attendais, ni plus ni moins, c'est-à-dire avec lenteur, mais constamment. Je viens d'en redemander pour Lyon. Si j'avais été aussi étourdi que Gandon, qui s'étonne faute de connaissance, au lieu d'un tirage à quinze cents, j'en aurais fait trois mille, et j'aurais

1,500 francs de plus sur le dos. Au moment où je vous parle, il y a environ six cents exemplaires d'écoulés. En un an, sans prospectus, sans réclames, sans annonces, c'est assez. Avec la même prévoyance qui m'a fait borner l'édition à quinze cents, je crois pouvoir vous dire que d'ici à deux ans toutes mes brochures seront réimprimées. Les éléments de succès et de placement commencent seulement à se manifester pour moi.

En un mot, si je ne suis point trop abusé par mes illusions, je compte plus que jamais reprendre sur la librairie ce que la librairie m'a emporté.

Une fois installé à Paris, en rapport avec des auteurs et des libraires, occupant sans cesse le public de mes études, j'ai lieu d'espérer, je pense, que je finirai par trouver un peu de repos et de bien-être.

Ne dites rien encore à ma mère, si vous la voyez, de mon prochain voyage; je le lui apprendrai moi-même de Paris.

Je vous remercie de vos témoignages d'amitié et d'estime, et vous supplie de présenter mes hommages à ces dames.

Tout à vous.

P.-J. Proudhon.

Lyon, 23 septembre 1844.

A M. TOURNEUX

Mon cher Tourneux, quand on est administrateur et
qu'on a des amis parmi les administrés, il faut s'attendre à des sollicitations.

Je t'ai déjà parlé de diverses réclamations adressées
par MM. Gauthier à M. le ministre des travaux publics
en te priant d'y jeter seulement les yeux et de faire en
sorte que le bureau compétent voulût bien s'en occuper.

Je te renouvelle d'abord mes instances pour ce qui
concerne notre demande en décharge d'amendes et,
chose que je ne dirais pas au ministre, je te préviens
que nous ne voulons pas les payer. Le motif en est
injuste : *ergo* nous ne paierons pas et nous ferons tant
de bruit, nous écrirons tant, que le ministre et l'administration y renonceront de guerre lasse, entends-tu?

Aujourd'hui, il s'agit d'une demande de règlement
de navigation pour la Saône, chose qui intéresse le
public tout entier; plus, d'une demande d'autorisation
de voyager en accéléré, pour nous.

Quand je sollicite ton intervention amicale, tu comprends ce que je veux dire; il ne s'agit point de faveur à
nous obtenir; nous ne demandons que de l'attention.

Il est vrai qu'au ministère comme ailleurs l'attention est tout ce que l'on peut espérer de plus précieux de la part des hommes.

Fais donc en sorte, je te prie, que nos réclamations ne tombent pas aux oubliettes et que, si elles doivent être rejetées, du moins elles ne le soient pas sans motif et sans connaissance de cause.

J'oubliais de te signaler aussi une pétition de tous les entrepreneurs de transports et commissionnaires principaux de Lyon et Chalon, pour obtenir des fonds afin d'achever les travaux commencés sur la Saône. Dis-nous, s'il te plaît, ce que tout cela devient; tu obligeras de braves commerçants et d'honnêtes gens.

Comptant bientôt avoir le plaisir de te voir, je te salue avec amitié.

P.-J. Proudhon.

Paris, 25 septembre 1844.

A M. PAUTHIER

Mon cher Pauthier, j'apprends avec un sensible déplaisir, et votre maladie, et l'accident qui en est cause. Comme on n'a pu me donner de nouvelles de votre convalescence, je viens vous prier de m'en dire deux mots vous-même, supposant que le mal vous laisse encore la main libre, ainsi que la pensée. Si par hasard vous ne pouviez être de sitôt sur pied et qu'une visite vous fût agréable, vous n'avez qu'à faire signe, je retrouverai tout seul le chemin de Ville-Évrard.

Mes patrons m'ont accordé un congé, pour venir ici mettre en œuvre quelques matériaux que j'ai recueillis et que je crois intéressants. Déjà je me suis entendu pour la publication avec le libraire Guillaumin, qui, au besoin, consentirait à me faire une avance. C'est quelque chose, aujourd'hui que la concurrence littéraire force tant d'auteurs à faire eux-mêmes les frais d'impression. Bref, il me semble que deux ans de pratique au comptoir, ajoutés à quatre années d'atelier, donnent à mes paroles au moins autant d'autorité qu'aux leçons de M. Blanqui ou de M. Rossi, qui jamais n'ont mis la main à la pâte.

Je vous avoue aussi que je suis plus en colère que jamais contre les cafards, et qu'ils auront de mes nouvelles.

J'ai lu avec plaisir vos deux articles de la *Revue indépendante;* mais je les crois encore trop forts pour elle.

Je vous souhaite le bonjour et une prompte guérison.

P.-J. PROUDHON.

Provisoirement, rue des Vieux-Augustins, 5.

Paris, 4 octobre 1844.

A M. ACKERMANN

Mon cher Ackermann, il y a six mois que je remets
pour vous répe...dre. Dernièrement, le bruit ayant couru
que vous veniez, je crus devoir attendre encore, autant
par paresse que pour ne pas faire une chose inutile.
Maintenant on dit que vous ne pouvez quitter Berlin,
et je me décide.

Vos deux dernières m'ont fort réjoui, surtout celle
où je me trouve classé dans les *véhéments*, avec Rousseau, Fallot et M. Perdrizet, que je ne connais pas.
Véhément doit venir de *béhémoth*, dont il est parlé au
livre de Job; c'est un animal de la famille des colé-
riques. J'espère, mon cher, que vous ne vous séparez
pas de nous; ce serait nous faire tort et vous traiter
avec peu de justice.

Vous me dites ailleurs que vous êtes *fin connaisseur
en femmes*. Assurément, mon brave philologue, ce n'est
point Mme Ackermann que je vous citerai en preuve du
contraire; de ce côté je suis parfaitement renseigné,
très-édifié, et n'ai, ainsi que tous vos amis, à vous
faire que des compliments. Mais lorsque, tout en m'an-
nonçant votre mariage, vous me faisiez confidence de

vos anciens *grisements*, pouvais-je raisonnablement
espérer que cette fois encore, malgré toute votre finesse,
vous n'étiez pas *gris*? D'autant plus que la manière
dont vous me parliez de votre future était bien capable
de m'inspirer des craintes... Maintenant la question est
tranchée; vous êtes heureux, encore plus heureux que
sage. C'est tout ce qu'il me faut; je rétracte les expressions de mauvaise humeur que votre enthousiasme
érotique m'avait suggérées; et c'est d'aujourd'hui que
je veux vous féliciter. Que Mme Ackermann vous comble
de toutes les joies qu'une femme aimable a toujours en
réserve, et j'en aurai pour elle la même reconnaissance
que si elle était ma propre belle-sœur. J'espère qu'à la
fin elle prendra mon parti contre vous, en apprenant
combien vous fûtes étourdi autrefois; car je ne puis
plus parler du présent.

Faut-il que je revienne sur vos quérimonies? Toujours vous accusez la France; comme si la France,
comme si une nation tout entière, la plus spirituelle et
la plus généreuse des nations, pouvait être solidaire,
aux yeux de ses enfants, des gouvernants qui la déshonorent, des coteries qui l'abusent, des charlatans et des
scélérats qui l'exploitent. La France est perdue dans
votre estime, je devrais dire dans votre amour-propre,
parce qu'elle n'a pas distingué vos essais de philologie;
autant en fait-elle de ma métaphysique, et des élucubrations de Tissot, et des chinoiseries de Pauthier, et
de tant d'autres choses, dont elle se soucie comme de
votre *Al...et*. Ah! la récompense n'a pas suivi la publication de vos œuvres! A qui donc la faute, mon cher
onirere en indépendance? Étiez-vous assez peu dé-
niaisé pour croire ou aujourd'hui il suffit d'être honnête
homme et d'avoir du mérite pour faire son chemin?

Vous n'étiez faufilé dans aucune coterie ; vous méprisez les V***, les M***, les J***, les D***, les N***, et toute cette canaille salariée par tous nos ministères, et dont l'insolence fait, comme dit Alceste, *murmurer le bon sens et rougir la vertu.* Vous n'avez pas seulement voulu prendre vos grades. Vous saviez pourtant aussi bien que moi qu'un examen n'est plus aujourd'hui qu'une occasion offerte au candidat de faire sa cour aux maîtres, ou un moyen de l'exclure, pour peu qu'il déplaise.

Est-ce que Marmier, Chasles, etc., nommés professeurs en même temps que Bergmann, savent quelque chose? Vous avez tranché du citoyen probe et libre, vous deviez être négligé, vous l'avez été. Et vous vous récriez contre l'injustice de la France !

Vous avez raison quand vous dites que mon dernier ouvrage est moins bien écrit que les précédents ; ayant porté tout mon effort sur les idées, je ne pouvais guère faire œuvre d'artiste ; d'ailleurs, j'ai manqué de temps, ce qui, je le sais, ne m'excuse pas ; mais j'étais forcé. Jugez-moi donc, je vous prie, comme penseur plutôt que comme écrivain, et dites-moi ce qu'il vous semble de la *théorie sérielle?* Je vous le rendrai plus tard, quand vous m'aurez envoyé votre critique grammaticale des catégories de Kant.

Vous demandez si j'ai des *partisans.* Je vous avoue très-humblement — ou très-fièrement — que je ne le crois pas. — Pauthier trouve ma théorie très-*spécieuse;* mais, dit-il, qui sait si on ne trouvera pas une théorie plus générale? Tissot prononce nettement que ma métaphysique ne vaut rien; la *Revue indépendante* a déclaré que je me suis *trompé;* Pierre Leroux me reproche d'avoir attribué à Fourier la première aperception de la loi sérielle, sans s'expliquer autrement; la plupart disent qu'ils ne me *comprennent pas*.

Pour le surplus, les uns acceptent l'Économie politique et la théorie des fonctions; d'autres sont ravis de voir la religion sabrée, mais n'admettent pas que la philosophie ne soit rien, et *vice versa;* ce qui est sûr, c'est que je suis pillé avec une rare impudence. Quinet a fait son cours de l'année dernière avec mon chapitre de la *Religion*, qu'il a allongé et travesti; un nommé Pecqueur, auteur de la *République de Dieu*, m'a emprunté toutes ses idées sur l'organisation; tous les jours je vois des brochures auxquelles j'ai plus de part que les auteurs, et où l'on ne me cite pas. Les républicains me savent peu de gré de mes travaux, parce que je ne suis point partisan aveugle de la guerre, des fortifications de Paris, et autres dadas révolutionnaires; les communistes, qui ne se figurent pas comment de deux principes contradictoires (propriété et communauté) on peut former une synthèse qui les absorbe et les transforme, me regardent presque comme un juste-milieu. Je suis dans la condition la plus malheureuse; il faut que j'aie raison contre tout le monde à la fois, sinon je suis perdu. Et ce qui achève de me désespérer, c'est, d'une part, le retard où se trouve le public français relativement aux études philosophiques; de l'autre, le monopole rétrograde et intolérant exercé par la coterie universitaire.

Ces difficultés sont à peu près insurmontables. Toutefois, si je ne puis brusquement changer les hommes, je veux tâcher du moins, en me plaçant au centre de leurs préjugés, de les amener à mon point de vue, comme dans un panorama le machiniste change le spectacle en faisant tourner le spectateur. Je vais donc tenter, pour sortir d'un embarras inextricable, ce que Kant a formellement déclaré impossible; je travaille à *populariser la métaphysique* en la mettant en action. Pour cela, j'emploie la dialectique la plus profonde, celle de Hegel; car tel est mon malheureux sort, que, pour triompher des plus indomptables répugnances, je dois me servir des procédés les plus antipathiques au sens commun. Mais aux grands maux les grands remèdes; après avoir bien examiné la position, il m'a semblé qu'elle pouvait être emportée de vive force, et sur-le-champ je me suis mis à l'œuvre. N'embrassant pas un cadre aussi vaste que la création de l'ordre, me renfermant dans un seul point de vue, je puis, par la multitude des exemples, le rendre facilement intelligible aux moindres esprits, et, cela fait, conduire le lecteur partout où il me plaira de le promener.

J'aurai occasion de citer dans cet ouvrage vos *Antonymes*, dont je regrette plus vivement encore que jadis que vous n'ayez pas fait la philosophie. Je ne pourrai guère citer que votre nom et celui de votre ouvrage, ce qui ne me satisfait pas du tout. Au reste, je me réserve de vous relire, aussitôt que je serai de retour à Besançon, où j'ai laissé votre Dictionnaire.

De tous les membres de notre ancienne petite société, je suis le seul qui aie conservé le lien philadelphique. C'est par moi que tous nos amis ont des nouvelles les uns des autres; car seul, j'ose le dire, je n'éprouve ni n'inspire de refroidissement. Je remarque seulement que le mariage opère d'une façon étrange sur vous autres, messieurs, qui avez pris femme; d'abord, vous commencez par souhaiter à vos amis autant de bonheur qu'il vous en arrive; puis, vous retranchant peu à peu dans le ménage, vous finissez par oublier que vous fûtes compagnons. Je croyais que l'amour, la paternité augmentaient l'amitié chez les hommes ; je m'aperçois aujourd'hui que ce n'était là qu'un paradoxe, une illusion. L'amour est donc aussi borné dans l'homme que l'intelligence ! Le moment où il nous semble que nous avons atteint l'un des sommets de la science est précisément celui où nous découvrons que nous ne savons rien ; et notre prétendue science est toujours plus étroite que n'était notre foi. Le moment où notre cœur semble s'ouvrir à d'infinies affections est justement celui où il se concentre et se glace. Si Oreste avait épousé Hermione, de ce jour il eût oublié Pylade : cette amitié si fameuse ne subsistait qu'à une condition, celle d'un amour malheureux. Les communistes comprennent cela sans doute, et c'est pourquoi ils tentent tous plus ou moins à la communauté des femmes. Cette idée est contre nature, mais pour absurde assurément elle ne l'est pas. Qu'en pensez-vous ?

La femme de Bergmann est singulièrement douce, modeste et avenante, telle enfin qu'il la lui fallait ; la femme de Haag est une des plus aimables personnes que je connaisse ; je la compare volontiers à Mme Cuvier. Son bon sens, son excellente raison font si vite oublier les désavantages de sa figure, qu'en vérité je ne pourrais plus dire si elle est laide ou jolie. Quant à Tourneux, je présume qu'il a épousé une demoiselle de qualité et qu'il offenserait sa délicatesse s'il lui présentait des amis roturiers et, qui pis est, socialistes. Ni moi, ni aucun de nos amis n'avons encore vu madame Tourneux. On dit que c'est une *jeunesse*, et je sais qu'elle est grosse. Voilà tout.

J'espère, mon cher Ackermann, qu'avec votre esprit philosophique et toujours en mouvement vous resterez libre de tête et de cœur, et que nous n'aurons jamais à regretter en vous les effets du ménage. J'y compte d'autant plus que les habitudes studieuses de Mme Ackermann pourraient au besoin vous venir en aide; tellement que, si nous avions le bonheur de vous posséder, vous nous rendriez deux amis au lieu d'un. J'ai cru m'apercevoir que, par l'effet du lien conjugal, la personnalité en Bergmann s'était accusée; que chez Haag elle s'était déformée; qu'en Tourneux elle s'était mûrie; il me semble qu'en vous elle a dû se doubler. Je ne suis ni phrénologue ni physionomiste, mais je serais enchanté d'avoir rencontré juste.

Si jamais vous venez vous fixer à Paris, et qu'il vous convienne de travailler ponr la cause réformiste, j'ose vous promettre plus de lecteurs que n'en obtiendront jamais tous les lauréats d'Académie. Ce qu'on appelle aujourd'hui en France le *parti socialiste* commence à s'organiser. Déjà quelques écrivains se sont unis : Pierre Leroux, L. Blanc, plusieurs autres dont vous n'avez pu entendre parler, et votre ami, quoique indigne. Le peuple se charge de faire pour nous le placement et la propagande : c'est le rôle qu'il s'attribue. Il nous prie seulement de lui donner l'exemple de l'union et de l'instruire. George Sand est tout à fait entrée dans nos idées; les faiseurs de romans et de feuilletons, sans y tenir autrement, daignent les mettre à la mode en les exploitant; et lorsque les contradictions de la communauté et de la démocratie, une fois dévoilées, seront allées rejoindre les utopies de Saint-Simon et Fourier, le socialisme, élevé à la hauteur d'une science, le socialisme, qui n'est autre que l'Économie politique, s'emparera de la société et la lancera vers ses destinées ultérieures avec une force irrésistible. Ce moment ne peut tarder beaucoup ; alors la France prendra place irrévocablement à la tête de l'humanité.

Le socialisme n'a pas encore conscience de lui-même ; aujourd'hui il s'appelle communisme. Les communistes sont au nombre de plus de cent mille, peut-être de deux cents. Je travaille de toutes mes forces à faire cesser les dissidences parmi nous, en même temps que je porte la discorde dans le camp ennemi. Tour à tour négociateur, spéculateur, diplomate, économiste, écrivain, je provoque une centralisation de forces qui, si elle ne s'évapore en verbiage, doit tôt ou tard se manifester d'une manière formidable. La moitié du siècle ne s'écoulera pas, je n'en fais aucun doute, sans que la société européenne ne ressente notre puissante influence Tout cela, du reste, se fait au grand jour, à la face du soleil. Nous ne conspirons plus. nous usons de la liberté qui nous est laissée.

Remerciez le docteur Mégal de la communication de son manuscrit. Il y a des choses excellentes et que j'ai pris la liberté de transcrire ; mais franchement, il n'est pas possible de publier un pareil ouvrage. Si vous devez me répondre d'ici à quelques mois seulement, adressez toujours votre lettre à Dessirier ou bien à Haag, car je ne suis à Paris que temporairement. Ma résidence est toujours à Lyon.

Je vous embrasse de tout mon cœur, mon cher Ackermann.

P.-J. Proudhon.

Paris, 15 octobre 1844,

A M. ET Mme PROUDHON

Mes chers parents, voici une lettre pour M. Renaud,
une pour Micaud et une pour M. Thaler.

Vous jetterez à la boîte celle du boiteux Proudhon.
J'envoie à ma chère mère une paire de lunettes n° 9,
pareilles à celles dont je me sers. Je lui recommande
de s'en servir régulièrement à l'avenir, toutes les fois
qu'elle sortira et autant que sa vue pourra le comporter.
Dans les commencements, elle éprouvera de l'hésitation
à marcher, surtout à descendre ; mais peu à peu l'habitude viendra, et ce sera pour ma mère une véritable
jouissance d'avoir, pour ainsi dire, retrouvé ses yeux
de vingt ans.

J'apprends toujours avec une nouvelle joie, chers
père et mère, tout ce qui vous regarde. Je souffre seulement de vous savoir gênés et d'être moi-même surchargé de dettes. Je fais des pieds et des mains pour
écouler mes publications, et j'ai lieu de croire que dans
quelques semaines, je pourrai vous faire passer une
bonne petite somme. Cependant, je prie ma chère mère
de me dire en particulier où elle en est ; car mon père
sait bien, et il ne se fâchera pas de ceci, que je ne me
fie pas à lui pour dépenser l'argent.

Vous pensez bien, mes chers parents, que je pourrais obtenir aisément quelque petite avance de MM. Gauthier ; mais je tiens à user discrètement de leur bonne volonté, jusqu'à ce que je puisse leur rendre des services plus constants et plus précieux. Cependant, je n'entends pas que vous soyez gênés ; ainsi, ma chère mère, envoyez-moi votre budget. Ce sera pour moi, d'ailleurs, un stimulant, car je ne suis que trop disposé à la paresse.

Je vous embrasse, mes chers parents.

Votre fils,

P.-J. PROUDHON.

Paris, 24 octobre 1844.

A M. BERGMANN.

Mon cher Bergmann, je n'ai point reçu ta lettre que
tu m'as adressée par occasion ; que cette expérience te
serve encore pour savoir que le *salaire* est, à tout service demandé, la plus sûre garantie d'exécution. Il y a
longtemps que j'ai appris par mon expérience que la
complaisance est *antipathique à la liberté*, c'est pourquoi
je m'efforce d'user le plus discrètement que je puis des
offres de service de mes amis. Le souvenir de mes
dettes me tourmente sans cesse, et je veux avant
tout vivre de mon travail. Je te prie donc de ne pas
prendre ces réflexions pour une boutade misanthro-
pique ; c'est de la vérité économique.

Je suis de retour à Paris depuis une quinzaine, avec
l'agrément de MM. Gauthier, dont je soigne ici quelques affaires difficiles. Ces messieurs s'obstinent à ne
vouloir pas faire de moi leur commis, si bien que je
suis contraint, malgré mes propres maximes, de profiter de leur caisse pour me mettre en état de me passer
d'eux à l'avenir. Il est vrai que je leur rends quelques
services, et qu'en me mettant à leur merci j'ai manqué
peut-être un emploi meilleur, mais enfin je ne suis pas

encore dans une position normale. Du reste, on ne peut
se montrer mieux disposé que MM. Gauthier, et je ne
crois pas trop dire, en reconnaissant qu'ils auront
remplacé pour moi l'Académie de Besançon; grâce à
eux, je puis poursuivre mes études.

Voici ce que j'aurai gagné à faire connaissance avec
les économistes. M. Guillaumin, éditeur officiel de la
Revue et de toutes les publications anciennes et modernes qui concernent cette science, m'ayant fait des
offres, je suis convenu avec lui de lui livrer le manuscrit
d'un nouvel ouvrage qui n'aura pas moins de deux
in-8°. Depuis mon passage à Strasbourg, je n'ai cessé
de m'occuper de cette affaire et d'amasser des matériaux. Guillaumin me fera l'avance de 1,000 francs, à
diverses échéances, aussitôt qu'il aura le quart du
manuscrit. Tu vois que je commence à acquérir quelque valeur aux yeux du public. Il y a tant d'auteurs
de mérite, obligés de faire les frais de leurs publications!

Maintenant, voici quel sera le sujet de mon travail :

L'Académie des sciences morales à mis au concours :
1° Le problème de la répartition du salaire, lequel
embrasse celui de la détermination de la valeur; 2°
Celui de l'*assurance*, lequel n'est au fond que celui de
la *solidarité* ou de l'association ; 3° Les conséquences
pour l'avenir *du goût, du bien-être matériel*, question
qui aboutit selon moi à reconstituer toute la morale ;
4° La *misère*, c'est, sous une autre forme, le problème
de *l'inégalité des conditions*.

Ne pouvant arriver à temps pour le concours qui est
fermé depuis le 30 septembre, j'ai pris mon temps pour
mieux faire. Dans mon opinion, ces quatres questions
ne se peuvent résoudre l'une sans l'autre, c'est du

moins ce qui résultera de mon travail ; elles forment un tout indivisible, une déduction continue. Ainsi, nous ne pouvons connaître parfaitement les causes et les remèdes du paupérisme sans connaître les lois du travail et du salaire, en un mot la loi de *répartition* du produit sans connaître les formes essentielles ou conditions de *l'association*, sans connaitre par l'étude du passé, l'esprit des tendances actuelles (sensualisme pratique, goût du bien-être matériel).

— Semblablement, l'association ne peut être comprise hors de la science économique, etc. Je passe sur le reste.

Mais l'association, la morale, les rapports économiques, tout cela, pour n'être point arbitraire, doit être étudié *objectivement* dans *les choses*. Il faut abandonner le point de départ subjectif, adopté jusqu'ici par les philosophes et législateurs, et chercher hors de la conception vague du *juste* et du *bien*, les lois qui peuvent servir à la déterminer, et qui doivent nous être données objectivement dans l'étude des rapports sociaux créés par les faits économiques.

Cette opposition si connue du *sujet* et de *l'objet*, je me garderai d'en parler dès mon début. Des lecteurs français jetteraient le livre. Pour la leur faire entendre, il faut procéder à rebours et commencer par les faits même qu'engendre cette opposition, c'est-à-dire remonter des *conséquences au principe* (style ancien).

Je vais donc montrer que toutes les données de l'Économie politique, de la législation, de la morale et du gouvernement sont essentiellement contradictoires, contradictoires, dis-je, non-seulement *entre elles*, mais *en soi*, et cependant toutes nécessaires et irréfutables. Je crois pouvoir affirmer qu'un pareil travail, dont la

pensée mère n'est pas neuve, n'a pourtant jamais été
fait; il fallait pour cela plusieurs conditions que peu
d'hommes encore réunissent.

Tu sens combien ce travail, en donnant la clé du
gâchis intellectuel où nous vivons, peut contribuer à
élucider et avancer les questions sociales. Pour qui
m'aura compris, il n'y aura plus lieu à embrasser
d'opinion exclusive ; ce serait un ridicule. Je n'ai pas
besoin d'ajouter que je donnerai en même temps la
théorie et l'exemple des résolutions synthétiques de
toutes les contradictions. Si les philosophes allemands,
trop pressés d'arriver à une conclusion théologique ou
transcendantale, s'étaient attachés à bien étudier les
antinomies qui tombaient sous leurs yeux, et à en
donner de bonnes solutions, ils auraient rendu peut-
être de plus éminents services que par l'échafaudage
prématuré de leurs systèmes.

Aux quatre questions posées par l'Académie, je
joindrai l'axiome d'une cinquième, savoir : celle du
problème politique ou gouvernemental, dont la solution
est nécessaire pour rendre la réalisation de toutes les
synthèses précédentes possible. Je terminerai par des
conclusions philosophiques sur les *antinomies* ou *contradictions sociales*, sur leur valeur comme élément
dialectique, sur les conclusions ultérieures qu'elles
permettent de prendre relativement au problème de la
certitude, de l'âme, de Dieu, etc., et enfin sur la place
qu'elles occupent dans la métaphysique (ou théorie
sérielle). Donne-moi tes idées.

Voilà, mon cher Bergmann, ce qui m'occupe en
ce moment. Mon but suprême est d'accoutumer les
hommes à raisonner par eux-mêmes, en leur présentant d'abord le raisonnement sous forme concrète,

en leur rendant intéressante la spéculation métaphysique par l'exposé de ses conséquences dans la société; en un mot, en leur montrant, pour ainsi dire, la *métaphysique en action*. Et, te le dirai-je? Il me semble que moi-même je vais mieux, plus sûrement et plus vite, depuis que j'appuie ma spéculation sur des faits.•

Je suis bien aise que tu aies eu l'occasion de réfléchir sur les principes de l'Économie. Tu as senti du premier coup ce que Say n'a jamais pu comprendre, car il a posé comme principe, précisément l'absence de tout principe, savoir *l'indétermination de la valeur*. C'est ce que je disais cet hiver aux économistes : « Vous portez, dans vos livres en partie double, un mois de travail à *l'avoir* d'un commis, et, en face, 150 francs à son *débit*. C'est très-bien, mais comment un mois de travail vaut-il 150 francs?... Donc, dans toute tenue de livres, dans toute comptabilité, il y a un côté de la balance qui est hypothétique, arbitraire et très-probablement faux. Ce n'est pas un *mois*, ni un *jour*, que vous devez porter à l'AVOIR de l'ouvrier, c'est son *produit évalué* en une expression qui donne immédiatement raison du salaire. »

Tu dois te rappeler maintenant que selon Smith, la valeur a pour mesure le *travail*, en sorte que le problème serait résolu si le *travail*, ou ce qui revient ici au même, le produit, était égal à lui-même en *qualité*, *quantité*, etc. Or, c'est ce qui n'a pas lieu, et ce qu'il s'agit d'obtenir par l'éducation progressive de l'humanité. Toutefois, indépendamment de cette inégalité dans le travail, comme il est facile d'établir des *moyennes* de valeur, on pourrait encore parvenir à une *tarification générale* naturelle de tous les produits. Mais pour cela, il faut éliminer de l'idée de valeur tout ce qui est étranger à l'action du travailleur, c'est-à-dire toutes les considérations de propriété et de privilége, toutes les perturbations de la concurrence et du laisser-faire, c'est-à-dire qu'il faut une *organisation* générale des travailleurs et une discipline du marché. Mais ici les économistes se divisent : les uns veulent qu'on organise, les autres veulent qu'on *laisse toujours faire*, se fondant sur l'incertitude et l'arbitraire des théories d'organisation. Tel est l'état de la question, l'une des plus difficiles et des plus vastes que se puisse poser l'esprit humain.

En attendant, le clergé travaille à endoctriner le peuple et à entraver les progrès du socialisme ; le gouvernement le favorise secrètement ; le parti des *bornes* corrompt ou dénigre tout ce qui ne lui ressemble pas ; mais, malgré tout, le mouvement ne s'arrête point. L'attention se porte de plus en plus sur les questions sociales, le peuple commence à devenir tout yeux et tout oreilles, il fait de plus en plus scission avec le catholicisme, à tel point qu'à Lyon, à côté des congrégations religieuses, une classe beaucoup plus nombreuse s'abstient totalement des cérémonies du culte, et a renoncé aux baptêmes, enterrements et mariages, communions et confirmations.

Ce mouvement s'accélère et se propage de jour en jour, et ce qu'il y a de curieux, j'ai pu en juger, c'est qu'il était accompagné d'une réforme radicale et d'une amélioration notable dans les mœurs. Le peuple conçoit une *vertu* sans l'assistance d'une *religion*. Juge où cela mène.

Je t'embrasse.

Mes très-humbles respects à ta femme.

P.-J. PROUDHON.

Paris, 2 janvier 1845.

A M. MAURICE

Mon cher Maurice, je vous néglige, mais ma volonté et ma mémoire n'y sont pour rien. Vous connaissez la rapidité du temps; je suis encombré de besogne et je fausse la politesse à tout le monde, pour que mon séjour à Paris ne se perde pas en correspondances.

J'ai été voir Lebigre et Méguignon-Junior tour à tour pour notre Bergier; et j'ai été fort poliment éconduit de ces deux maisons, qui étaient ma dernière espérance. Le clergé catholique, qui en 1827 semblait se tourner du côté des fortes études, s'est bientôt lassé de la science; il est retombé dans le monachisme le plus idiot. La librairie ecclésiastique ne se compose plus que de dévotions absurdes et de livres de prières illustrés, dorés, gauffrés; et je suis peut-être le seul homme en France qui ne m'en étonne pas. Il y a antipathie entre la raison pure et la foi; il faut bien se le mettre dans l'esprit.

Je suis donc réduit à mes propres ressources pour tirer parti de ce maudit Bergier, dont les feuilles dormiront jusqu'à ce que je sois en état de faire imprimer mon essai de philologie. Voilà pour ce qui concerne notre vieille librairie.

Quant à mes autres affaires, je crains bien de vous paraître à la fin un peu hâbleur, à force de vous faire des annonces stériles. Au lieu de continuer sur ce pied, je veux vous faire juge de mes démarches.

Après mon aventure avec la Cour d'assises et la vente de l'imprimerie, je me trouvais placé entre deux devoirs différents, l'un de rembourser mes créanciers, l'autre de prouver par de nouvelles études que je n'étais ni un brûlot, ni un étourdi, et qu'après tout je valais mieux que l'Académie bisontine, mon ex-patronne, ne feignait de croire. Devoir d'honneur et devoir d'argent, voilà à quoi je voulais satisfaire. J'ai commencé par le premier ; je n'ai pas d'autre motif à vous donner de cette préférence, sinon que la vie m'eût été insupportable tant que je ne me serais pas cru vengé. — Or, j'ai lieu de croire que je ne tarderai pas à voir mes études accueillies partout et justifiées; encore quelques explications, quelques efforts, et ma place, comme ma valeur sont marquées parmi les économistes. Quand je n'aurai plus qu'à vivre en gagnant mes appointements et brochant à loisir quelques Mémoires, la vie me sera facile, et je prendrai bientôt le dessus. Il est vrai que le temps file, et que si je parviens à l'aisance, je ne serai pas d'âge à en jouir; mais enfin j'aurai vécu à ma façon, et je mourrai content, sinon tout à fait des autres, au moins de moi.

J'achève donc un opuscule qui paraîtra dans deux mois et qui sera bientôt suivi d'un second, et ainsi de suite, pour peu que cela convienne au libraire, jusqu'au nº 7. Entre temps, je garde mon poste chez MM. Gauthier frères; je dois trop à ces Messieurs pour les quitter, et je ne suis pas fâché d'avoir de temps en temps le divertissement des affaires.

Pour ce qui concerne mon père et ma mère, voici le
plan que je travaille à exécuter, de concert avec le
maréchal : mon père ne cesse d'aller à Burgille, attiré
et caressé qu'il est par sa bru ; d'un autre côté, les
litiges de la succession sont terminés; il s'agit donc
d'envoyer mon père et ma mère à Cordiron, à une demi-
heure de Charles, habiter la maison et la soigner, pendant qu'on se déferait le plus avantageusement possible
de la bicoque du Petit-Battant. Je rembourserais ainsi
M. Viancin, et vous me resteriez seul. En payant à
mes parents les 200 francs d'intérêts que je dois chaque
année à M. Thaler, plus quelques petits envois, je
serais tranquille d'un côté, et j'agirais avec plus de
rapidité de l'autre.

S'il vous arrive de voir mon père ou ma mère, insi-
nuez-leur cela doucement, je vous prie, dans mon
intérêt. Je vais parler à tout le monde dans ce sens; de
mon côté, je leur déclarerai nettement que désormais
je n'ai plus rien à faire à Besançon; qu'eux seuls m'y
attirent encore, et que j'aimerais autant les aller voir
à Cordiron qu'au Petit-Battant. Paris, Lyon et Mulhouse devant être mon séjour habituel, il ne faut plus
qu'ils s'attendent à me voir que par intervalles; et
dans ce cas, je le répète, le village m'est égal à la ville.

Mes Mémoires sont traduits en allemand et en anglais,
et je suis connu aujourd'hui partout où l'on parle les
trois principales langues de l'Europe. On attend de moi
la continuation de mes premiers essais; et si j'ai eu une
faiblesse dans ma vie, ça été de vouloir résumer toutes
mes pensées en un volume compacte, au lieu de les
débiter successivement et peu à peu. Quoi qu'il en soit,
toutes mes idées convergent vers une formule unique,
et, à mesure que les théories s'éclaircissent, bien loin

qu'on me trouve excentrique, on nie que je sois original. On me trouve de tous côtés des prédécesseurs; ce qu'on me dispute n'est pas la légitimité de ma doctrine, c'est la propriété. Vous verrez qu'à la fin je n'aurai fait que rabâcher ce que tout le monde savait.

Mes très-humbles respects à Mmes Blecher et mes amitiés de vieux garçon à votre gentille petite fille. Je compte avoir le plaisir de vous voir fin du mois prochain.

Tout à vous,

P.-J. PROUDHON.

Paris, 19 janvier 1845.

A M. BERGMANN

Mon cher Bergmann, je regrette fort d'avoir été si longtemps privé par mon étourderie du plaisir de recevoir de tes nouvelles. Je pensais t'écrire ces jours-ci pour te faire, ainsi qu'à Mme Bergmann, mes souhaits de bonne année; il se trouve que c'est toi qui me préviens. Merci donc de ta diligence et de ton souvenir.

Tu dois penser que je me trouverais singulièrement flatté du projet dont tu me fais part, mais je crains bien que cette espèce *de revanche*, que tu me proposes de prendre avec moi, n'aboutisse à me rendre ridicule. Tu n'aurais guère pour prétexte que l'idée que j'ai émise autrefois dans cet *Essai de grammaire* sur la possibilité de prouver l'unité du genre humain par l'unité d'origine des langues, idée dont je suis bien revenu : l'identité ne tenant pas, selon mon opinion présente, à l'exacte uniformité du type, non plus qu'à la communauté de la souche, ainsi qu'au décalquement, si je puis ainsi dire, d'une prétendue langue primitive. A part cette petite hérésie qui fut mienne quelque mois durant et que personne, hormis toi, parmi ceux qui en ont eu connaissance, n'était en état de réfuter, je ne trouve en moi

aucun motif plausible pour accepter ta dédicace. Je suis
encore à l'index du pouvoir et toujours signalé parmi
les hommes dangereux ; — d'un autre côté, mon métier
de batelier fait une assez triste figure à côté du nom
d'un professeur de Faculté.

Je conçois cette correspondance entre nous, mais
sécrète; dès qu'il s'agit d'impression, il me semble que
c'est aux Burnouf et autres de cette force qu'il faut
t'adresser.

Tu réfléchiras là-dessus; je te déclare que je trouverai tout simple que tu changes d'avis, malgré la glo-
riole que j'y perdrai. Pour ce qui concerne le libraire,
je crois pouvoir te le trouver facilement; tu n'as qu'à
m'envoyer ton manuscrit sans retard, parce que je
compte partir le 15 février prochain, pour assister à
l'audience du tribunal de Mâcon le 20. Je serais bien
aise de ne pas laisser cette affaire en d'autres mains,
quoique Dessirier soit tout dévoué à tes intérêts comme
aux miens.

J'ai entrepris trop de besogne pour aller aussi vite
que je l'espérais. Je commence une série de six Mémoires,
peut-être sept qui doivent se suivre consécutivement :
le premier a déjà 400 pages. C'est une critique générale
de l'Économie politique au point de vue des antinomies
sociales. J'espère à la fin apprendre au public français
ce que c'est que la dialectique; n'est-il pas déplorable,
tandis qu'en Allemagne tout écrivain s'assujettit à une
forme méthodique connue, et indique toujours le procédé
logique dont il se sert, qu'en France, on ergote éternellement à tort et à travers sans pouvoir jamais s'entendre? C'est cette nécessité de discipline pour la raison
que j'ai cru inaugurer le premier sous le nom de théorie
ou dialectique sérielle, et dont Hegel avait déjà donné

une constitution particulière. D'après les nouvelles connaissances que j'ai faites cet hiver, j'ai été très-bien compris d'un grand nombre d'Allemands, qui ont admiré le travail que j'ai fait pour arriver seul à ce qu'ils prétendent exister chez eux.

Je ne puis encore juger de la parenté qu'il y a entre ma métaphysique et la logique de Hegel, par exemple, puisque je n'ai jamais lu Hegel ; mais je suis persuadé que c'est sa logique que je vais employer dans mon prochain ouvrage ; or, cette logique n'est qu'un cas particulier, ou si tu veux le cas le plus simple de la mienne.

Mon ouvrage ne sera pas terminé avant mon départ, mais il pourra déjà être sous presse.

J'attends incessamment ton envoi et suis pour la vie

Ton ami,

P.-J. Proudhon.

Paris, 16 février 1843.

A M. PROUDHON

Mon cher père, quand je te prie si instamment de m'écrire, c'est une preuve du plaisir que j'ai à recevoir de tes lettres, et tu as tort de me rappeler une circonstance à laquelle c'est un enfantillage de faire attention. J'écris à ma mère en particulier pour les choses qui la concernent ; cela se pratique partout dans le monde, et tu dois bien penser qu'en lui écrivant, je sais que tu verras ma lettre. Je ne crois pas avoir jamais oublié de te faire mes amitiés, même quand je ne parle qu'à ma mère ; et tes reproches, tu me permettras de les ranger parmi les visions dont vous avez eu toujours la tête pleine, ton frère et toi.

Les pertes que j'ai éprouvées à l'imprimerie ne sont pas venues du détail de la vente des impressions militaires, comme tu parais le croire, d'après ce que t'a dit M. Huguenet ; cet article n'a jamais donné 40 francs de recette brute par mois ; bien plus, il ne pouvait pas les donner. Demande à M. Bintôt ce que cela produit, et tu verras. Quant à Mme Lambert, elle a travaillé plus longtemps avec M. Huguenet qu'avec moi ; c'est donc lui que je devrais rendre responsable, s'il y avait eu quelque infidélité de commise. Mais je n'ai jamais pu croire, et je ne crois pas encore, que cette femme, non plus que ta nièce, que j'ai pourtant surprise en flagrant délit, n'aient jamais fait tort en six ans de quatre pièces de cent sous. C'était impossible, puisque je n'avais rien à vendre, et que rien n'a jamais été encaissé que par moi ; je n'ai pas besoin de t'en dire davantage.

Tu feras bien de t'occuper de plantations et de jardinage ; cela vaudra mieux que d'aller cancaner à Besançon et d'y dépenser ton argent.

Avant d'aller voir l'état de tes arbres, je compte faire un tour à Lyon, et par conséquent, je m'attends à quitter Paris vers la fin du courant. Ainsi, désormais tu pourras m'écrire chez Gauthier frères.

Tu diras à ma mère de chercher mon brevet d'imprimeur et de l'envoyer immédiatement à M. Maurice, qui en a besoin. Bintôt, à ce qu'il paraît, est dans l'embarras ; il cesse de payer, et des syndics ont été nommés pour examiner sa situation. Bintôt n'a jamais eu avec lui que sa femme, ses deux demoiselles et des personnes bien sûres et bien fidèles ; tu vois cependant qu'il est enfoncé comme je l'ai été. Il y a vingt ans qu'il creuse sa tombe.

Si ma mère a besoin de fonds, qu'elle aille trouver M. Micaud ; il lui remettra ce qu'il lui faudra et m'en donnera avis. Quant à toi, mon cher père, tu as tes ressources personnelles, et je ne trouve chez qui que ce soit aucune espèce de crédit. Fais-moi le plaisir de te le rappeler.

Tu diras sans doute encore que je n'en use pas avec toi comme avec ma mère ; mais tu dois penser que je ne suis pas arrivé à trente-sept ans sans réfléchir, et j'aime mieux que ma mère t'entretienne que d'être entretenu par toi.

Je désire que Charles travaille et n'entretienne de familiarité avec personne. Les paysans sont plus fins que lui ; son ancien logeur l'a encore refait ; c'est peut-être la dixième fois que Charles reçoit de pareilles leçons. Qu'il ne babille pas tant et se montre plus réservé.

Si tu touches fin mois 15 écus, tu auras 15 écus de plus que moi.

Adieu, cher père ; chauffe-toi bien, ne laisse pas venir de gouttières à la maison ; soigne tes lapins, et embrasse ma mère pour moi.

Ton fils,

P.-J. PROUDHON.

Lyon, 10 juin 1845.

A M. MAURICE

Mon cher Maurice, je suis parti, dimanche à cinq heures, avec une telle précipitation, que je n'ai pu même vous écrire un mot, pour vous prier d'ajourner notre rendez-vous de demain. Il était tombé au bureau de la maison de Lyon deux ou trois feuilles de papier timbré, pour lesquelles ces Messieurs ont souhaité ma présence, et je me suis mis en route. Il ne s'agissait que d'une bagatelle qui n'aura pas même de suite ; mais je n'en passerai pas moins la quinzaine à Lyon et peut-être davantage.

Présentez mes respects à Mmes Maurice et Blecher et mes amitiés à votre petite fille. A ma première visite, nous reprendrons la conversation sur l'éducation des filles, et nous ajouterons un chapitre au traité de Fénelon. Cela ne vous sera pas difficile : quand on a l'âme aussi sensible, les sentiments aussi bien placés que Mmes Blecher, on a tout ce qu'il faut pour faire une excellente éducation. *Aimez-vous les uns les autres*, dit l'Évangile ; *c'est le plus grand commandement.* Pour bien élever les enfants, aimez-les et apprenez-leur à aimer ; de l'amour, toujours de l'amour, voilà le secret et l'ap-

plication de l'Évangile, Qu'y a-t-il de plus aisé à
mettre en pratique pour une mère et une tante ?

Vous excuserez, mon cher Maurice, ce style de ser-
monnaire; nous autres papistes, catholiques à gros
grains, gens d'affaires ayant la foi du charbonnier,
nous aimons mieux croire à l'Évangile que d'y aller
voir; mais il n'en est pas de même de nos frères et
sœurs de la religion réformée, et je suis bien aise de
prouver à l'occasion, à ces dames, que je serais digne
de faire la communion avec elles, si je n'avais pas assez
comme cela de la messe de mon curé.

Je vous souhaite le bonjour.

Votre tout dévoué et obligé,

P.-J. Proudhon.

Paris, 7 novembre 1845.

A M. ET Mme PROUDHON

Mes chers parents, je suis arrivé d'hier, jeudi 6, à sept heures du matin, et je me suis installé immédiatement rue Mazarine, 46 , tout près de mon ancien logement. Donnez mon adresse à Micaud, etc.

Voici une lettre pour Micaud qu'il faut porter sur-le-champ, afin qu'il fasse la commission dont je le charge, et qu'il m'a promis, avant mon départ, de remplir.

Si Micaud était absent de chez lui, il faudra s'assurer du moment de son retour pour le prier de ne pas laisser dormir mon affaire, et s'il ne devait pas être rentré *lundi matin*, 10 *novembre, à huit heures au plus tard*, au lieu de laisser ma lettre chez lui, vous iriez la porter à M. Huguenet, qui se chargerait, à la place de Micaud, de voir M. Jacquand le banquier, et à vue du contenu de ma lettre, de faire l'opération que je demande.

C'est une négociation de la nature de toutes celles que j'ai faites déjà, et que, j'en suis sûr, M. Jacquand, qui connaît ma ponctualité, ne me refusera pas.

Ma santé est bonne; dans quinze jours je saurai à quoi m'en tenir sur ma prochaine publication. J'ap-

prends que Guillaumin, mon futur libraire, a enterré
sa femme, et qu'il a remis son établissement à d'autres
mains.

Il fait ici un temps superbe; j'en augure pour vous,
mes chers parents, que votre déménagement sera des
plus agréables. Je compte tomber chez vous à Cordiron,
à la fin des froids, lorsque je quitterai de nouveau la
capitale.

Je vous embrasse de tout mon cœur.

P.-J. PROUDHON.

Lyon, 4 décembre 1845.

A Mme PROUDHON

Chère mère, j'avais pensé depuis dimanche que je pourrais vous aller voir aujourd'hui mardi. Le mauvais temps m'a rendu ce voyage impossible. Pendant que je réfléchissais et hésitais encore si je prendrais ou non la voiture demain, une lettre de MM. Gauthier me rappelle à Lyon pour huit ou dix jours, et je pars ce soir. Quand vous recevrez ma lettre, je serai à Lyon.

Je reviendrai sans faute du 15 au 18; diverses causes réclament ma présence à Besançon; en sorte que je n'irai à Paris que vers Noël ou le premier de l'an. Faites moi faire une seconde paire de souliers comme celle que j'ai aux pieds; seulement, il faudrait que l'empeigne montât un peu plus haut et enveloppât mieux le pied.

Faites aussi raccommoder mes vieux souliers, que vous avec dû recevoir par la diligence de Pesmes. Dites au messager de Cordiron de passer rue Neuve-Saint-Pierre, n° 13, chez MM. Gauthier frères, pour y prendre un exemplaire de mon ouvrage, destiné à M. Renaud.

Mes respects et amitiés à M. Renaud.

Je vous embrasse tous; à quinze jours.

P.-J. PROUDHON.

Paris, 22 décembre 1845.

A M. ET M^mo PROUDHON

Mes chers parents, Charles me mande que vous êtes installés à Cordiron depuis le commencement de décembre. Pourquoi ne m'avez-vous pas écrit? Il faut acheter de l'encre, du papier et faire tailler des plumes par le maître d'école. Charles me conte qu'il a acheté une maison à Burgille; je n'en suis pas fâché, car il était bien mal; je regrette seulement que les dettes nous arrivent comme cela coup sur coup. Il me demande 150 francs. Dites-lui que je vous aviserai après le 1er janvier de la manière dont il les obtiendra.

Vous me ferez savoir si votre habitation est chaude et pas humide; si vous avez votre provision de bois; comment vous êtes approvisionnés; enfin, comment vous vivez?.. Le village plaît-il à mon père; trouve-t-il à se distraire; quels sont vos voisins, vos habitués, vos occupations et vos amusements? J'ai peur que l'ennui vous prenne; si cela arrivait, il faudrait retourner à Besançon. Je n'ai pas voulu vous dire d'avance qu'en allant à Cordiron vous ne feriez qu'un essai; l'idée d'un essai aurait suffi pour vous empêcher d'essayer rien; mais je n'entends pas vous faire mourir dans une solitude, croyez-le bien; et si au printemps l'air des champs vous fait mal, je vous le répète, vous irez reprendre votre logement de ville.

Tenez-vous chaud en attendant et couvrez-vous bien. J'espère que si vous passez heureusement le premier trimestre de 1846, votre vie n'aura plus de fin.

Quant à moi, je travaille à longues journées, et je m'ennuie déjà du restaurant. A propos, avez-vous des poules, des lapins, des moutons? Quels animaux vous servent de compagnie, à défaut de gens?

Je vous embrasse, chers parents.

Votre fils,

P.-J. PROUDHON.

Paris, 1er janvier 1846.

A Mmes M*** ET B***

Mesdames, au début de cette nouvelle année, je prie Dieu qu'il vous comble de toutes les aises du corps et de toutes les joies de l'esprit, qu'il vous donne un estomac vigoureux, les plus belles fleurs dans votre jardin, et toujours les plus fines tailles à pincer, les plus blanches épaules à toucher, etc., etc. Vous avez assez de sagacité, Mesdames, pour deviner le reste.

Et pour que mes vœux soient plus favorablement entendus, je les joins à ceux de cette charmante et mignonne petite Laure, que j'embrasse de tout mon cœur sur ses deux rubicondes pommettes. Les anciens, dans leurs oblations et leurs sacrifices, avaient coutume de faire approcher de l'autel les jeunes enfants comme plus dignes, par leur innocence, de présenter leurs supplications à la Divinité. Ainsi fais-je pour vous, Mesdames, et j'espère que le choix de mon avocate vous sera aussi agréable qu'à *Celui-là* même que je n'ose invoquer que de loin, moi, vieux pécheur.

Comment vont les bals dans notre pays, Mesdames? Le carnaval est commencé. Que dit-on des galanteries du beau monde bisontin? Les grandes dames, les cos-

sues financières, les conseillères superbes, et toutes ces
bourgeoises de haute volée continuent-elles à ne pas
payer leurs tailleuses, ni leur modiste, ni même leur
boulangère? — Pourriez-vous encore me dire, Mesdames, si le monde officiel est toujours aussi gourmé,
le monde académique aussi sot, le monde dévot aussi
haineux et aussi haïssable, le monde municipal aussi
bouffi?...

Que de questions, allez-vous dire, à de pauvres
recluses qui ne connaissent que le travail, et n'ont pas
le temps de s'informer de ce que font les pédants, les
cafards et les porteurs d'écharpes tricolores! Parlons
donc, si vous voulez, d'autre chose.

Je vous préviens, Mesdames, que je travaille en ce
moment à un gros livre dans lequel je mets en cause
tout le monde, Dieu et les hommes, mais, où je ne dis
guère de mal des femmes!... Ne croyez pas, je vous
prie, Mesdames, que si j'en use de la sorte à l'égard du
sexe, ce soit par discrétion; oh! je ne suis pas si méchant; mais j'ai trouvé, tout bien considéré, que dans
cette cohue qu'on appelle la société, les femmes sont
encore la partie la plus excusable. En considération de
cette découverte, j'ose espérer de vous, Mesdames, j'attends de votre obligeance, je réclame de votre justice,
que vous prendrez à l'avenir ma défense contre toutes
les méchantes langues qui vous tomberont sous la
main. Si donc on m'accusait de misanthropie, vous
soutiendrez que j'ai le cœur le plus aimant, le plus
candide, le moins malicieux qui soit sorti des mains du
Créateur. Si l'on me reprochait d'être athée, par la
raison que je n'ai pas cru devoir ménager dans ma critique le Père Éternel plus que mes semblables, vous
affirmerez encore que j'ai toute la foi d'un saint Pierre,

l'espérance d'un saint Paul, la charité d'un saint Jean ; et que je compte vivre et mourir à la grâce de notre sauveur Jésus-Christ, à qui je n'ai rien à reprocher que de s'être laissé prendre.

Voilà, Mesdames, en quelle disposition d'esprit je commence cette année 1846, que je prévois devoir déjà être, pour l'immense majorité du genre humain, aussi monotone, aussi insignifiante, aussi triste, aussi misérable et aussi bête que toutes celles qui l'ont précédée.

Puisse-t-elle pour vous, Mesdames, être signalée par un affermissement complet de vos santés précieuses, par le développement en grâces et en intelligence de votre petite Laure ; enfin, par tout ce que vous pouvez imaginer de plaisant et de ravissant, y compris la rage des robes nouvelles, qui vous font voir tant de secrets ; plus, l'exactitude de vos clientes à solder leurs mémoires.

Dans cet espoir, je vous supplie, Mesdames, d'agréer l'assurance des sentiments respectueux avec lesquels je suis votre très-humble et très-obéissant serviteur,

P.-J. PROUDHON.

A M. MAURICE

Mon cher Maurice, j'écris à ma mère, comme vous le désirez, et vous recevrez incessamment le brevet.

Quant aux 300 exemplaires du Jeûne de Jésus-Christ, les feuilles se trouvent pêle-mêle avec les ballots des *Éléments primitifs* ; peut-être même avec mon restant de librairie socialiste. Les éléments doivent être chez vous; le reste est chez Gauthier, rue Neuve-Saint-Pierre. L'homme de Bintot, un nommé François, était convenu comme moi de les aller prendre; comme il paraît que Bintot n'en a jamais été fort pressé, ces 300 exemplaires sont restés là. C'est une misère qui l'avait ragoûté; j'aurais bien livré le tout, s'il y avait tenu.

Ah! ça, l'imprimerie décline donc pour tout de bon; c'est une épidémie héréditaire au pays. *Gauthier, Marquiset, Maitorscles, Lambert, Proudhon, Deis, Michel, Bintot;* qu'elle kyrielle! Cette suite vous prouve, mon cher Maurice, combien il est difficile de vivre dans un métier qui n'est plus une industrie, mais un instrument de spéculation. Ah! si j'avais eu le dixième des connaissances économiques que j'ai depuis acquises, jamais nous n'eussions commis une pareille bévue!...

Bintot a dû recevoir, il y a environ deux mois, deux douzaines d'exemplaires de ma brochure sur les *canaux et chemins de fer*; cet envoi lui a été fait à titre de dépôt, puisque Bintot ne l'avait pas demandé, et à ma seule instigation.

Je vous prie donc de faire prendre note de cet article, et, pour plus de sûreté, je vous invite à ne livrer les Jeûnes de Jésus-Christ que sur reconnaissance officielle de ce dépôt. Au reste, le paquet devait être accompagné d'une lettre de Guillaumin, le libraire expéditeur, laquelle servira à éclaircir la question. Bintot, de son côté, en dira son avis.

Sur la politique du moment, je ne puis vous faire part que de mes réflexious, car je ne vois personne. Ma vie, à Paris, se passe comme si j'étais en prison. Je vous dirai donc qu'autant qu'il m'est possible d'en juger, le gouvernement travaille à rendre la monarchie indépendante de la nation, et à constituer une aristocratie nouvelle autour du trône. Ce point de vue, auquel concourent également Thiers, Guizot et la Gauche, malgré leurs disputes, est le seul qui rende intelligibles les actes du gouvernement.

Le gouvernement se rattache le clergé, parce que la religion, ou si vous aimez mieux la bigoterie, est de l'essence monarchique.

Le gouvernement ne hait pas les jésuites, parce qu'il s'entendrait avec eux encore mieux qu'avec une Chambre. Il n'aime pas que les universitaires, autre clique qui ne vaut pas mieux que les jésuites, fassent une trop rude guerre au clergé, parce que le clergé est plus puissant et plus précieux pour la dynastie que les universitaires. Il a dissous l'ancien conseil de l'instruction publique; réforme bonne et légale en elle-même, mais faite à mauvaise intention. A la tyrannie de quelques hommes, le ministre substitue son omnipotence; il y aura plus d'unité dans le despotisme, par conséquent le motif de ce coup d'État était plus que suffisant.

Le gouvernement aime à entretenir 100,000 hommes en Afrique, parce que cela lui donne des créatures. Il aurait préféré laisser entièrement les chemins de fer aux compagnies et ne s'en point mêler, quant à l'exécution, parce que de telles entreprises sont un puissant moyen de faire naître cette aristocratie dont je vous parle, et que d'un autre côté on se doute dans le gouvernement que les chemins de fer sont en général de pauvres affaires, et qu'il aurait voulu n'en pas prendre la responsabilité.

Le gouvernement craint les agitations de la classe ouvrière qui commence à se montrer redoutable en Angleterre, en Allemagne et en Suisse, et qui en France est hostile; c'est pour cela qu'il a mitonné une loi sur les livrets, qui enrégimente et discipline les ouvriers.

Le gouvernement est prodigue d'emplois et de faveurs; mais il ne les accorde en général qu'à ses créatures; le mérite seul n'a rien. J'en connais des exemples par douzaines.

Les députés sont entrés tout à fait dans l'esprit du gouvernement, et la haute bourgeoisie ne songe plus qu'à s'arrondir, à manger le budget, à se faire des monopoles, et à éloigner d'elle le peuple.

En revoyant cette année mes Économistes, je les ai trouvés eux-mêmes infectés de cet esprit, et ne s'occupant plus qu'à obtenir des places. X*** est directeur de la Compagnie du chemin de fer de Bordeaux à la Teste;

on lui a promis 1,000 actions qui, revendues seulement à 100 francs de bénéfice, lui vaudront 100,000 francs pour avoir prêté son nom. Cent autres exemples analogues pourraient vous être cités.

Je suis plus convaincu que jamais qu'il n'y a pas place pour moi dans ce monde, et je me regarde comme en état d'insurrection perpétuelle contre l'ordre de choses. Un ami intime, qui voit le haut monde, m'a charitablement averti d'être sur mes gardes; que j'étais l'un des hommes que l'on déteste et redoute le plus. Mon parti est donc pris; mon ouvrage achevé, je rentre à Lyon; je n'attendrai même pas cet achèvement, et dans les premiers jours de mars j'aurai déguerpi. La maison Gauthier frères est aujourd'hui plus que satisfaisante pour me donner à travailler, et ces Messieurs se sont plus que jamais acquis des droits à ma reconnaissance.

Votre prochain député, en remplacement de Magnoncourt, sera M. Pouillet, professeur de physique et membre de l'Institut. Cela a été arrangé entre Bretillot, Jacquard, le préfet, etc.

Mes respects à ces dames. Je vous souhaite un prompt rétablissement.

P.-J. PROUDHON.

Paris, 4 avril 1846.

A M. GUILLAUMIN

Monsieur Guillaumin, j'effacerai ou modifierai à votre satisfaction le passage qui vous chagrine. Mais il me semble que la forme *conditionnelle* dans laquelle je me suis exprimé, devait vous faire voir que je ne calomnie pas, puisqu'évidemment je ne crois pas moi-même à l'accusation de connivence ou trahison que je soulève; j'ai voulu faire sentir aux économistes le côté impolitique et dangereux de leur conduite dans une question où, suivant moi, ils ont tous les torts, d'abord celui de se tromper mathématiquement; ensuite, celui de l'inopportunité, enfin celui de la maladresse.

Je regrette que vous ayez pu l'entendre autrement, et que la vivacité de mes expressions vous ait, pour ainsi dire, médusé à ce point. Au surplus, je profiterai de votre avertissement; car, comme je vous l'ai dit mainte et mainte fois, personne n'est plus convaincu que moi *de la probité, de l'honneur et des lumières* de MM. les économistes que j'ai eu l'occasion de rencontrer, notamment de ceux que je nomme dans mon livre. Je vous renouvelle cette déclaration par écrit, afin qu'elle vous serve au besoin, consentant à ce que vous me dénonciez vous-même comme calomniateur et fourbe, si, après avoir lu mon livre *d'un bout à l'autre*, il existe un seul économiste qui ait à se plaindre.

Je vous serais même obligé, après l'impression, d'en faire faire une lecture spéciale dans cette vue.

Je vous salue cordialement.

P.-J. PROUDHON.

Lyon, 11 mai 1846.

A M. MAURICE

Mon cher Maurice, à mon arrivée à Lyon, j'ai d'abord souffert pendant plusieurs jours d'un mal d'yeux qui ne m'a permis ni d'écrire ni de sortir ; c'est ce qui vous explique le retard que j'ai mis dans l'exécution de la commission que vous m'aviez donnée.

Voici tout ce que j'ai pu me procurer sur la vente des bois.

Il n'y est pas question des bois de chêne, probablement parce que l'auteur de la note en fait un médiocre commerce ou un commerce nul. Ce sera à vous, mon cher, de déduire du prix des sapins, par analogie ou autrement, le prix des chênes.

En thèse générale, j'entends dire de tous côtés que les bois de toute nature sont en hausse et y seront encore longtemps.

La consommation des chemins de fer est énorme ; la multitude des constructions de toute espèce en emporte des quantités toujours croissantes. En jetant les yeux sur l'état de l'industrie, on peut prévoir facilement que sauf des alternatives de hausse et de baisse, la moyenne de prix s'élèvera d'une façon plus marquée sur cette

nature de marchandise que sur toute autre espèce de
produit. Telle est mon opinion réfléchie ; mais je ne
suis pas homme compétent.

Je crois donc, mon cher Maurice, que sauf les précautions à prendre contre l'incendie, votre commerce,
conduit avec la parfaite intelligence que vous en avez
acquise, ne peut pas vous conduire à mal, et que si, au
lieu de jouer et d'agioter, vous travaillez avec prudence,
vos capitaux seront bien placés.

Mes respects à Mmes Maurice.

Tout à vous,

P.-J. PROUDHON.

Lyon, 17 mai 1846.

A M. MARX

Mon cher Monsieur Marx, je consens volontiers à
devenir l'un des aboutissants de votre correspondance,
dont le but et l'organisation me semblent devoir être
très-utiles. Je ne vous promets pas pourtant de vous
écrire ni beaucoup ni souvent; mes occupations de toute
nature, jointes à une paresse naturelle, ne me permettent pas ces efforts épistolaires. Je prendrai aussi la
liberté de faire quelques réserves, qui me sont suggérées
par divers passages de votre lettre.

D'abord, quoique mes idées en fait d'organisation et
de réalisation soient en ce moment tout-à-fait arrêtées,
au moins pour ce qui regarde les principes, je crois qu'il
est de mon devoir, qu'il est du devoir de tout socialiste,
de conserver pour quelque temps encore la forme antique ou dubitative ; en un mot, je fais profession avec
le public, d'un anti-dogmatisme économique, presque
absolu.

Cherchons ensemble, si vous voulez, les lois de la
société , le mode dont ces lois se réalisent, le progrès
suivant lequel nous parvenons à les découvrir ; mais,
pour Dieu ! après avoir démoli tous les dogmatismes à

priori, ne songeons point à notre tour, à endoctriner le
peuple; ne tombons pas dans la contradiction de votre
compatriote Martin Luther, qui, après avoir renversé
la théologie catholique, se mit aussitôt à grands ren-
forts d'excommunications et d'anathèmes, à fonder une
théologie protestante. Depuis trois siècles, l'Allemagne
n'est occupée que de détruire le replâtrage de M. Luther;
ne taillons pas au genre humain une nouvelle besogne
par de nouveaux gâchis. J'applaudis de tout mon cœur
à votre pensée de produire un jour toutes les opinions;
faisons-nous une bonne et loyale polémique ; donnons
au monde l'exemple d'une tolérance savante et pré-
voyante, mais, parce que nous sommes à la tête du
mouvement, ne nous faisons pas les chefs d'une nouvelle intolérance, ne nous posons pas en apôtres d'une
nouvelle religion; cette religion fût-elle la religion de
la logique, la religion de la raison. Accueillons, encou-
rageons toutes les protestations ; flétrissons toutes les
exclusions, tous les mysticismes; ne regardons jamais
une question comme épuisée, et quand nous aurons
usé jusqu'à notre dernier argument, recommençons s'il
faut, avec l'éloquence et l'ironie. A cette condition, j'en-
trerai avec plaisir dans votre association, sinon, non !

J'ai aussi à vous faire quelque observation sur ce
mot de votre lettre : *Au moment de l'action*. Peut-être
conservez-vous encore l'opinion qu'aucune réforme
n'est actuellement possible sans un coup de main, sans
ce qu'on appelait jadis une révolution, et qui n'est tout
bonnement qu'une secousse. Cette opinion, que je conçois, que j'excuse, que je discuterais volontiers, l'ayant
moi-même longtemps partagée, je vous avoue que mes
dernières études m'en ont fait complétement revenir.
Je crois que nous n'avons pas besoin de cela pour réus-

sir ; et qu'en conséquence, nous ne devons point poser l'action *révolutionnaire* comme moyen de réforme sociale, parce que ce prétendu moyen serait tout simplement un appel à la force, à l'arbitraire, bref, une contradiction. Je me pose ainsi le problème : *faire rentrer dans la société, par une combinaison économique, les richesses qui sont sorties de la société par une autre combinaison économique.* En autres termes, tourner en Économie politique, la théorie de la Propriété, contre la Propriété, de manière à engendrer ce que vous autres socialistes allemands appelez *communauté*, et que je me bornerai pour le moment à appeler *liberté*, *égalité.* Or, je crois savoir le moyen de résoudre, à court délai, ce problème : je préfère donc faire brûler la Propriété à petit feu, plutôt que de lui donner une nouvelle force, en faisant une Saint-Barthélemy des propriétaires.

Mon prochain ouvrage, qui en ce moment est à moitié de son impression, vous en dira davantage.

Voilà, mon cher philosophe, où j'en suis pour le moment ; sauf à me tromper, et s'il y a lieu, à recevoir la férule de votre main ; ce à quoi je me soumets de bonne grâce, en attendant ma revanche. Je dois vous dire en passant que telles me semblent être aussi les dispositions de la classe ouvrière de France ; nos prolétaires ont si grande soif de science, qu'on serait fort mal accueilli d'eux, si on n'avait à leur présenter à boire que du sang. Bref, il serait à mon avis d'une mauvaise politique pour nous de parler en exterminateurs ; les moyens de rigueur viendront assez ; le peuple n'a besoin pour cela d'aucune exhortation.

Je regrette sincèrement les petites divisions qui, à ce qu'il paraît, existent déjà dans le socialisme allemand, et dont vos plaintes contre M. G*** m'offrent la preuve,

Je crains bien que vous n'ayez vu cet écrivain sous un jour faux; j'en appelle, mon cher Monsieur Marx, à votre sens rassis. G*** se trouve exilé, sans fortune, avec une femme et deux enfants, n'ayant pour vivre que sa plume. Que voulez-vous qu'il exploite pour vivre, si ce n'est les idées modernes? Je comprends votre courroux philosophique, et je conviens que la sainte parole de l'humanité ne devrait jamais faire la matière d'un trafic; mais je ne veux voir ici que le malheur, l'extrême nécessité, et j'excuse l'homme. Ah! si nous étions tous millionnaires, les choses se passeraient mieux; nous serions des saints et des anges. Mais il faut *vivre;* et vous savez que ce mot n'exprime pas encore, tant s'en faut, l'idée que donne la théorie pure de l'association. Il faut vivre, c'est-à-dire acheter du pain, du bois, de la viande, payer un maître de maison; et ma foi! celui qui vend des idées sociales n'est pas plus indigne que celui qui vend un sermon. J'ignore complétement si G*** s'est donné lui-même comme étant mon précepteur; précepteur de quoi? je ne m'occupe que d'Économie politique, chose dont il ne sait à peu près rien; je regarde la littérature comme un jouet de petite fille; et quant à la philosophie, j'en sais assez pour avoir le droit de m'en moquer à l'occasion. G*** ne m'a rien dévoilé du tout; s'il l'a dit, il a dit une impertinence dont je suis sûr qu'il se repent.

Ce que je sais et que j'estime plus que je ne blâme, un petit accès de vanité, c'est que je dois à M. G***, ainsi qu'à son ami Ewerbeck, la connaissance que j'ai de vos écrits, mon cher Monsieur Marx, de ceux de M. Engels, et de l'ouvrage si important de Feuerbach. Ces messieurs, à ma prière, ont bien voulu faire quelques analyses pour moi en français (car j'ai le malheur de ne point lire l'allemand) des publications socialistes les plus importantes; et c'est à leur sollicitation que je dois insérer (ce que j'eusse fait de moi-même, au reste) dans mon prochain ouvrage, une mention des ouvrages de MM. Marx, Engels, Feuerbach, etc. Enfin, G*** et Ewerbeck travaillent à entretenir le feu sacré chez les Allemands qui résident à Paris, et la déférence qu'ont pour ces Messieurs les ouvriers qui les consultent me semble un sûr garant de la droiture de leurs intentions.

Je vous verrais avec plaisir, mon cher M. Marx, revenir d'un jugement produit par un instant d'irritation; car vous étiez en colère lorsque vous m'avez écrit. G*** m'a témoigné le désir de traduire mon livre actuel; j'ai compris que cette traduction, précédant toute autre, lui procurerait quelque secours; je vous serais donc obligé, ainsi qu'à vos amis, non pour moi, mais pour lui, de lui prêter assistance dans cette occasion, en contribuant à la vente d'un écrit qui pourrait sans doute avec votre secours, lui donner plus de profit qu'à moi.

Si vous vouliez me donner l'assurance de votre concours, mon cher Monsieur Marx, j'enverrais incessamment mes épreuves à M. G***, et je crois, nonobstant vos griefs personnels dont je ne veux pas me constituer le juge, que cette conduite nous ferait honneur à tous.

Mille amitiés à vos amis, MM. Engels et Gigot.

Votre tout dévoué.

P.-J. PROUDHON.

Lyon, 18 mai 1846.

A M. GUILLAUMIN

M. Guillaumin, je tiens la promesse que je vous ai faite sur le passage qui commence sur la feuille 6, et voici la rédaction que je vous propose, et qui rend toute ma pensée, auparavant exprimée d'une manière un peu rude :

« Car tout adversaire que je sois des économistes,
« tout intéressé que l'on me suppose à ruiner le crédit
« de leurs théories, je regarderais comme une calamité
« pour la science, que l'une des grandes écoles qui la
« divisent, disons même qui l'honorent, s'exposât de
« gaîté de cœur, et par un mouvement de fausse géné-
« rosité, à passer dans notre susceptible pays pour
« l'agent secret de notre éternelle rivale. »

Voilà ce que j'avais pensé, et que dans l'ardeur d'un premier jet j'avais exprimé d'une manière qui laissait douter, si j'accusais ou n'accusais pas directement les économistes.

Je ferai une correction analogue à la note qui vous chagrine, maintenant invariablement ma pensée, mais retranchant du discours tout ce qu'il pourrait avoir de personnel.

Je vous le répète, M. Guillaumin, mes sentiments à l'égard des hommes sont tels que je vous les ai maintes fois exprimés; mais telle est la difficulté, l'extrême délicatesse des matières que nous traitons, qu'à chaque instant on est exposé à faire retomber involontairement sur les *intentions* des personnes ce que l'on n'entend reprocher qu'à leurs *idées*. Non-seulement donc j'accueille volontiers vos représentations, mais je proteste contre toute supposition contraire que l'on faisait à mon égard, et je la regarde même comme une injure.

Je vais vous faire adresser de Besançon un petit ballot de brochures, ainsi que nous en sommes convenus; une douzaine ou deux de chacune.

Le retard dont vous vous plaigniez était inévitable. Sans compter l'éloignement où je suis, et qui ne permet plus aux épreuves d'aller et venir en vingt-quatre heures, j'étais tellement épuisé à mon départ de Paris, que j'en éprouvais des éblouissements. J'ai eu une petite maladie d'yeux qui m'a condamné au repos pendant plus de huit jours; je vais reprendre ma mise au net, et puis nous irons de l'avant. Si l'imprimeur avait de la lettre assez pour huit feuilles, nous irions aussi vite que par le passé, c'est-à-dire une feuille tous les deux jours. Quelques lectures nouvelles, quelques conversations philosophiques ont achevé de mûrir mon ouvrage; et j'ose espérer aujourd'hui que vous n'aurez rien perdu pour quelques semaines de retard. La question *malthusienne*, que je dois traiter entre autres, est d'une telle importance, qu'à elle seule elle peut faire la fortune d'un écrit. Je n'ai point la prétention de l'épuiser, mais je crois que je l'agrandirai. *Malthus* est tout à fait un écrivain de mon goût et un beau caractère; il a fait comme A. Smith, ce qu'il a pu; il mérite

notre estime et notre respect. Malthus serait charmé
je crois du petit commentaire que je lui prépare. Smith,
Say, Malthus, ces trois noms renferment toute la
grande période économique. — Ceux qui les ont précédés n'ont guère fait que du mysticisme; ceux qui les
suivront n'auront qu'à conclure; et croyez-moi, ce
n'est pas chose facile. Vous vous obstinez à ne voir
dans mon livre qu'une espèce de satire de l'Économie
politique; vous serez tout surpris quand en fin de
compte, sauf quelques explications qu'il appartient à
notre siècle d'obtenir, vous n'y verrez au fond que son
apothéose. Jusque-là je puis vous paraître un *hâbleur*.
Je vous pardonne cette opinion téméraire, et ne vous
en présente pas moins mes salutations cordiales.

P.-J. Proudhon.

P.-S. — Je vous remercie de votre dernier envoi de
feuilles. — Je vous rappellerai en même temps, monsieur Guillaumin, qu'il me serait souverainement désagréable que mon ouvrage fût communiqué à qui que
ce soit avant la publication. Mon jeune patron, M. Gauthier, ayant commis à l'égard des premières feuilles
une indiscrétion de cette nature, j'ai eu le désagrément de voir mon livre annoncé dans la *Gazette de
Trèves*, par je ne sais qui. Le redressement ensuite a été
encore plus faux.

Silence donc! je vous en supplie; je tiens à cela par
dessus tout.

Lyon, 2 juillet 1846.

A M. ACKERMANN

Mon cher Ackermann, une lettre, que je reçois de Dessirier, m'annonce votre arrivée à Pont-de-Roide. Vous avez eu grand tort de ne nous donner aucun détail sur votre maladie, qui, ce printemps, nous a tous mis en peine, Haag, Tourneux, Maguet, Dessirier et moi. Aujourd'hui même, j'ignore absolument quelle est la nature de ce mal, dont Mme Ackermann nous a parlé comme d'un rhume ou affection de poitrine. Comment puis-je croire que vous êtes poitrinaire, vous autrefois si vigoureux compagnon, et dont la vie a toujours été si réglée et si sage? Et si vous n'êtes pas poitrinaire, quelle espèce de maladie peut être la vôtre, et quel danger courez-vous? A ne juger que par le passé, nous avons tous dit, mon cher Ackermann, que votre maladie était une chimère; obligez-moi donc de m'écrire quelques lignes et de vous expliquer clairement, si vous ne voulez désespérer mon amitié.

J'ai reçu dans le temps vos diverses publications, dont je vous fais mes compliments très-sincères. J'entrevois à travers vos paradoxes (il n'appartient pas à tout le monde d'avancer des paradoxes) une suite d'études dont il me tarde de voir l'ensemble et de connaître le dernier mot. Car enfin, vous ne travaillez pas à bâtons rompus, et ce que j'ai lu de vous m'en est une preuve suffisante. Je ne suis pas toujours de votre avis, mais vous me donnez à réfléchir et m'apprenez toujours quelque chose. Dépêchez-vous donc de vous guérir et de compléter votre œuvre. Vos études m'intéressent autant que mes querelles avec les économistes; et quoique j'ai renoncé tout à fait à la philologie et à la littérature, la science des mots et des *lettres* a conservé par dessus tout le privilége de passionner ma curiosité. Il me tarde de causer avec vous, mon cher Ackermann, de tout cela.

J'ai trouvé moyen de vous citer dans un gros livre d'Économie politique auquel je travaille et qui paraîtra bientôt. Ce sont vos *Antonymes* qui m'ont fourni cette réminiscence. Pendant que vous dressez le catalogue des antonymies du langage, je fais le système des *antinomies* de la société, à peu près comme Kant avait fait la critique des antinomies de la raison. Vous voyez, mon cher malade, que nous sommes toujours l'un près de l'autre, alors que la divergence de nos études et la distance des lieux nous séparent. Vos *Antonymes* sont quelque chose dont je voudrais avoir eu l'idée, et que je referais si j'étais à votre place.

J'ai perdu mon père il y a trois mois. Cet événement m'a fait renoncer tout à fait au séjour de Besançon; ma mère s'est retirée dans son village natal avec mon frère, qui y est établi, et, moyennant une petite pension alimentaire que je fais à cette chère femme, je suis aussi libre que si je me trouvais absolument seul au monde et sans lien de famille, comme le grand-prêtre Melchisédec. Je ne crois pas que je renonce désormais à cette façon de vivre. Ma vie incertaine et ambulante, pleine d'imprévus et de contrariétés, exige cette parfaite indépendance, ce complet dégagement. Je travaille un peu pour m'aider à vivre, et beaucoup pour mener à fin mes études spéculatives; sous ce dernier rapport, j'espère arriver bientôt à la fin de ma tâche, et s'il faut vous dire tout, mon cher Ackermann, passer incessamment de l'idée à la réalisation. Mais c'est là une matière immense, et dont huit jours entiers de conversation suffiraient à peine à vous donner l'idée. Qu'il vous suffise d'apprendre que d'ici à un an je serai tombé complétement sous l'absurde et le ridicule de mes théories, ou que j'aurai inauguré le plus vaste mouvement révolutionnaire, le plus radical, le plus décisif qui se soit vu sur le globe.

Peut-être aussi ne suis-je ni si voisin d'une chute, ni si près de l'apothéose, et qu'il en sera de mes plans comme de tant de choses, qui avaient apparu à leurs auteurs des montagnes, tandis qu'elles n'étaient que des taupinées. Quoi qu'il arrive, je ne demande à personne de me faire grâce, excepté à mes amis.

Il me tarde de vous voir, et votre maladie de langueur m'ennuie fort. Si vous n'êtes pas trop mal pour vous mettre en route, quittez vos montagnes, où l'air est trop vif et trop frais pour un convalescent, et prenez la voiture de Châlons, où vous pouvez arriver en moins de vingt-quatre heures. De Châlons, le bateau à vapeur vous apporte ici en sept heures, trente-six lieues. C'est la manière la plus agréable de voyager; point fatigante et pas chère.

De Lyon, vous pouvez aller voir votre frère à Givon en deux heures.

Puis la navigation du Rhône vous transporte à Avignon, soixante lieues en dix heures. Une fois là, chaque pas que vous faites dans le pays du côté de Nice vous découvre des objets de plus en plus intéressants : Vaucluse (Pétrarque et Laure); Aix, capitale du bon roi René; Arles et son cirque; le pont du Gard, sur la droite du Rhône, du côté de Nimes; Marseille, Toulon, Fréjus, etc. Rien ne vous oblige à courir ventre à terre; vous avez le soleil partout. Mettez-vous donc en route et suivez mon itinéraire.

Où en est votre édition du grand Frédéric? Retournerez-vous à Berlin pour la finir ou si vous nous restez? Si vous avez besoin de conseils pour vous déterminer, je vous dirai de retourner à Paris, où je compte me fixer moi-même définitivement l'automne prochain, autant du moins que je puis être fixé quelque part.

Adieu, mon cher Ackermann; vous avez été longtemps sans me rien dire, mais je vous embrasse de tout mon cœur.

Mes respects à Mme Ackermann, s'il vous plaît.

Tout à vous.

P.-J PROUDHON.
Quai Sainte-Marie-des-Chênes, 28.

Lyon, 27 août 1846.

A M. MAURICE

Mon cher Maurice, il paraît que les nouvelles marchent vite ; il n'y a pas huit jours que nous avons clos
notre inventaire, et vous en connaissez déjà le résultat.
Puisqu'il est ainsi, je ne puis commettre d'indiscrétion
à vous le répéter, même par écrit. Notre bilan, arrêté
au 30 juin 1846, présente un actif *net* de 320,000 fr.
Sur ce chiffre, 140,000 francs sont le produit des
années précédentes ; le reste, soit 130,000 francs, a été
donné par les années 1843 et 1844 ; les 50 autres mille
constituaient la mise de fonds, avec laquelle on est
entré en campagne au printemps de 1843, et provenaient des affaires antérieures.

Dans l'actif de 320,000 francs, il faut comprendre
les prix d'amodiation pour vingt ans d'une mine de
houille à Saint-Etienne. (Ce prix est de 165,000 francs.)
Ajoutez les déboursés pour l'exploitation, lesquels se
monteront bientôt à 50 ou 60,000 francs. Je vous
donne des chiffres ronds ; je ne vous fais pas un relevé
exact d'après les livres.

Cette affaire de mine ne pouvait jamais en soi être
mauvaise dans les conditions où elle a été faite ; mais

voici que, contre toute espérance, on y a découvert une couche de charbon de forge, première qualité, ce qui porte immédiatement au double les bénéfices de l'extraction. Les produits annuels de cette exploitation pourront très-bien atteindre, *nets*, 150,000 francs.

Il y a un tiers, intéressé pour un cinquième.

Vous voyez, mon cher, qu'il n'y a qu'à être bien engrené et avoir un peu de chance, la fortune vient alors toute seule. Les ferres Gauthier sont en train d'avoir quelques millions d'ici à quinze ou vingt ans, à moins de sinistre ou avarie.

L'origine de tout cela se résume en deux points : l'entreprise du remorqueur sur Saône, qui pouvait être, comme bien d'autres, un fort méchant outil, et qui, par aventure, s'est trouvé excellent, d'une grande force de traction, économisant 300 francs par jour sur le combustible et donnant, aux prix les plus bas, de magnifiques résultats. La seconde cause de succès, c'est de s'être jeté dans une industrie dont les exploitants avaient l'habitude de travailler à très-haut prix, et par conséquent d'avoir pu obtenir, moyennant quelques réductions, un travail qui pouvait laisser encore de gros bénéfices. Depuis que les frères Gauthier existent, ils ont fait le bon marché partout ; ils le soutiennent encore, et cependant longtemps la concurrence les a laissé faire. Il en est résulté qu'on a abandonné la concurrence et que la clientèle leur est venue.

Aujourd'hui, les entreprises de transport paraissent devoir être moins belles ; l'abolition des droits sur les canaux achèverait de les rendre plus lucratives, en les rendant plus faciles. Mais la houille nous reste, et avec cela nous sommes toujours maîtres de la position.

Voilà, en peu de mots, quelle est la position de mes

patrons. Tout ce que donne d'avantages à un négociant le crédit, les capitaux à bon marché, une activité soutenue, une ardeur au gain qui ne se ralentit pas, nous l'avons ici. Ce qui m'amuse ensuite, c'est de voir ces Messieurs à la veille d'être beaucoup plus riches que leur tempérament ne le comporte ; ils sauraient très-bien manger, chacun à leur ménage, 6 à 8,000 livres de rente ; mais comme millionnaires, ils ne seront jamais que d'habiles faiseurs d'épargnes pour ceux qui un jour leur succéderont.

Les extrêmes se touchent, dit le proverbe ; des frères Gauthier, passons à moi, puisqu'enfin vous avez la bonté de vous informer de votre serviteur.

Je viens d'écrire la dernière page de mon livre ; il aura paru dans un mois deux volumes in-8°. Ce travail acharné de plus de dix-huit mois me vaudra, pour la première édition (et je ne réponds pas du tout qu'il en sera fait une deuxième édition), 1,000 francs. Mon but, en publiant cette rapsodie, qui sera la dernière de cette espèce, a été de prendre une position décisive dans le monde économique et d'arriver ensuite à faire valoir, plus utilement que je n'ai fait encore, mes petites connaissances. Les frères Gauthier m'ont aidé à atteindre ce résultat ; car il faut dire que mes services sont bien loin de valoir ce qu'ils me donnent, à moins que je ne porte en ligne de compte ma qualité de *confident* et d'*homme de compagnie*. En ce cas, ils me redevraient quelque chose...

Vous sentez, mon cher Maurice, et je n'ai que faire le vous le redire, que cette situation ne me va pas le moins du monde, et que si je ne croyais préparer un coup décisif, je ne mènerais pas cette vie vagabonde et incertaine, sans dignité comme sans fruit. Mais ce que je fais depuis deux ans est le résultat d'une préméditation arrêtée ; je veux en avoir le cœur clair, et c'est ce qui, j'espère, ne tardera pas. Je ne gagnerai pas des millions ; pour ceci n'y comptez jamais. Mais il se pourrait que je remue l'opinion plus profondément qu'elle ne l'a jamais été, et qu'un simple projet d'association ouvrière, dans lequel le *concours des capitalistes serait inutile*, présenté par moi, changeât entièrement la face des choses. Les résultats seraient si gigantesques que les bras en tomberaient à la réflexion. MM. Gauthier savent quelles sont mes vues, et quoique je leur aie dit que leurs millions, comme ceux de bien d'autres, pourraient bien s'y vaporiser, ils ne m'en disent pas moins : Marche !

Si je me trompe, j'en serai quitte pour dire mon *Confiteor* et prendre tout à fait la correspondance de mes patrons. Si j'ai raison, mon plan sera réalisé malgré tout, ou j'y perdrai la tête ; j'y suis bien résolu.

Vous aurez votre deuxième représentation électorale. Je connaissais la protestation faite contre Convers, mais je n'en savais pas tout le contenu. On m'avait parlé d'un bulletin barbouillé ou mal exprimé ; ce qui ne pourrait faire de difficulté, la loi disant expressément que les suffrages *exprimés* comptent seuls, et que la majorité ne se compte à la suite du scrutin que sous déduction des bulletins nuls. Mais je n'avais pas entendu parler des deux électeurs dont les fils, *non électeurs*, ont écrit leurs bulletins ; or, je me demande pourquoi ces bulletins, dépourvus par la formalité prescrite, n'ont pas été simplement déclarés nuls , comme ceux dont l'énoncé est fautif ? La Chambre a commis, en annulant cette élection pour un pareil motif un acte d'arbitraire, et, il faut le dire, de haute corruption. Ce qui me surprend, c'est que les journalistes eux-mêmes sont si peu au courant de la loi électorale qu'ils n'ont pas réclamé en masse contre le rejet de Convers.

Notre gouvernement, ou pour mieux dire notre dynastie, est à son apogée, mais j'avoue que si j'ai fort à me plaindre des hommes de l'opposition de la république, le triomphe du système ne m'éblouit pas et que la répulsion qu'il m'inspire ne fait que s'accroître. Puisque vous aimez à savoir ce que je pense, je ne vous dissimule pas que la réalisation de mes projets ne se sépare plus dans mon esprit du renversement de Louis-Philippe ou de son successeur, si tant est que nous attendions jusque-là. Il s'agit dans notre siècle de cimenter l'alliance entre la bourgeoisie travailleuse et la classe ouvrière proprement dite ; tout le reste doit disparaître ou passer sous les fourches. Ce qu'il faut faire pour cela, c'est d'expliquer à la bourgeoisie et aux salariés les vrais rapports qui les unissent, de leur dévoiler la *loi de l'échange*, loi qui embrasse tout : agriculture, commerce, industrie, et qui gouverne à l'insu des hommes les affaires de ce monde comme si c'était la Providence elle-même. Ces idées, je le crois, seront facilement comprises ; mais encore une fois pour sceller cette belle union, il faut le sacrifice de tous les abus, de tous les préjugés et de ceux qui en vivent. Or le nombre en est incroyable, et je m'attends à une effroyable mêlée.

Mes respects très-humbles à Mmes Blecher et mes amitiés à votre petite Laure.

Vous pouvez vendre à l'épicier, si vous le voulez, le Bergier. J'en désespère, tout bien considéré.

Tout à vous.   P.-J. PROUDHON.

Lyon, 12 septembre 1846.

A M. P***.

Monsieur P***, c'est avec la plus vive répugnance que je me vois forcé de soutenir avec vous une discussion sur des choses dont je suis surpris que la mémoire vous ait passée si vite.

Si votre réclamation me paraissait fondée le moins du monde, si j'éprouvais le moindre doute dans mes souvenirs, il y a longtemps que je me fusse condamné moi-même et que j'aurais fait droit, selon ma mauvaise habitude de me donner toujours tort dans l'incertitude, à votre réclamation.

D'abord, je n'ai jamais nié que je vous dusse 26/20 *Célébratione du dimanche*. Je suis tout prêt à en opérer la restitution et même à doubler et tripler ce nombre si vous le désirez, et si cette restitution n'a pas été faite plus tôt, comme vous m'en adressez le reproche, c'est que je savais que vous n'étiez pas au dépourvu. Vous-même, vous le dites dans votre lettre du 19 août.

Quant à ce que vous ajoutez que ces 26/20 exemplaires n'ont pas été empruntés, j'ignore, Monsieur P***, si vous avez voulu jouer sur le mot. Empruntés ou vendus, ces exemplaires devaient vous être remboursés en argent ou en nature, voilà tout au moins ce qui est certain pour moi et que vous ne pouvez nier sans vous démentir. Tenez-vous donc si fort à recevoir ces 26/20 bilboquets? Dites un mot et je vous les expédie.

D'autre part, vous prétendez que les 500 *avertissements* vous ont été remis *en dépôt*. Nouvelle erreur de votre part, Monsieur P***. Ces exemplaires font partie d'une édition qui a été faite sur votre consentement formel d'en prendre 500, et après plusieurs avis que vous m'aviez fait parvenir que cet article vous manquait. Vous avez reçu facture de ces 500 exemplaires. Je vous ai dit, avant et après l'expédition, qu'ils seraient comptés en décharge ou couverture des 200 *Blanqui* que vous m'aviez livrés; plusieurs fois nous avons fait de ces compensations, et vous venez aujourd'hui, après un an, annuler tout cela! Faudra-t-il donc que je croie, monsieur P***, que j'ai eu tort de ne pas prendre avec vous toutes les précautions dont on s'entoure avec les gens dont on se méfie? Parce que d'autres intérêts, d'autres vues vous détournent de la librairie, pensez-vous faire admettre cette manière de liquider votre fond de boutique?

Du reste, j'avoue que vous pouvez avoir raison sur la remise des 40 % qui vous aurait été faite lors de la première édition; c'est une chose dont vous pouvez penser que je n'ai gardé aucun souvenir, surtout n'ayant pas avec moi mon registre et votre correspondance. Je suis donc prêt à vous donner satisfaction sur ce point, comme aussi sur la brochure et le port, si vous établissez que ces choses soient à ma charge.

Venons au 7 % que je dois vous rembourser sur la vente des exemplaires de la *Création de l'ordre* que

j'aurais placés en concurrence avec vous. J'ai reconnu
la légitimité de cette dette, dont le montant n'irait
sûrement pas à cent sous, et vous n'aviez pas besoin de
me dire que vous pouviez en fournir la preuve. Du
moment que je convenais du principe, c'était tout constaté, et je suis fâché que ma parole ne vous ait pas paru
suffisante. Mais j'ai dit que je ne vous rembourserai
qu'après une liquidation générale, et la raison en est
simple : nous sommes en compte l'un avec l'autre, nous
avons à exercer l'un vis-à-vis de l'autre certains droits,
vous, par exemple, celui de faire livrer 1,000 ou 2,000
Propriétés et 500 *Création de l'ordre ;* moi, celui de vous
en faire prendre livraison dans un cas déterminé,
comme aussi de veiller à ce que vous vous occupiez
sérieusement et consciencieusement de la vente.

Or, que faites-vous aujourd'hui, monsieur P***, que
me demandez-vous ?

Vous voulez, cela est trop clair, ne plus vous occuper
de mes publications ; de libraire-éditeur que vous étiez,
vous vous êtes fait marchand de fournitures de bureau ;
votre librairie, mes ouvrages y compris, est reléguée
dans un grenier ; plus d'affiches, plus d'annonces, à
peine si (le fait est arrivé en ma présence) vous répondez
aux personnes qui vous demandent des publications
socialistes. A diverses reprises, et sur mes propres indications, vous avez cherché à vous défaire du soin de
mes brochures ; tout enfin, de votre part, prouve le
désir de liquider, et c'est pourquoi aujourd'hui vous me
demandez la valeur de 26/20 *Dimanches* et de 200
Blanqui, qu'il m'est facultatif ou de payer ou de couvrir
en autres livres ; c'est pour cela que vous prétendez
n'avoir reçu qu'en dépôt 500 *Avertissements* qui vous

ont été livrés sur votre demande verbale, dont vous avez reçu facture, payé le port, fait le brochage, etc.

Vos intentions secrètes, monsieur P***, sont plus claires que le soleil, et quand, pour dissiper mes doutes en expliquer votre peu de diligence, vous parlez de l'intérêt que vous aviez à vendre, vous me permettrez de croire qu'en ce moment vous avez un intérêt bien plus grand encore à vous débarrasser, même à mon détriment. Je ne fais même aucun doute qu'en ce moment vous ne préfériez garder éternellement cent et un exemplaires de la *Création de l'ordre* dans votre magasin, plutôt que de vous exposer à prendre livraison des 500 exemplaires qui doivent un jour vous revenir et que vous auriez déjà reçues si je le voulais bien.

Vous pouvez conclure de tout cela, monsieur P***, que je suis disposé à ne faire droit à vos exigences que contraint par autorité de justice. S'il se trouve que je ne me sois pas mis en règle, je subirai la conséquence de mon incurie, mais aussi je saurai à quoi m'en tenir sur votre bonne foi.

Après cela, comme malgré l'opinion que vous vous étiez formée du placement de mes ouvrages, je crois être parfaitement certain d'écouler ce qui me reste et qui n'est pas désormais considérable, vous jugerez s'il vous convient d'attendre votre remboursement de la vente qui aura lieu ultérieurement, soit par mes soins, soit même par les vôtres.

Je vous salue.

P.-J. PROUDHON.

Lyon, 8 octobre 1846.

A Mme PROUDHON

Ma chère mère, vous voilà donc avec deux petits-fils ;
je rends grâce à Dieu que votre postérité et la mienne
soit assurée. Puisque la femme de Charles est souf-
frante et que d'ailleurs elle est de bonne composition,
au lieu de vous tuer à faire le voyage de Burgille tous
les jours, je crois qu'il serait à propos que vous vous
installiez chez Charles et que vous preniez d'autorité le
gouvernement. La direction d'un ménage, comme celle
d'un gouvernement revient de droit aux plus capables et
aux plus forts ; faites donc ce que je vous dis, et si par
hasard on trouvait mauvais que vous ayez tant d'empire, vous remettriez le marché en main. Mais je vous
connais trop bien, chère mère, pour croire que l'on se
plaigne jamais de vous. Faites donc le nécessaire, puisqu'il n'y a personne là.

Mon livre est terminé ; il a dû être mis en vente à
Paris le 5 de ce mois. Ce n'est pas avant cinq ou six
mois que je saurai d'une manière définitive ce que le
public en pense.

D'ici là, j'ai pris mon parti et je vais tenter quelque
chose de plus important. Je vous l'ai annoncé, ce livre

est le dernier que je ferai de ma vie ; désormais j'entre dans une autre voie. Je 'ne puis vous dire encore par correspondance quelles sont mes vues ; il suffit que vous sachiez quant à présent que je ne peux plus me souffrir à Lyon ; j'aimerais mieux être garde-champêtre à Cordiron que de vivre comme je vis.

J'ai du commerce et de toutes les vilenies mercantiles par dessus la tête, et je ne respire qu'après le jour où je dirai adieu à la boutique. D'ailleurs je n'ai plus rien à y apprendre, et puisque mon étoile n'a pas permis que je devinsse père de famille, je veux jouir de ma liberté. J'ai présentement assez de ressources en moi-même pour me donner l'agrément de transporter ailleurs mon domicile et de changer de métier. Au reste, chère mère, de même que mon nouvel ouvrage devait être le dernier, de même l'effort que je veux faire à la suite pour prendre la position que j'ambitionne sera aussi le dernier.

Si j'échoue dans mon projet, j'en serai quitte pour me résigner à vivre modestement avec les appointements d'un bon commis, et je peux aller, en m'en donnant la peine, de 2 à 4,000 francs. Mais je crois que j'ai beaucoup mieux à faire en ce moment, et je n'aurai pas travaillé dix ans et vécu de privations pendant tout ce temps, en m'efforçant d'apprendre quelque chose, pour m'enterrer tout vivant et sans protester dans mes fonctions de commis.

Je vous embrasse, chère mère. Votre fils respectueux et dévoué.

P.-J. PROUDHON.

Lyon, 22 octobre 1846.

A. M. BERGMANN

Mon cher Bergmann, parce que tu as oublié de répondre à ma dernière, tu t'es sans doute imaginé que
je me piquais d'amour-propre, et que je négligeais mes
relations. Tu t'es trompé, mon cher ami ; et j'espère
que sous quelques jours tu seras à même d'apprécier
les motifs de mon silence. Une publication écrasante,
un métier d'enfer, l'espérance, toujours ajournée, de
t'adresser bientôt mon travail, enfin l'ennui d'écrire
pour ne rien dire, voilà ce qui a retenu ma plume, et
m'a privé de tes nouvelles. Je suis puni de ma longue
temporisation ; ainsi pardonne-moi, et n'aie pas si peur,
à l'avenir, de solliciter un vieil ami quand tu crois
qu'il sommeille.

Mes *Contradictions économiques*, annoncées depuis si
longtemps, ont paru le 15 de ce mois ; elles auraient
dû paraître le 5. Il paraît que mon éditeur m'a soumis
à une censure préalable ; quelques emportements qu'il a
remarqués çà et là dans mes volumes, lui ont donné des
craintes. J'attends tous les jours un envoi de quelques
exemplaires, parmi lesquels se trouve celui que je te
destine ; rien n'arrive, et je me décide à te prier de

prendre un peu de patience. J'ai une douzaine d'amis (c'est beaucoup pour un homme) que je n'oublie jamais ni dans la bonne ni dans la mauvaise fortune, qui font partie essentielle de mon existence, et à qui je pense tout d'abord, dans tout ce que j'entreprends et quoique qu'il m'arrive; tu es toujours le premier de la liste. Mais toi, époux, père de famille, savant en *us*, et en *ès*, ne serais-tu point sujet au refroidissement? Y a-t-il encore quelque chose de commun entre le célibataire et l'homme marié? Parle, réponds-moi, rassure-moi; je te le demande, j'en ai besoin...

Tu verras sans doute, après m'avoir lu, que l'ouvrage qui paraît en ce moment sous mon nom est le dernier de cette taille que je ferai, et que désormais il ne me reste plus qu'à poursuivre l'application des lois générales exposées dans mon livre, si tant est que ces lois soient exactes. A partir de ce jour, je rentre sérieusement dans la vie active, dont je suis sorti, en 1840, par ma publication du *Dimanche* et de la *Propriété*. Ma période d'investigation pure est finie; une nouvelle carrière commence pour moi, et je saurai bientôt si je vaux réellement quelque chose, ou si je dois me résigner à boire, manger, travailler, flâner et mourir, comme les neuf cent quatre-vingt-dix-neuf millièmes de l'espèce humaine. — Comme homme d'affaires, avec les connaissances pratiques que j'ai acquises, et la petite réputation que je me suis faite, je puis me créer encore une existence confortable; j'aspire à quelque chose de mieux, et plus je compare mon individualité avec tant d'autres, plus il me semble que j'ai droit de prétendre à un plus noble rôle; tu me diras là-dessus la vérité sans ménagement. Le moment est décisif; il s'agit pour moi de vie ou de mort morale.

J'ai écrit à notre pauvre défunt Ackermann, un mois avant sa mort, une lettre telle qu'en pareille circonstance un vieil ami pouvait seul en écrire; je demandais avec instance des détails sur sa maladie. Je n'ai reçu de réponse que huit jours après le décès, par une circulaire lithographiée d'enterrement. Donne-moi toi-même des renseignements sur cette triste mort.

Je compte être à Paris courant novembre pour mettre en train la réforme économique à laquelle je travaille; d'ici là tu peux m'écrire encore à Lyon.

T'ai-je informé de la mort de mon père, arrivé le 30 mars dernier? Cet événement a été pour moi singulièrement triste; je m'étais promis que ma situation changerait avant la mort de mon père, de telle sorte que le pauvre vieillard emporterait en mourant la satisfaction de voir son fils parvenu à une position convenable. Le ciel en a disposé autrement, et j'en ai ressenti une vive mortification.

Mes respects et hommages à ta femme, Mᵐᵉ Bergmann, et permets que j'embrasse ton fils ainsi que toi.

Adieu, ton ami,

P.-J. Proudhon.

Lyon, 7 novembre 1846.

A M. GUILLAUMIN

M. Guillaumin, j'ai reçu les 14/12 exemplaires de mon ouvrage, que vous me facturez au prix de 11 fr. 50 l'un, ensemble 138 francs.

J'ai payé pour port du ballot 4 fr. 20, pour chaque exemplaire, dont j'aurai à vous tenir compte. Le surplus du prix de vente servira pour la commission du libraire, et le remboursement de mes avances.

Les deux exemplaires que vous aviez envoyés avaient été d'abord enlevés sans que les libraires s'inquiétassent le moins du monde d'en faire revenir. Vos confrères méritent bien l'éloge que vous faites de leur intelligence. Je vous accuse aussi réception de votre règlement en quatre billets, montant ensemble à 1,000 francs, d'après nos conventions; vous en êtes convenu, sauf bonne foi.

Vous pouvez remettre au critique dont vous me parlez un exemplaire de chacune de mes publications. C'est le droit de tout critique d'avoir le livre dont il doit rendre compte; comme c'est son devoir de formuler pour le public, et de motiver son jugement. J'ignore quel est celui de vos rédacteurs qui s'apprête à m'échiner; mais

je compte que votre conseil de rédaction ne me refusera
pas la faculté de répliquer, s'il me convient d'en faire
usage. Vous me l'avez promis; la loi me l'accorde, et
l'intérêt de la discussion le réclame. Je vous déclare
cependant que, si pour faire insérer mes réponses je
devais recourir au ministère de l'huissier, je renonce-
rais à tout.

Je regrette de n'être point d'accord avec vous sur les
motifs d'exclusion par lesquels vous prétendez justifier
votre spécialité étroite d'éditeur économiste, et je vous
dirai tout net que si, dans votre commerce, vous êtes
asservi à une loi de proscription, comme un bouqui-
niste de séminaire, contre tout ce qui peut contrarier
les idées de vos patrons, vous n'êtes plus dans les conditions du libre examen, de la presse libre, ni même
du libre échange. Il ne s'agit point de déshonorer votre
établissement par toutes les rapsodies qu'il peut venir
en tête des socialistes de publier, ni de donner cours à
de sales pamphlets; il s'agit, comme j'avais l'honneur
de vous le dire dans mon avant-dernière, de faire de
votre magasin le champ de bataille des idées sociales,
lesquelles sont en train, comme vous pouvez voir, de
noyer les idées politiques, mystiques, diplomatiques et
philosophiques. D'ici à deux ans, l'Economie politique
ou Economie sociale, ou science économique, ou tout
ce qu'il vous plaira, sera tout dans l'opinion, et tiendra
la tête de l'encyclopédie humaine; mais cette science
est en train de se construire, et, si elle n'est pas faite,
on peut déjà en distinguer les belles proportions.

Provoquez-donc, autant qu'il est en vous, la lutte
des idées; surtout, tâchez d'avoir pour rédacteurs des
hommes d'un esprit plus élevé et plus compréhensif
que ceux qui rédigent habituellement votre Revue, et

dont le rôle, comme le mien, est d'être combattants, mais non pas juges.

Messieurs les économistes, ne vous en déplaise, *ont encore* trop de choses à apprendre pour être absolument compétents, même dans leur propre spécialité. Ceci soit dit sans que je veuille aucunement diminuer à vos yeux le mérite de vos amis. Ce n'est pas avec des mots qui ne signifient rien, comme *laissez faire, laissez passer*, qu'on peut aujourd'hui donner satisfaction à des hommes qui demandent : *Que faut-il faire, et par où faut-il passer?* Je prévois que les socialistes vont s'écrier que j'ai exterminé l'Économie politique, mais que je n'ai pas touché le socialisme du bout du doigt : il en sera de même, mais en sens inverse, des économistes. Si je pouvais faire battre tout le monde, j'aurais obtenu justement le résultat que je me suis proposé : la réconciliation universelle par la contradiction universelle.

Mais notre public n'en est pas encore à comprendre cela.

Avez-vous envoyé à mon traducteur Grün, rue du Perche, 7, les feuilles 23 à 34 du deuxième volume ?

Je vous serre la main de tout mon cœur, monsieur Guillaumin.

P.-J. PROUDHON.

Lyon, 21 novembre 1846.

A M. GUILLAUMIN

Monsieur Guillaumin, je réponds à votre lettre du 17 courant, qui me parvient seulement aujourd'hui. Je suis de plus en plus étonné de la niaiserie des lecteurs dont vous recevez les commérages.

En ce qui concerne la Divinité, je débute dans mon prologue par une hypothèse; c'est-à-dire que je me pose la question d'examiner si Dieu existe.

Chemin faisant, et instantanément au chapitre VIII, je constate que, si Dieu existe, il n'est pas tel que nous nous le figurons; mais qu'il nous est *adverse* et *antipathique;* au chapitre XI, quatrième paragraphe, je détermine plus précisément quelle est l'essence de Dieu, comparativement à la nôtre, et je conclue que la destinée de l'homme sur la terre est une lutte contre Dieu.

Au chapitre XIV, dernière page, derniers paragraphes, je laisse échapper un nouveau doute, celui de l'immortalité, ce qui veut dire pour moi, de la réconciliation de l'homme avec Dieu. Enfin il est assez visible que ces contradictions, ces antipathies, doivent s'entendre en un sens plus élevé, plus philosophique, que la haine d'un républicain pour Louis-Philippe, et qu'il s'agit ici de tout autre chose. L'antagonisme des principes, chez moi, est le fait qui sert à établir la nécessité respective et réciproque des principes; en sorte que, si Dieu et l'homme sont opposés, ils sont par cela même nécessaires l'un à l'autre, et que leur existence est incomplète à tous deux tant qu'ils ne sont pas réconciliés. Ceci vous doit sembler, je n'en doute pas, fort obscur; mais je ne puis à cela rien faire, si ce n'est de vous inviter à apprendre la logique. Si je vous parlais algèbre, vous ne me comprendriez pas mieux, et je ne pourrais vous dire qu'une chose, ce serait d'apprendre l'algèbre.

Ne vous effrayez pas du procureur du roi. Je n'insulte personne, aucune classe de la société, aucune religion. J'ai le droit de discuter tous les principes, de les combattre, de les restaurer, etc.; et si j'ai choisi une forme tout à fait dramatique, cela n'est qu'une affaire de littérature et de goût.

Je pars demain matin pour Besançon, d'où je vous enverrai des exemplaires de mon ouvrage sur la Propriété, dont il ne me reste plus qu'une soixantaine. Prenez-en donc chez Prévot, en attendant.

J'ai reçu le numéro du *Mémorial bordelais* que vous m'avez sans doute adressé, et j'attends la suite avec impatience. Ce M. Brunet est tout à fait réjouissant et honnête de me fournir lui-même les faits qui servent le mieux à démontrer ma thèse. Encore quelques articles comme celui-là et je n'aurai pas besoin de me tourmenter pour chercher mes épreuves.

Je présume que MM. les économistes ne m'oublient pas non plus. C'est aussi une réconciliation que nous aurons à faire, eux et moi; mais il faut qu'ils s'expliquent et me réfutent point par point, comme je fais pour eux.

Allons, morbleu! monsieur Guillaumin, n'ayez point de peur. Il en sera de tout ceci comme des querelles des jésuites et des jansénistes : il y aura un peu de scandale, mais nos petits-enfants se moqueront de nous.

Je vous salue cordialement.

P.-J. PROUDHON.

P.-S. — Je place tous es jours des exemplaires de notre nouvelle publication. Écrivez-moi a Besançon chez Gauthier frères, rue Neuve-Saint-Pierre, si vou avez quelque chose a me dire.

Lyon, 13 décembre 1839.   .

A M. TISSOT

Mon cher monsieur Tissot, votre lettre, après m'avoir
suivi à Besançon, et de Besançon à Burgille-lez-Mar-
nay-sur-l'Ognon, est revenue toujours à ma piste, à
Lyon où j'ai eu enfin le plaisir de la recevoir.

Je suis sensible aux marques d'amitié que vous
voulez bien me témoigner; mais pourquoi me grondez-
vous?

Je n'ai point fait mention de vos critiques pour trois
raisons : d'abord, pour vous traiter avec tout l'honneur
qui vous est dû, il m'aurait fallu cent pages, ce qui ne
convenait ni aux proportions de mon livre, ni à mon
éditeur; — ensuite, je me réserve de reprendre avec
vous cette question inépuisable de la Propriété dans
une publication spéciale; — enfin la plupart de vos
objections, comme vous dites, ou rentrent dans celles
que je réfute, ou font partie de la *thèse*, c'est-à-dire
qu'elles subsistent à côté des arguments mêmes qui
servent à renverser la Propriété.

En réalité, je n'ai point à vous réfuter, sauf le cas
où les motifs que vous donnez de l'établissement de la
Propriété ne seraient pas les véritables. J'ai à prouver

simplement, comme je l'ai fait depuis 1840, que la Propriété qui se constitue nécessairement dans la société,
s'y détruit aussi nécessairement.

Voilà ce que j'entendais déjà, dans mon premier
Mémoire, quand je disais que je n'étais ni propriétaire,
ni communiste, double négation qui revenait à dire :
la Propriété et la communauté sont deux antinomies,
leux principes à la fois irréalisables et nécessaires.

Je sais que cette dialectique hégélienne n'est pas de
votre goût, et, comme vos confrères de la Sorbonne,
vous accusez de scepticisme ceux-là même qui prétendent avoir à jamais renversé le scepticisme. Je ne veux
point entamer cette discussion dans une lettre; je vous
dirai seulement que la logique de Hegel, telle que je la
comprends, satisfait infiniment plus ma raison que tous
les vieux apophthegmes dont on nous a bourrés dès l'en-
fance, pour nous rendre compte de certains accidents de
la raison et de la société.

Qu'est-ce à dire, je vous le demande, que toutes ces
maximes surannées : *Chaque chose a ses avantages et
ses inconvénients; — la sagesse est dans le milieu et fuit
les extrêmes; — ne pas confondre l'usage et l'abus*, et
autres balivernes, qui à l'analyse se réduisent à des
conceptions absurdes?

En lisant les Antinomies de Kant, j'y avais vu, non
pas la preuve de la faiblesse de notre raison ni un
exemple de subtilité dialectique, mais une véritable loi
de la nature et de la pensée. — Hegel a fait voir que
cette loi était beaucoup plus générale que n'avait paru
le supposer Kant; et, sans qu'il soit besoin de suivre
Hegel dans son infructueuse tentative de construire le
monde des réalités avec de prétendus *a priori* de la
raison, on peut hardiment soutenir, ce me semble, que

sa logique est merveilleusement commode pour rendre raison de certains faits que nous ne savions auparavant considérer que comme les *inconvénients*, les *abus*, les *extrêmes* de certains autres.

P.-J. PROUDHON.

Paris, 26 janvier 1847.

A M. LE DOCTEUR MAGUET

Docteur, j'ai eu l'honneur de vous faire adresser par le nommé Dessirier, compositeur au *National*, deux volumes in-8°, brochés, ayant pour titre : *Système des contradictions économiques*, ou *Philosophie de la misère*. Il m'a paru que, si le premier de ces titres dénotait un sujet hors de votre compétence, le second pouvait rentrer dans les attributions d'un médecin. Mais ce n'est pas pour le moment ce dont il s'agit. Si je ne dois plus compter de vider avec vous ce verre de vieux rouge que vous me vantez depuis dix ans, ne pourriez-vous du moins m'accuser réception de mes bouquins ?...

En un mot, c'est un signe de vie que j'attends de vous, mon cher docteur. Comment ! nous devions faire vendanges ensemble à Dampierre, et c'est à Paris, le 24 janvier, que j'apprends que vous êtes à Voves ! On ne sait plus à quoi s'en tenir sur vos résolutions. Est-ce que, pendant que sur votre percheron vous patrouillez dans les crottes de la Beauce, votre âme est définitivement enchaînée et rivée sur cette terre maudite ? Qu'est-ce donc qu'il y a ? Je vous invite, à pre-

mière occasion, à me le venir dire en face, rue Mazarine, 40, car en vérité vous ne méritez pas que l'on
se dérange pour aller à Voves chercher de vos nouvelles.

Je suis venu faire un tour pour voir ce qui se passe,
juger l'état des esprits et prendre un parti définitif
pour ce qui me concerne. Nous en causerons, et vous
verrez si je n'exécute pas avec la même promptitude
que je me décide. Mais auparavant j'ai envie de donner
une bonne brûlée aux économistes et aux autres. Au
lieu d'un livre, ce sera de pur pamphlet, ce qui vous
amusera davantage, et moi aussi.

A quand le rendez-vous ? Si vous ne pouvez venir
bientôt, écrivez-moi ; j'attends cet effort de votre
paresse, comme une fiche de consolation.

Je vous embrasse.

P.-J. PROUDHON.

Paris, 6 février 1847.

A Mme PROUDHON

Ma chère mère, je suis arrivé bien portant et n'ai encore rien perdu de ma santé et de ma bonne humeur. J'ai seulement l'ennui de n'avoir rien fait du tout depuis quinze jours. Antoine Gauthier et sa femme sont arrivés presque en même temps que moi ; et il m'a fallu travailler à un projet nouveau, et par conséquent laisser de côté mes propres affaires.

Je n'ai donc rien à vous apprendre encore des résultats de mon voyage. Le pain, dit-on, augmente toujours ; il est possible qu'il aille jusqu'à dix sous la livre. Alors il y aura famine. J'espère que vous n'aurez point à en souffrir, et que tout ira au mieux pour vous.

Charles a-t-il toujours mal ? A-t-il vu le père Renaud ? Où en sont les affaires ?

Écrivez-moi, alors même que je ne vous écris pas ; cela me tranquillise, et, quand il y a du mal, il vaut mieux que je le sache tout de suite que trop tard.

Je vous embrasse, chère mère, et toute la famille.

Votre fils,

P.-J. PROUDHON,
Rue Mazarine, 46, hôtel du Perche.

Paris. 17 février 1847.

A MADAME *** (1)

Madame, j'ai reçu, il y a quelques jours seulement, des mains de M. Guillaumin, l'ouvrage que vous avez bien voulu me communiquer, ainsi que l'aimable et pour moi trop flatteuse lettre qui l'accompagnait.

Je ne crois point du tout, Madame, que j'aie exprimé en trente pages *plus d'idées fortes et justes que vous n'en avez rencontré dans toute notre philosophie contemporaine ;* il me suffirait, pour ne me point rendre à un pareil éloge, du livre même que vous venez de m'adresser.

Je croirais plutôt, chose qui m'a été confirmée par des personnes compétentes, que j'ai assez heureusement fait l'application de quelques parties de la métaphysique, à cette science si mal à propos nommée par ceux

(1) Vers la fin de l'année 1846, P.-J. Proudhon recevait, avec une lettre d'envoi de l'auteur, un volume qui venait de paraître à la librairie Amyot sous ce titre : *Essai sur la liberté considérée comme principe et fin de l'activité humaine.* Le volume portait un nom littéraire encore peu connu, devenu plus tard illustre : *Daniel Stern.* La lettre était signée du nom véritable de l'auteur. C'est à l'occasion de cet envoi que Proudhon écrivit à *Madame la comtesse d'Agoul* les deux lettres qu'on va lire.

même qui l'enseignent : *science des intérêts matériels*, et
que j'appelle, moi, l'histoire naturelle de la société. Si
j'avais réussi à utiliser, ou pour mieux dire à réaliser
de la sorte les idées transcendantales de nos philosophes, je me croirais suffisamment récompensé de mes
travaux; j'aurais planté un jalon dans ce vaste réseau
de triangulation sociale.

Votre *Essai sur la liberté*, que j'ai lu tout entier, a
été pour moi d'un effet agréable, mais encore plus utile.
J'ai trouvé un grand contentement d'esprit à observer
comment, dans l'intelligence plutôt spontanée que rai-
sonneuse, plus sympathique que créatrice, d'une femme,
se traduisaient les idées gigantesques des modernes
penseurs. Je ne vous parlerai pas du style, auquel j'ai
trouvé généralement des qualités viriles, qui m'auraient
trompé sur le sexe de l'auteur, s'il n'avait eu la bonté
de me prévenir lui-même sur ce point. Je ne considère
pour le moment que la substance de votre travail, et
je vous avoue, Madame, que j'ai été surpris de cette
puissance d'assimilation, qui rend chez vous si natu-
relles et simples des choses que nous autres théoriciens
à grand effet ne produisons qu'avec le secours des
plus puissants appareils. Ç'a été pour moi une preuve
de plus que toute vérité, selon qu'on l'envisage, peut
paraître tour à tour excessivement simple ou excessivement complexe.

Je voudrais cependant, Madame, pour être tout à fait
d'accord avec vous, retrancher d'un ouvrage où brillent
à la fois tant de facilité, de haute raison, de connaissances acquises et de sentiments généreux, les lieux
communs relatifs à l'émancipation de la femme et à
l'abolition de la peine de mort. Il y a, sur ces deux
graves questions, autre chose à dire que tout ce qu'ont

débité George Sand et Beccaria, deux écrivains d'une égale puissance de verbiage, mais aussi d'une égale incapacité philosophique. Je n'insisterai pas avec vous, Madame, sur ces matières scabreuses ; c'est assez, c'est trop déjà que j'aie le malheur d'être avec vous en dissentiment sur quoi que ce soit. Mais je n'ai pu me défendre de vous dire toute la vérité, j'entends par là toute mon opinion, sur votre livre ; d'autant mieux qu'il me semblait par tout le reste qu'il vous appartenait plus qu'à personne de ne pas suivre l'ornière de nos romanciers philanthropes.

Agréez, Madame, mes sincères remercîments et mes salutations respectueuses.

P.-J. PROUDHON.

Paris, 25 juillet 1847.

A MADAME ***

Pardieu! Madame, vous l'avez trouvé tout du premier coup. Je n'ai pas la bosse de la vénération, et si
je forme un vœu, c'est de l'écraser sur le front de tous
les mortels. Que me sert d'être affranchi de la crainte
de Dieu, de l'autorité de l'Église et de faire la nique
au père Lacordaire, si c'est pour retomber sous le joug
des éclectiques, des économistes, des socialistes, des lit-
tératuristes, de toutes les coteries, enfin, qui se dispu-
tent l'attention et l'argent du public? Quand j'ai cessé
d'adorer Jésus-Christ, pourquoi voulez-vous que je
fasse la politesse à George Sand, et que je couronne
Beccaria?

Beccaria, dites-vous, grand esprit, grand cœur!.....

Madame, savez-vous quel était mon père? C'était un
honnête brasseur, à qui l'on ne put jamais faire entrer
dans la tête que pour gagner de l'argent il fallait vendre
au-dessus du prix de revient. Il soutenait toujours
que ce serait du bien mal acquis. « Ma bière, répétait-il
toujours, me coûte tant, mon salaire compris : je ne
puis la vendre plus! » Qu'arriva-t-il? Mon brave homme
de père vécut pauvre, mourut pauvre, et laissa des
enfants pauvres.

Pourtant il suivait, sans s'en douter, le même principe qui devait conduire un de ses fils à cette proposition étrange : *La propriété, c'est le vol!* C'était un grand cœur assurément que cet artisan qui eut le courage pendant trente ans de fermer sa porte à la fortune; je dirai de plus que c'était une pure intelligence que celle qui ne put jamais concevoir la nécessité de l'inégalité.

Or, est-ce que la postérité se souviendra du nom de mon père?

Laissons donc, Madame, votre Beccaria. La célébrité donnée à ce déclamateur est une injustice à la mémoire d'un million d'hommes qui ont valu autant que lui, et qui pour toute récompense ont trouvé le néant. Beccaria, ému comme toutes les âmes généreuses de son temps, de l'abus des supplices et de l'atrocité de la torture, rédigea, tant bien que mal, la protestation qui était dans tous les cœurs. Mais, comme philosophe, il reste fort au-dessous de la tâche; il ne conçut point la théorie de la peine, et s'arrêta dans une philanthropie doucereuse, aussi éloignée de la vérité que le communisme l'est de l'organisation.

Le nom de Beccaria est resté en vénération parmi les criminalistes. C'est justement pour cela que je voudrais abattre cette idole. Avec Beccaria, la philosophie s'est arrêtée dans l'intelligence du délit et de la peine ; le jour où les recherches recommenceront, Beccaria ne sera plus rien.

Ceci vous fait pressentir, Madame, quelle sera ma réponse à une autre de vos questions. Vous me demandez pourquoi ces attaques acerbes, personnelles, incessantes, contre quiconque, dans le monde savant ou lettré jouit de quelque considération ?

D'abord, je ne crois pas que j'attaque tout le monde,

et je pourrais citer plus d'une exception. Mais passons
Est-ce que vous vous seriez imaginé qu'en prenant la
plume j'ai eu en vue de faire mon chemin dans la littérature, dans l'administration ou dans la presse? Non,
Madame, je ne suis point homme de lettres et n'ai
aucun des préjugés, aucun des embarras de cette profession. Je suis, à proprement parler, hommes *d'affaires*.
Comme tel, j'ai compris tout d'abord quel abîme me
séparait de tous ceux qui, sous des noms divers, s'occupent des intérêts du peuple et des choses de la
société; j'ai vu que l'habileté suivant la coutume, c'est-
à-dire la politesse, la dissimulation, les égards, les
ménagements, seraient de l'inhabileté, et j'en ai sur-le-
champ pris mon parti. J'aurai raison contre tout le
monde ou je succomberai à la peine.

Raison contre tout le monde! pensez-vous. Et pourquoi pas, si en même temps tout le monde est de mon
avis? Le nombre des adversaires vous épouvante; il
m'anime, au contraire. Car je crois que dans la
carrière antireligieuse, antipropriétaire, antimonar-
chique, etc., etc., où je suis entré, s'il y avait une seule
opinion avec laquelle je ne fusse pas en désaccord, je
ne serais plus d'accord avec moi-même, j'aurais tort
infailliblement. Au point de vue de mes théories, je
devais donc faire ce que j'ai fait; quant aux personnalités, vous me permettrez, Madame, de vous renvoyer
à la neuvième satire de Boileau :

Qu'on prise sa candeur, et sa civilité, etc.

Vous savez comme il traita Chapelain. Or, pensez-
vous, Madame, quand au lieu d'hémistiche il s'agit de
liberté, de droit au travail, de répartition des produits.

d'égalité, non-seulement devant la loi, mais devant la fortune, de responsabilité, de bonnes mœurs; quand il y va du salut du peuple, plus que cela, du progrès de la civilisation et de toute la dignité humaine, pensez-vous, dis-je, que je n'aie pas raison de me révolter, et, si je nomme mes adversaires, que je ne sois pas cent fois plus excusable que Boileau?

Il se peut que je me trompe, mais mon parti en est pris, et je n'en reviens plus. Guerre à tout ce qui manie une plume! cela est passé chez moi à l'état de théorie, et, si quelque jour je déduisais mes raisons au public, ce ne serait pas pour me justifier, mais bien dans l'espoir que je trouverais des imitateurs. Eh! n'est-il pas grand temps que des esprits libres s'insurgent contre cette coalition de philosophes, de savants, de journalistes, de jongleurs de toute espèce, qui étouffe la pensée et opprime la raison?

Mais pourquoi, dites-vous encore, dévoiler les faiblesses du parti social à des adversaires triomphants? Et pourquoi, répondrai-je à mon tour, ces accommodements éternels avec l'erreur, avec le mal? Nous en porterons-nous mieux de tous ces palliatifs? Connaître ses défauts, c'est déjà une première victoire. Laisser rire nos adversaires : ils sont plus près qu'ils ne pensent des pleurs et des grincements de dents.....

Si j'aspirais à la réputation d'écrivain correct, je croirais comme vous, Madame, que je fais très-mal de prendre mes mots au vocabulaire de Fourrier, de Kant, de Hegel, de Saint-Simon, d'Adam Smith et de beaucoup d'autres, en fort mauvaise odeur à l'Académie. Mais je me soucie de style et de littérature comme de cela. Quand je parle au public, je tâche que mon expression soit bien nette, bien carrée, bien mordante : je

n'ai pas d'autre poétique. Je considère que les langues,
comme les sociétés, se modifient sans cesse ; c'est un
organisme dans lequel il entre continuellement de nouveaux matériaux pendant que d'autres en sortent; vouloir les arrêter à un point quelconque de leur vie, sous
prétexte de pureté, c'est arrêter l'esprit lui-même, c'est
immobiliser la société. De tout temps, les puristes
furent les plus pauvres des penseurs, les plus misérables des écrivains. J'admets volontiers que la langue
de Pascal suffirait pour rendre ce que nous pensons
dans l'idiome des novateurs modernes; mais cela n'aurait plus le même à-propos, la même vigueur, le même
caractère d'actualité. La langue de Pascal a exprimé
tout ce qu'elle pouvait dire; il y a peu de philosophie,
il y a de la petitesse à faire ainsi la guerre au néologisme.

Je serais heureux, je serais fier, Madame, d'obtenir
le suffrage d'une raison aussi saine que la vôtre, et c'est
pour cela que je voudrais profiter de l'aimable invitation que vous me faites d'aller causer avec vous. Mais
je sens, d'un autre côté, qu'une fois la dispute entamée
je ne vous ferais de concession sur rien; que l'intolérance de mes jugements éclaterait avec vous comme
avec M. Blanqui ou le père Cabet; qu'au lieu d'un visi-
teur agréable vous n'auriez plus qu'un disputeur fati-
gant. Votre éducation, vos habitudes, tout enfin vous
sépare d'un homme qui n'a pour lui qu'une immense
colère, et pour qui études, philosophie, économie politique, beaux-arts, sont des instruments de conspiration. Nous rapprocher un instant pour ne plus nous
voir ensuite serait aussi peu digne de l'un que de
l'autre : curiosité de votre part, vanité de la mienne;
en fin de compte, dégoût réciproque et mésestime. Pour

moi, je suis las de ces visites, et ne veux plus de ren-
contres qu'avec mes collaborateurs ou mes adversaires.

Agréez, Madame, l'assurance de mon respectueux
hommage.

P.-J. PROUDHON.

Paris, 26 mars 1847.

A M. MAURICE.

Mon cher Maurice, je vous suis on ne peut plus obligé de l'intérêt que vous prenez à mon sort. Vous savez que ce qu'il y a de précaire dans ma position changera le jour que je voudrai, et je n'ai tant marchandé jusqu'ici que parce que je voulais, avant de me livrer décidément aux affaires, mettre fin à la série d'études économiques que j'ai commencée, et voir ensuite si je ne pourrais me caser mieux selon mes goûts.

Eh bien! mes élucubrations touchent à leur fin; j'entends par là que je ne compte le reste de mes jours traiter que des questions particles, suivant les circonstances et le besoin. D'un autre côté, il m'est à peu près démontré que je n'ai aucun espoir à fonder du côté des lettres et du journalisme; j'ai mérité l'antipathie de tout le monde. Quant au gouvernement, il va sans dire que, fussé-je un Newton en science économique, il n'y a pas de place pour moi. La répulsion que j'inspire est générale: depuis les communistes, républicains et radicaux, jusqu'aux conservateurs et aux jésuites, les jésuites de l'Université y compris.

Ces prémisses posées, il ne me reste plus qu'à régu-

lariser ma position, et c'est ce dont je m'occupe avec
MM. Gauthier. Après leur avoir fixé mes conditions de
travail, je les ai priés de poser eux-mêmes les chiffres ;
ils m'ont répondu : pose-les toi-même. Et nous voilà à
faire assaut de modestie et de confiance. Je terminerai
ce joli différend au premier jour, puisqu'on m'en prie.

Je regrette fort les ennuis que vous donnent mes
honorés cousins, que j'accuse ici beaucoup plus que
leur père. Je crois même entrevoir que ces messieurs
ont profité de la communauté où ils vivaient tous, il y a
un an, pour laisser prendre tous les engagements par
leur père, sauf à dire ensuite que sa signature ne les
obligeait pas. C'est une rouerie grossière et malhonnête,
à laquelle ils ont été conduits par leurs divisions intes-
tines et leur manque absolu de savoir-vivre.   .

Le Code de commerce appelle cette manière de payer
ses dettes : faillite ou banqueroute. Vous sentez bien
que le pauvre vieux Brutus, abandonné par ses deux
fils les plus capables (le troisième est idiot, le quatrième
timbré, et le père ne vaut guère mieux) ; vous sentez,
dis-je, qu'il n'est plus en état de s'acquitter, ses deux
fils l'ayant laissé sans autorité, sans travail et sans
avoir. Si donc vous voulez poursuivre, je crois que
vous feriez bien d'assigner tout à la fois les fils et le
père, d'avoir un jugement qui les condamne solidai-
rement, vu que le billet souscrit par le père l'a été pour
la communauté.

En attendant, voici la lettre que vous me demandez,
et que vous cachetterez et enverrez après lecture.

Je vois quelquefois M. Convers. Il m'a donné pour
raison de son vote, dans l'adresse, que l'opposition
n'était à ses yeux qu'une coterie d'intrigants, n'ayant
pas un principe, pas une idée, pas une tendance qui

les distinguât réellement des conservateurs ; qu'il ne voyait dans toutes les disputes que jalousie et amours-propres en jeu ; et que dans sa conscience, et surtout en présence des récriminations de l'Angleterre, il n'avait pas cru devoir donner tort à un ministère, qui pour la première fois tenait tête à l'étranger. Tout cela peut être sincère et vrai ; mais il reste toujours que Convers s'est laissé enrégimenter dans l'opposition par ses propres électeurs ; que, malgré la liberté du vote, il y a dans l'élection quelque chose qui, relativement à la marche générale des affaires et à la couleur à suivre, ressemble à un mandat impératif ; que, quand on se sépare, il faut le faire hautement et à la suite d'explications, etc., etc. C'est ce que sentait très-bien Demesnay, l'homme au sel, qui, tout conservateur déclaré qu'il est, aurait souhaité que Convers ne se séparât pas si brusquement de ses amis.

Je regrette ce vote de Convers ; je le regarde comme une faute de jugement de sa part, bien plus que comme une apostasie ; je pense de lui qu'il n'a pas la conscience assez robuste pour émettre un vœu que secrètement il désapprouve, ni le caractère assez fort pour accuser en face son parti, comme fit une fois Lamartine ; et je crois, pour moralité de tout ceci, que le mandat de député ne convient qu'à des âmes énergiques ou à des imbéciles. Convers n'est ni l'un ni l'autre.

Je n'ai visité encore aucune loge : je n'ai pas le temps ; et, si je tenais à faire connaissance des pères bisontins, braves gens en général, je ne suis pas pressé d'aller me faire tuiler par ceux de Paris.

J'ai entendu parler ici des prédications de Hennequin. Je n'ai pas l'honneur de connaître ce parleur, et j'ignore si je dois le ranger, avec Muiron, dans la catégorie des illuminés, ou avec Considérant, dans celle des mystificateurs. Mais le fait est que le fouriérisme apparaît ici comme une grande mystification, avec laquelle on tire de l'argent aux niais, sous couleur de préparer l'émancipation du peuple. Ces gens-là sont du ressort de la police correctionnelle ; heureusement pour eux que MM. les gens du roi ne comprennent rien à l'Économie politique.

Je vous prie, mon cher Maurice, de présenter mes hommages à Mmes Blecher et mes amitiés de vieux garçon à Mlle Laure. Je vous remercie de l'attention que vous avez pour ma mère ; j'ai appris, il y a quinze jours, qu'elle allait toujours mieux.

Tout à vous,

P.-J. PROUDHON.

Lyon, 30 mai 1847.

A M. MAURICE

Mon cher Maurice, je reçois aujourd'hui, 30 courant, votre lettre du 30, à laquelle je m'empresse de répondre, en attendant que je puisse vous fournir les renseignements que vous désirez. — Un voyage que j'ai fait à Dijon, pour cause de procès, et qui a duré du 5 au 28, m'a privé du plaisir de vous lire, et par conséquent de satisfaire à vos diverses questions.

MM. Gauthier ont fait un essai de service sur Paris; cela m'a donné d'abord quelque besogne, et m'a détourné de mes occupations. Mais ils viennent de traiter avec un correspondant, et je n'ai plus désormais à m'occuper de ce côté-là. C'est un point qui ne me regarde pour ainsi dire plus et sort de ma spécialité.

L'affaire qui a exigé ma présence à Dijon est un procès assez grave, et relatif à des transports de grains. — J'ai trouvé, en arrivant, un long Mémoire de nos adversaires, ce qui m'a obligé d'en faire un autre, et la cause a été ainsi renvoyée, d'abord du 11 au 25, puis du 25 au 5 juillet. Dans ce voyage j'ai pu causer de l'avenir avec M. Gauthier jeune, et voici à peu près de quoi nous sommes convenus :

Mes premières conditions avaient été de 300 francs par mois et un petit intérêt. Depuis, ayant eu la perspective de la direction d'un journal nouveau, j'ai témoigné à ces messieurs le désir de cumuler les deux choses, c'est-à-dire de renoncer à l'intérêt et par conséquent à un travail annuel dans leur maison, de leur donner seulement de temps à autre le coup de main dont ils auraient besoin, et de m'attacher à une publication plus conforme à mes antécédents et plus en rapport avec mes espérances.

Adopté.

Il est possible que je change encore une fois d'avis, et que, faisant de la maison Gauthier frères mon affaire principale, je m'occupe seulement par surcroît du journal qui doit rester *hebdomadaire;* ceci dépendra de la tournure que prendront les choses lorsque la publication sera commencée.

Quoi qu'il arrive, je regarde ma position comme faite, soit de ci, soit de là. — Je profite d'un répit de quelques semaines pour achever une dernière publication, qui doit servir, ou de *manifeste* au journal, ou de plan à quiconque voudra suivre la même ligne socialiste et politique.

Voilà ma situation nette; il y reste, comme vous voyez, encore quelque incertitude, provenant de ce que le journal est *à faire*, et ne peut commencer à paraître avant quatre mois; et ensuite de ce que je ne puis renoncer à cette entreprise, qui, si je ne me trompe, doit me poser devant le public, et amener rapidement le succès de mes théories, ou ma déconfiture (comme économiste).

C'est cette incertitude qui en ce moment cause toute ma gêne. Je suis, pour employer un mot à la mode, dans un état de *transition* peu agréable, et placé à une croisée de route où je ne sais quel parti prendre. Serai-je tout à fait homme d'affaires ou tout à fait publiciste? Serai-je l'un et l'autre, et comment se résoudra la question de mon bien-être matériel? Je vous l'ai dit en partant : la solution ne peut se faire longtemps attendre, et je souffre, moi si affirmatif, si incapable d'indécision, je souffre de cette situation ambiguë.

Je vous raconte toutes ces choses, mon cher Maurice, avec une simplicité d'enfant. — Il en est de moi comme d'un joueur ou d'un ivrogne : je prends les plus belles résolutions, et je les tiens à merveille, tant que je n'ai à ma portée ni les cartes ni le vin ; mais vienne l'occasion, et je retombe misérablement. C'est une espèce de fanatisme à froid, une passion par habitude, quelque chose d'effrayant ; mais ce quelque chose, qui m'a fait faire de grands efforts en tout genre, ce quelque chose qui fait mon malheur, est aussi ce qui fait toute ma force. Je ne serais encore bon qu'à lire des épreuves et à composer des lignes, si la fièvre socialiste ne m'avait lancé dans les études économiques, où je pourrais bien, sans que cela paraisse, avoir fait une révolution. Or, ce sont les études économiques qui tout à coup ont fait de moi un homme propre aux affaires; voilà la filière.

Pendant mon séjour à Dijon, j'ai fait une échappée jusqu'à Burgille, et de là à Besançon, où je n'ai vu presque personne. Le but de cette course était le transfert de ma dette de 4,000 francs de Viancin et consorts à M. Renaud, ex-notaire, qui a opéré le remboursement, et qui, par ce service, m'a débarrassé de créanciers incommodes, et en même temps donné décharge d'hypothèques sur quelques brimborions qui périssaient faute de pouvoir être vendus. Mon frère, un peu plus à l'aise par cette combinaison, me sera moins à charge; moi-même, je serai plus libre dans mes mouvements; et notamment, je pourrai songer au remboursement de ce que je vous dois, avant de penser aux 4,000 francs par lesquels dans le cas contraire il m'aurait fallu commencer.

Mes appointements, de quelque façon qu'ils se composent, augmentés du produit de quelques publications, me donneront, je crois, de quoi vivre à l'aise, soulager ma mère, et payer une annuité de 1,000 francs à mes divers créanciers. — La maison du Petit-Battant vendue ferait un grand coup. Je n'ai pas besoin de vous en dire davantage, vous voyez mon état. Comptez donc, mon cher Maurice, comptez bien que je ne vous perds pas de vue; si je n'avais que vingt-cinq ans, j'oserais me flatter de faire fortune; mais j'approche la quarantaine, et je veux jouir par l'esprit avant de mourir; c'est ce qui fait que j'applique plus mon activité aux idées qu'à l'argent.

En passant à Besançon, j'ai appris que le plus jeune de mes cousins avait été conduit par la gendarmerie dans une maison de santé; le malheureux est devenu fou. Je n'ai pas de nouvelles de ses frères et de Brutus.

Votre *post-scriptum* sur le bateau triomphal préparé par Bichet pour l'ovation de Convers m'a diverti fort; mais n'est-il pas étrange que des hommes d'opposition reprochent au député de leur choix de négliger leurs affaires personnelles?

J'ai appris l'aventure de L*** par Bernard. Je ne croyais pas votre confrère si près de sa fin, et n'ai pu encore obtenir des renseignements sur les causes de sa ruine. — Je trouvais à L*** un esprit faux et une con-

science douteuse. Mais il me semblait que, n'ayant qu'à
suivre un commerce bien établi, il avait peu à craindre
une catastrophe; me suis-je trompé? je l'ignore.

Je retournerai probablement à Dijon dans cinq semaines; et de là j'irai à Lyon mettre à exécution une
partie du plan que je vous ai tracé plus haut. Je crois
mon sort dans mes mains; en travaillant fort et ferme,
je pense que l'année sera bonne pour moi, malgré la
misère.

Mes respects, s'il vous plait, à ces dames, et puisque
Mlle Laure a la bonté de se souvenir de moi, qu'elle
me permette de l'embrasser sur chaque joue.

Tout à vous.

P.-J. PROUDHON.

Paris, 4 juin 1847.

A M. BERGMANN

Mon cher Bergmann, tu m'en croiras si tu le veux, mai j'ai été obligé de me donner congé aujourd'hui pour t'écrire, ainsi qu'à quelques amis qui ne manquent pas de dire, ainsi que toi, que je les délaisse. Sans autre préambule, je commence par te rendre compte de mon temps.

J'ai d'abord reçu ta lettre d'octobre dernier, répondant à la mienne, par laquelle je t'annonçais l'envoi de mon ouvrage. Je suis également en possession de ta missive du 7 avril, contenant tes reproches d'amitié et tes critiques; si tu m'as adressé d'autres lettres, je ne les ai pas reçues.

Qu'ai-je donc fait dans l'intervalle de tes deux épîtres et surtout depuis la dernière ?

En octobre, novembre et décembre, les affaires et les procès de la maison m'ont retenu à Lyon, presque continuellement; j'ai eu l'agrément de voir arriver à bien plusieurs de ces litiges dont l'étude forme la partie essentielle de mes fonctions, et dont l'importance financière varie depuis 50 jusqu'à 200,000 francs. J'en suis au huitième arrêt de Cour royale, rendu sur les con-

clusions de mes Mémoires. Tu vois que, si je suis utopiste dans mes livres, je suis assez praticien dans les
affaires ; j'ajoute qu'à mes yeux je raisonne partout de
la même manière, et toujours d'après les mêmes principes, mais diversement exprimés ; en un mot, ma
théorie et ma pratique sont parfaitement adéquates ; tu
me permettras d'en conclure un favorable augure pour
mes plans de réforme.

J'ai passé presque tout le mois de janvier à Besançon
et à Burgille, petit village où ma mère réside avec mon
frère. J'ai cru un moment que j'allais enterrer la pauvre
vieille ; cela m'a causé beaucoup d'inquiétude et m'a
fait voir combien, après cette mort, j'allais me trouver
seul au monde, et sans affections. Cela m'a donné de la
tristesse ; mais la convalescence de ma mère, mon
départ pour Paris, et une nouvelle affaire monstre de
mes patrons, qui n'ont pas tardé à me suivre, m'ont
bientôt apporté de nouvelles distractions. Pendant un
mois, je me suis trouvé en rapport journalier avec
quarante députés, pour demander au gouvernement
2,000 chevaux avec lesquels MM. Gauthier frères
offraient d'opérer la remonte des blés sur le Rhône, et
d'approvisionner tout l'Est de la France, à un prix de
voiture cinq fois moindre que celui des Compagnies. Il
en serait résulté que le prix du pain aurait été dès le
15 février réduit partout à 20 centimes le kilogramme,
au lieu de 40 et 50 ; c'était, pour tout le pays, un béné-
fiice de plus de 100 millions. Nous avons été parfaitement accueillis des députés, mais poliment éconduits
par MM. les ministres ; cela devait être.

En mai dernier, une autre affaire m'appelle à Dijon,
j'y ai passé presque tout le mois à préparer une cause,
écrire un Mémoire. l'imprimer, etc. C'est donc à peine

si, dans tout ce temps, j'ai pu m'occuper de la solution de mes *Contradictions économiques.*

Actuellement, je suis engagé à donner mes soins à la publication d'un journal hebdomadaire, le *Peuple*, qui devra paraître en novembre ou décembre au plus tard. Le fondateur va se mettre en route pour recueillir les souscriptions d'actions et d'abonnement; j'achèverai mon livre qui servira de manifeste à ce nouvel organe, et nous serons à la besogne, j'espère, vers l'arrière-saison.

D'un autre côté, MM. Gauthier frères, tenant toujours plus à mes services, m'ont demandé de régulariser ma position avec eux; nous sommes convenus de 4,000 fr. par an d'appointements, soit 300 fr. par mois, s'il ne me convient de travailler que quelques mois et à bâtons rompus.

Le journal *le Peuple* me vaudrait 3,000 francs.

Voilà ma vie, ma position, mon avenir. Si je puis une fois parler au public autrement que par des livres, et traîner de force sur le terrain des vraies questions cette canaille de journalistes, d'utopistes et d'économistes, je ne doute pas que la situation générale, dans l'opinion, dans les affaires et dans le gouvernement, ne s'en ressente bientôt. J'espère qu'alors tes bons avis ne me feront pas faute! Dans cette vue, tu permettras que je te compte parmi les abonnés du *Peuple*; 12 francs par an, deux feuilles par semaine.

Venons à tes critiques.

Tu as raison, tout à fait raison, quand, te plaçant au point de vue de la science pure, tu me reproches les personnalités qui, selon toi, déshonorent mon livre; qui, selon d'autres, en font tout le charme. J'ai, comme tu l'as parfaitement reconnu, des inclinations scientifiues; cependant je reste pamphlétaire; est-ce faiblesse d'habitude ou erreur de jugement? Je m'étais posé la question avant de prendre la plume.

Je crois, mon cher Bergmann, que la forme de mon livre, comme de toute polémique, est commandée par la nécessité. Ce que tu me reproches, tient à une théorie que je me suis faite sur la responsabilité littéraire et la personnalité des opinions, théorie qui fera quelque jour la matière d'un numéro de mon journal. Selon moi, en matière de politique, de morale pratique, de science sociale, de tout ce qui tient à la vie active et à l'actualité des sociétés, les théories ne sont pas seulement des idées, des abstractions de l'esprit; ce sont aussi des intérêts, des influences, des coalitions, des intrigues, des personnes...; avec toi, et surtout dans une lettre, je n'ai pas besoin d'en dire davantage; tu vois ma thèse; tu comprends comment sans en vouloir aux personnes je fais, nécessairement et avec préméditation, de la personnalité; enfin, tu sens qu'à tort ou à raison je suis encore guidé en cela par des considérations de science; il faut attendre mes explications avant de me condamner.

Pour tout ce qui regarde tes objections sur Hégel, sur la définition de la valeur, sur le libre échange, sur la possibilité de sortir, par une théorie applicable, de la pratique sociale existante, je te renvoie à ma prochaine publication. Tu y retrouveras la plupart de tes arguments rapportés et réfutés; et quant à la conclusion négative que tu veux tirer malgré moi de mon livre, tu verras par la conclusion *positive* que j'en donne, combien peu étaient fondées tes critiques. Pourquoi affirmer d'avance que je ne puis sortir du système actuel sans tomber dans l'utopie que je réprouve? pourquoi ne pas attendre ma conclusion? J'ai fait une critique, rien de plus ; critique méthodique, il est vrai, et qui contient tous les éléments de ma synthèse, bien que cette synthèse ne s'y découvre pas. Mais lorsque j'affirme que cette synthèse existe, que je la possède, qu'elle satisfait à toutes les conditions du problème ; pourquoi soutenir que cela n'est pas, ne peut pas être ?

Tu me reproches mes étymologies ; si elles te déplaisent, regarde-les comme des calembours, et daigne considérer, chose que j'ai dite quelque part, que je ne les présente que sous bénéfice d'inventaire, et comme moyen de mieux rendre ma pensée ; mais que je ne les garantis pas. J'y crois, à la vérité ; mais enfin ma croyance n'est pas à mes yeux fondée sur une telle certitude que je puisse dire : *Cela est ;* aussi ne présenté-je mes étymologies que comme des aperçus, des analogies ; c'est ce qu'ont fait de tous temps les écrivains.

Tu ne veux pas que je mêle la théologie à la science sociale ; tu me reproches mon *Prologue* et mes digressions sur Dieu, le mal, etc. Je crains fort, mon cher Bergmann, que tu n'aies cédé sur ce point à la mauvaise humeur, car je persiste à croire que les questions sur Dieu, sur la destinée humaine, sur les idées, sur la certitude, en un mot que toutes les hautes questions de la philosophie font partie intégrante de la science économique, qui n'en est, après tout, que la réalisation extérieure, comme le phénomène est l'expression du noumène.

Dis plutôt que nous sommes fatigués de théologie et de métaphysique ; que nous n'aimons plus qu'on nous en parle ; qu'il faut parler de la *misère* et ne pas parler du *mal*, de la valeur des *produits* non de la valeur des *idées*, du gouvernement de l'humanité non du gouvernement de la Providence, etc., etc. Mais tu sens toi-même quelle inconséquence il y a dans cette prétention des esprits blasés ; et, à coup sûr, je n'étais pas homme à m'y soumettre.

Je sens profondément combien il reste à faire pour établir mes théories sur Dieu, l'âme, la destinée de l'homme, la certitude, etc. Mais enfin j'avancerai peu à peu ; et comme après tout je suis certain, parfaitement certain, d'arriver à un résultat positif, immédiat, en économie sociale, je trouve dans cette réalisation un argument en faveur de l'adoption ultérieure de mes autres théories. Oui, te dis-je, la société marche à un état directement inverse de celui où elle est maintenant, et elle y marche par le développement des principes mêmes qui ont fait l'état actuel. C'est ce que je démontrerai jusqu'à l'évidence, par a plus b, indépendamment de toute considération philosophique, politique ou religieuse.

Cette inversion de la société, c'est mon *système;* quand tu auras touché le fait, comme saint Thomas, tu avoueras peut-être que j'avais raison.

En attendant, mon cher philologue, je te supplie de faire pour l'Économie politique ce que tu me recommandes pour l'étymologie. L'Économie politique, vois-tu, c'est la philosophie de la comptabilité ; je te préviens, d'après l'expérience que j'en ai faite, que tout ce qui est comptabilité est à peu près lettre close pour les esprits qui, comme le tien, n'ont pas passé par la routine des bureaux. J'ai été longtemps, pour ma part, à ne rien concevoir sur la tenue des livres, le *crédit*, le *débit*, la manière de balancer un compte ; je ne comprenais pas le mécanisme de la banque ; je voyais partout des absurdités et je me trompais. C'est ce qui t'arrive quand tu raisonnes sur la balance du commerce ; tu me présentes un calcul qui ferait rire aux éclats tous les scribes de notre bureau, parce qu'eux-mêmes ne connaissent pas la raison de ta méprise. La langue des affaires, la langue économique, a ses formes que le premier venu ne saisit pas d'emblée. Nos économistes du libre échange m'en fourniraient des milliers de preuves. Il n'y a pas un de leurs arguments qui n'implique une erreur de comptabilité ; ce sera le point de départ de ma nouvelle critique ; juge si l'étonnement sera grand.

Pardonne-moi ma négligence, mon cher Bergmann, et sois sûr que je n'ai pas besoin d'un rappel à la modestie pour me souvenir de mes amis. J'ai vu deux fois Maguet depuis mon arrivée à Paris ; il va rentrer définitivement dans son pays où il se mariera et sera un honnête père de famille et un honnête homme.

De mon côté, si comme je l'espère ma situation s'améliore, j'aviserai à me donner de nouvelles affections, mais surtout à éteindre mes dettes. J'ai déjà commencé, et si je ne t'ai pas accordé la priorité, c'est que franchement j'ai cru que tu étais le moins besoigneux de mes créanciers.

Mes respects à Mme Bergmann, s'il te plait.

Tout à toi.

P.-J. PROUDHON.

Lyon, 25 août 1847.

A M. ANTOINE GAUTHIER

Mon cher Antoine, M. T*** vient d'accepter nos propositions. Dans sa lettre, reçue hier, il nous engage à voir MM. B*** et à nous entendre avec eux. Son fils, que j'ai rencontré, m'a dit de son côté que les compagnies songeaient sérieusement à fixer au commerce des prix maximum, quelque chose comme 3 francs pour le Rhône, et à s'assurer des correspondants dont les prix seraient modérés, pour le service de la Saône et des canaux. De cette manière, les compagnies traiteraient le transport direct de la Méditerranée au Rhin et à la Seine, et l'on enlèverait à la voie de Rotterdam bon nombre de marchandises qui échappent à la ligne de navigation du Rhône. Voilà les projets ; nous allons tâcher d'en savoir davantage.

Ch. A***, E*** et B***, C*** sont ici, cherchant à organiser leur service. Il y a réunion vendredi prochain chez Briandas pour cette affaire. Celui-ci a invité Victor à passer auprès de lui samedi ; il le mettra au courant des projets des nouveaux venus.

Il n'est pas douteux, selon moi, que puisque nous ne pouvons attaquer les compagnies du Rhône sur leur propre ligne, n'y ayant pas de remorqueur, le plus sûr est de nous accorder avec elles pour la reprise et la réexpédition des marchandises. Ce sera toujours une sollicitation dans le Midi, dont peu à peu nous nous épargnerons les frais. Dans le cas même où les compagnies se feraient entre elles concurrence, — et c'est le cas que prévoit C***, parce que c'est celui qu'il désire le plus, — il nous conviendra de nous raccorder avec B*** et de ne faire ainsi qu'un même service de Marseille à Strasbourg. Sur tous les points de la France, les affaires sont à des associations de cette espèce, si tant est que ce soit de l'association ! Bon gré mal gré, il faut y prendre place ou rester court.

Nul doute que la ligne de Paris ne doive un jour être ralliée à cette grande ligne du Rhône au Rhin, véritable grande artère de la navigation de l'Est. Mais cette ligne de Paris est impraticable tant que l'Yonne n'aura pas été canalisée comme la petite Saône, tant qu'il n'y aura pas de remorqueurs entre Paris et Montereau, et plus tard entre Montereau et la Roche. La navigation par le canal de Bourgogne, jusqu'à ce moment-là, sera d'autant plus misérable que l'année prochaine le chemin de fer de Paris à Tonnerre sera livré au public, et qu'alors, au moyen d'un transbordement à Tonnerre, toutes les marchandises venues de Paris pour l'Est seront enlevées aux services actuels. La compagnie du chemin de fer, en attendant l'achèvement de la ligne jusqu'à Dijon, fera elle-même suivre ses marchandises par la voie d'eau ; on traitera pour cet objet avec un entrepreneur ; il n'y aura momentanément plus de navigation entre Paris et Tonnerre ; il ne restera que ce tronçon, entièrement monopolisé, de Tonnerre à Saint-Jean-de-Lome.

C'est au service d'Alsace qu'il faut s'attacher de plus en plus ; or, le problème de ce service est tout entier dans l'organisation de l'accélérée, montée et décise.

Hier, j'ai fait le compte de revient de la décise, et j'ai fait vérifier par les livres et par le travail des six derniers mois ce qu'elle pouvait devenir. En ce moment elle ne gagne rien, elle perd plutôt ; mais je la crois tout à fait susceptible de rendre des bénéfices. Je trouve le prix de revient depuis Mulhouse, pour un chargement de 20,000 kilos, 2 fr. 50, pour un chargement de 50,000 kilos, 3 francs tout compris, même les droits de navigation sur le canal, et l'assurance. On peut donc, on doit pouvoir, dans tous les cas, à 3 fr. 50, et même 3 fr. 25, ne rien perdre et gagner quelque chose. A cet égard, les prix du tarif de marchandises sont trop forts. Il est vrai qu'une bonne partie des décises provenant de Besançon, les frais du service s'en trouvent relativement augmentés ; je crois pourtant que n'allant jamais au-dessous de 2 fr. et 1 fr. 70 pour la décise de Besançon à Lyon, on ne risque rien. C'est le prix de marchandise à Lyon qui est trop élevé.

Hier, nous avons été renvoyés par le tribunal de commerce des frais d'une assignation de Richard fils, de Dijon ; c'est toujours une centaine d'écus de sauvés.

L'affaire T***, qui devait être plaidée, a de nouveau été renvoyée à demain jeudi.

Le règlement de la compagnie, après deux ou trois heures de plaidoiries des avocats, est renvoyé aussi après les vacances ; la Cour nous a accordé seulement, en sus des 50,000 francs que nous devons à la compagnie, une provision de 20,000 francs, sur laquelle MM. T*** ont immédiatement fait saisie-arrêt.

Les litiges nous coûtent, démarches personnelles et

temps enlevé aux affaires, peut-être 20,000 francs par an. C'est une véritable plaie, sur laquelle il me tarde de voir appliquer le cautère du service poste. J'attends tout de cette réforme. Dis-moi donc où tu en es.

Tout à toi.

P.-J. PROUDHON.

Lyon, 26 août 1847.

A M. MAURICE

Voilà, mon cher Maurice, ce que j'ai recueilli sur les *on-dit* de la foire de Beaucaire et les réflexions qu'ils m'ont inspirées.

Que voulez-vous maintenant que je réponde à votre reproche ? Je m'aperçois, si je cherchais une excuse, que je dirais quelque bêtise ; j'aime mieux avouer purement et simplement que j'ai eu tort. Je suis arrivé à Besançon vendredi à six heures du matin ; j'ai couché la nuit chez Mlles Cretet et Gauthier ; je suis reparti le lendemain à cinq heures. Mon temps a été presque entièrement absorbé par les frères Gauthier, sauf une visite à l'imprimerie et une demi-heure passée chez Canard pendant l'enterrement de Cazalo.

Je travaille aujourd'hui avec résignation et dévouement à couvrir mon arriéré et rattraper l'avance. Je ne puis répondre cependant de mon séjour à Lyon : les hommes et les choses varient tant ! Cependant, je tiendrai bon jusqu'à ce que je sois trop vexé ; auquel cas j'éclaterai comme une bombe et enverrai tout promener. En attendant, je prépare les numéros du petit journal qui doit paraître sous ma direction à dater de décembre prochain, et qui, s'il a du succès, me ferait une position supérieure à celle d'aujourd'hui. Mais je ne lâcherai pas Lyon avant un succès bien constaté; vous pouvez m'en croire.

J'ai bien ri de ce que vous me racontez de Convers. Le pauvre homme est donc rentré, *sans tambour ni trompette*, comme les deux rats de La Fontaine, passant à la brume sous la porte de la ville, et allant se mettre au lit comme une jeune fille qui vient de commettre avec son amant quelque sottise ! Bravo la députation bisontine ! Pour avoir quelque chose de plus bête, qu'on nomme Bretillot, cette réputation usurpée a besoin d'un piédestal pour être mise à néant.

Je suis si bourru, si occupé de politique et d'affaires que je ne puis trouver le plus petit mot agréable à dire à Mmes Blecher et à votre petite fille. Ne la mariez pas, entendez-vous, ni à un homme de lettres, ni à un homme de parti, ni à un soldat. Un bon et honnête négociant ou industriel, un franc campagnard, un estimable fonctionnaire de l'administration, tout ce qui respire la modestie, le travail, la liberté, voilà ce qu'il faut pour le bonheur d'une femme. Point d'avocats ni de substituts, surtout.

Qu'elle me pardonne, cette chère enfant, ces réflexions déjà si sérieuses, et qu'elle me réconcilie avec son papa, en recevant le baiser bien fraternel que je lui envoie.

Je vous serre la main.

P.-J. PROUDHON,

Lyon, 19 septembre 1847.

A M. GUILLAUMIN

Monsieur Guillaumin, je quitte la maison Gauthier frères, où je suis employé depuis quatre ans. Mon intention étant de me caser définitivement à Paris, je viens sans façon vous demander si vous pouvez m'être de quelque secours dans la circonstance.

L'ouvrage annoncé dans ma dernière publication est terminé, et je serai en mesure de fournir de une feuille 1/2 à 2 feuilles par semaine. Je compte qu'il pourra former 18 à 20 feuilles; mais, suivant votre convenance, je le porterais facilement à 30.

Pensez-vous pouvoir vous accommoder de cet écrit et comment traiterions-nous? N'étant pas en avance, il me conviendrait pour commencer d'être rémunéré comme un ouvrier, à tant la feuille, pour une première édition. Ce mode n'aurait rien de plus onéreux pour vous que celui que nous avions adopté pour le *Système des contradictions*.

Je ne sais comment le public français a pris ce dernier ouvrage; mais le fait est qu'une troisième traduction vient d'être annoncée en Allemagne. J'ai reçu en même temps le libelle d'un docteur Marx, les *Misères de la philosophie*, en réponse à la *Philosophie de la misère*. — C'est un tissu de grossièretés, de calomnies, de falsifications, de plagiats.

Tout cela me fait croire à un succès au moins égal pour mon nouveau travail; mais il s'agit de vous et non de l'étranger.

Quelles seraient vos espérances? Vos nouvelles conditions seraient-elles meilleures pour moi que les dernières?

Si, comme je vous en ai parlé, il me convenait de publier mon travail dans une feuille hebdomadaire, vous chargeriez-vous d'éditer le livre, et comment?

Obligez-moi de me répondre rondement sur tout cela. Vous savez que j'aime à traiter de manière à ne revenir jamais sur rien, et que je redoute par dessus tout les contestations. Je me fie entièrement à vous pour me mettre à mon aise.

Êtes-vous en mesure aussi de rétribuer quelques articles pour votre journal, et, dans ce cas, pourrais-je espérer d'en faire recevoir quelques-uns?

Les ouvrages qui sortent de votre librairie, bien imprimés, sont en général peu corrects; les imprimeurs sont de plus en plus mal montés en correcteurs. Comme ce métier est précisément le mien, et que de plus l'Économie politique est l'objet particulier de mes études, si je pouvais vous être de quelque utilité, pour vos épreuves, je serais tout à fait à votre disposition.

Enfin, je connais passablement la matière commerciale et fais tellement quellement la correspondance. Je serais, en qualité de commissionnaire de transports, par terre et par eau, aussi bon directeur d'une compagnie que M. H. Dussard, votre ami et ancien rédacteur. Si vous entendez dire qu'on ait besoin d'un homme quelque part, je vous serais très-reconnaissant de penser à moi.

J'ai la confiance qu'avec des connaissances raisonnables en typographie, transports, comptabilité, Économie politique, littérature, philosophie, je dois trouver à vivre; mais les quatre années que je viens de passer m'ont mis tout à fait à l'écart, et pour rentrer dans le monde j'ai besoin d'amis.

C'est à ce titre que je prends la liberté de m'adresser à vous, Monsieur Guillaumin, et que je vous prie de me regarder comme votre tout dévoué et reconnaissant,

P.-J. PROUDHON.

P.-S. Un petit libraire, nommé Guynon, derrière le Grand-Théâtre, à Lyon, à qui j'avais remis deux exemplaires des *Contradictions*, et qui se prétend votre créancier pour je ne sais quelle somme et à quel titre, a refusé de me payer le prix des exemplaires.

Le fait est-il vrai ou dois-je poursuivre?

Réponse au plus tôt, S. V. P.

28, quai Sainte-Marie-des-Chênes.

Lyon, 24 octobre 1847.

A M. BERGMANN

Mon cher Bergmann, j'ai reçu dans son temps, ta bonne et amicale lettre du 25 août.

J'attendais, pour y répondre, de savoir quelle tournure prendraient mes affaires, soit vis-à-vis du nouveau journal, soit dans la maison Gauthier frères.

Je n'ai pas de nouvelles fraîches du *Peuple*. Le fondateur parcourt en ce moment le Midi, et passera peut-être à Lyon, mais il ne m'y trouvera pas. J'entends dire que cette publication ne manquera ni d'actionnaires, ni de souscripteurs; puisse-t-elle ne pas manquer de sens commun !

Je quitte, probablement pour toujours, la maison Gauthier frères. Je ne m'étais décidé qu'avec une extrême répugnance à régulariser ma position vis-à-vis de ces Messieurs; je sentais quelque chose d'antipathique à mes idées et à mes goûts dans la nature de leurs affaires, et surtout dans le mode de leurs opérations. Des critiques assez vives de ma part, puis des mécontentements réciproques m'ont déterminé brusquement à donner mon congé, qui n'a été ni accepté, ni refusé. Mais ma décision n'a pas besoin de la sanction d'autrui; dans quatre jours j'aurai quitté Lyon; et dans dix ou douze, après avoir été à Besançon en passant, je serai à Paris.

Je suis très-content, très-satisfait, du parti que je viens de prendre. Il y a assez longtemps que je suis au service des autres; je veux être maître à mon tour, ne fût-ce que d'une hutte de sauvage, d'une ligne et d'un hameçon. Et si jamais je dois supporter un patronage, j'aurai soin de prendre pour patron un étranger, un inconnu, qui ne soit ni mon compagnon, ni mon condisciple, ni mon ami; qui ne mette jamais les pieds chez moi, qui ne s'occupe pas de moi, et chez qui je n'entre jamais.

Je recouvre donc toute ma liberté d'action. J'ai deux cents francs devant moi; mais Guillaumin consent à éditer mon nouvel ouvrage en me payant chaque feuille au fur et à mesure, et à me prendre quelques articles pour le *Journal des Économistes*. Les occasions feront le reste.

Après sept années d'études spéciales, je n'ai que mon Économie politique pour vivre; et comme cette Économie politique n'a de valeur que par l'application, il s'en suit que, pour que je trouve ma place dans la société, il faut que j'y fasse une révolution...

J'admets volontiers que l'avenir donnera une autre solution à ce dilemme; mais pour le quart d'heure, je ne vois pas de moyen terme; et je serais insensé de ne pas embrasser hardiment la seule chance de salut qui me reste. Il s'agit pour moi de passer le pont d'Arcole sous la mitraille, par conséquent de vaincre ou de mourir; je suis curieux d'en voir la fin.

C'est dans cette disposition d'esprit que je vais commencer mon journal. Je dis *mon*, quoique la chose, l'affaire, comme disent les commerçants, ne m'appartienne pas; mais c'est que je suis le seul qui puisse donner vie et succès à l'entreprise. Le prospectus, sortie en partie de ma plume, est irréalisable pour tout autre que moi; cela est si vrai que les fondateurs, rédacteurs, actionnaires et souscripteurs sont fort en peine de savoir comment je sortirai de là. Je dis donc que le journal est mien; et j'entends qu'il se conforme en tout à mes sentiments : *Y sino, no.*

Tu conçois qu'en me faisant journaliste, je ne vais pas mener ma barque à la façon des autres, et faire une concurrence de paroles avec mes futurs confrères de la presse parisienne, qu'ils fassent leur métier comme ils l'entendent. Qu'ils vendent des premiers-Paris, des feuilletons-romans, de la méchante critique, des faits divers et des annonces; cela ne me regarde pas. Quand nous en serons là, nous verrons.

Le journal le *Peuple* sera le premier acte de la révolution économique, le plan de bataille du travail contre le capital, l'organe central de toutes les opérations de la campagne que je vais commencer contre le régime propriétaire. De la critique je passe à l'action; et cette action débute par un journal. J'espère que la rédaction sera aussi originale que la position est exceptionnelle; si Dieu me prête vie et santé, une fois l'impulsion donnée et la marche tracée, les coopérateurs viendront en foule, et tout ira à merveille.

Je conçois parfaitement tes critiques relativement au titre du journal. Ce titre m'a été imposé à moi-même; c'est dans un but de tradition, ou si tu aimes mieux de résurrection, qu'on s'est décidé pour ce mot, le *Peuple*. On a voulu se recommander à tous les lecteurs et actionnaires de l'ancien journal le *Peuple:* comme tu vois, il n'y a rien, dans la pensée première qui a fait préférer cette désignation, que de parfaitement industriel.

Sans faire grand cas de ces raisons, j'ai pris sur-le-champ mon parti. Le Peuple, deviendra le sujet de mes premiers numéros ; le Peuple, être collectif ; le Peuple, être infaillible et divin, voilà ce qui domine dans mon œuvre, mais développé, bien entendu, à un tout autre point de vue, et sous une autre forme que le *Contrat social*. Autant les vieilles théories sur la souveraineté du peuple sont vides et vagues, et par conséquent menteuses, autant j'espère que tu trouveras mes idées claires, positives et d'une réalisation immédiate et facile.

Je finis en t'embrassant, mon cher Bergmann, et en te rappelant que tu m'a promis de m'entretenir une autre fois de tes travaux.

Tout à toi.

P.-J. PROUDHON.

Paris, 14 janvier 1848.

A M. MAGUET

Mon cher Maguet, demain lundi, 15 courant, à onze heures du matin, je prendrai le chemin de fer d'Orléans pour Angerville D'Angerville, la diligence me portera à Ouarville où je coucherai, à moins que vous ou votre garçon ne vous trouviez à la descente de la voiture pour m'emmener à Voves.

J'ai besoin, cher docteur, de deux ou trois jours de bonne vie animale pour me remettre. Voilà quinze jours que je suis alité, et que je ne sors pas. Ma tête est brouillée, et bien que je sois remis de ma maladie qui a failli être sérieuse, je suis dans une incapacité complète de travailler.

Docteur, vous allez répondre devant la postérité du socialisme et de l'avenir de la République démocratique et sociale. Je suis en ce moment le seul homme sur qui le peuple compte, et que les réacteurs redoutent.

Ah! quelle pension ils vous feraient, si vous pouviez m'envoyer *ad patres*.

Adieu, mon ami, à demain.

Votre philosophe,

P.-J. PROUDHON.

Paris, 22 janvier 1848.

A M. MAURICE

Mon cher Maurice, le but de la présente est principalement de vous faire part de la mort de ma mère, arrivée à Brugille, le 17 décembre dernier. La pauvre vieille est morte sans agonie, sans douleur, comme mon père, usée par l'âge, les peines, le travail, l'ennui. Dans ses derniers jours, elle était presque continuellement dans une rêverie ou léthargie qui l'enlevait aux choses de ce monde ; c'était comme un apprentissage de la mort. Enfin me voilà seul, passablement désaffectionné, désillusionné, dégoûté. Cependant j'ai beau me dire, depuis que j'ai quitté Lyon, que je n'ai plus ni famille, ni domicile, ni état, ni position, je ne peux pas croire à ce complet dénûment, je ne m'habitue pas à cette idée que personne ne s'occupe plus de moi, que je n'ai plus cette vieille mère...

Je travaille comme un diable, je suis dans une sécurité profonde, je poursuis mon but avec une résolution, un acharnement incroyables ; je ne transige sur rien, je ne renonce à rien. Je connais les hommes, j'apprécie parfaitement les choses, ma solitude, ma poigne ; et pourtant, avec tout cela, et sans me repaître de fausses espérances.

je n'en ai pas moins une confiance, en l'avenir et en
moi-même, que par moments je suis tenté de regarder
comme folle. Une seule chose me rappelle à la réalité,
et me rend la vie amère, c'est que mes anciennes affections s'en vont et qu'aucunes ne les remplacent.

Ma mère était à peine enterrée, que la mort est venue
frapper sa sœur, ma tante de Lantenne. Elle a suc-
combé le 5 janvier, en cueillant une salade au jardin.
Elle avait soixante-seize ans, trois ans de plus que ma
mère. Elle nous laisse quelque chose ; mais je ne puis
dire quoi, ne connaissant pas son contrat de mariage,
et n'ayant pas la note des champs et acquisitions faites
par la communauté. Suivant les habitudes du pays,
son mari, survivant, a la jouissance du tout, et mon
frère et moi ne pouvons rien avoir qu'à la mort de
l'usufruitier.

Dans les arrangements particuliers que nous avons
faits ensemble au sujet de l'imprimerie, vous avez dû
prendre hypothèque sur mes biens présents et à venir
pour la somme que je vous dois ; si vous ne l'avez pas
fait, je vous engage à le faire. Cela se peut-il d'une
manière générale, sans désignation ni description, c'est
ce que j'ignore, et dont vous ferez bien de vous informer. Dans le cas contraire, vous pourrez demander à
mon frère la note de ce qui nous doit revenir, ou bien
je vous la ferai passer.

Je prépare les matériaux du journal hebdomadaire
dont je vous ai parlé, et qui commencera, je crois, à
paraître dans un mois ou au plus tard six semaines.
L'entrepreneur éprouve un grand embarras, à cause du
cautionnement qui est de 50,000 francs ; je ne sais comment cela ira.

En même temps, je m'occupe d'obtenir la gérance

d'un journal de la navigation intérieure, que plusieurs maisons désireraient faire paraître, et pour lequel vous savez que je suis assez compétent. Mais il y faudrait quelque sacrifice d'argent et il est très-difficile d'en venir à bout.

Voilà pour le quart d'heure quelle est ma situation. Comme je vous l'ai dit en partant, j'ai le ferme espoir que la question sera définitivement vidée pour moi dans cinq ou six mois ; je serai quelque chose, je saurai ce que je vaux, j'aurai une position nette, ou bien j'aurai tout quitté, et je rentrerai dans les affaires pour ne plus m'occuper d'autre chose.

Hier, on s'est engueulé à la Chambre des députés, à propos d'une démission obtenue, moyennant indemnité, par un M. Petit, qui voulait être receveur particulier à Corbeil. Cela s'est toujours fait, dit Guizot. Et toute la cohue qui l'a fait avant lui, qui en a usé et abusé, de lui jeter la pierre. Le plus grand bonheur qui pourrait arriver au peuple français, ce serait que cent députés de l'opposition fussent jetés à la Seine avec une meule au cou. Ils valent cent fois moins que les conservateurs, car ils ont de plus que ceux-ci l'hypocrisie.

Je suis paresseux pour écrire, vous le savez. Croyez cependant que je ne vous oublie, non plus que Mmes Blécher. Présentez-leur, s'il vous plaît, mes salutations respectueuses, et regardez-moi comme votre tout dévoué et reconnaissant,

P.-J. Proudhon.

Paris, 25 février 1848.

A M. MAURICE

Mon cher Maurice, je pense vous faire plaisir en
vous donnant de mes nouvelles, au milieu de cette
effroyable bagarre. Une révolution est chose dont la
curiosité peut venir, quand on en juge sur des récits,
mais qui vous fatigue prodigieusement l'esprit par la
confusion et le vide, quand on est témoin. Vous con-
naîtrez les circonstances de l'événement par les journaux et la nomination du gouvernement provisoire. Je
me borne à vous faire part de quelques détails particuliers et de mes impressions personnelles ; cela com-
plètera pour vous l'histoire du 24 février 1848.

Les fautes d'O. Barrot et de l'opposition qui le suivait
ont été énormes, et l'événement a prouvé une fois de
plus combien ces gens-là sont aveugles. C'était une
faute de provoquer, sous prétexte de banquet, une
véritable insurrection ; c'en fut une bien plus grande
de reculer après la provocation. Sans cette reculade,
O. Barrot et son parti pourraient revendiquer l'honneur de la journée, qui appartient incontestablement
aujourd'hui au parti républicain. Mais tout a été
absurde dans la conduite de l'opposition.

Le lundi matin, elle annonce que le banquet aura
lieu. Aussitôt l'insurrection s'organise.

Le lundi soir, le banquet est contremandé, et l'insurrection persiste.

Le mardi, promenade universelle dans Paris. L'opposition est vivement accusée de lâcheté. Pour se racheter de cette faute, elle met le ministère en accusation ; c'était souffler sur le feu. Les barricades commencent, et le ministère donne sa démission ; on croit que tout est fini ; mais Louis-Philippe marchande ; il nomme Thiers et Molé. On trouve que cela ne suffit pas, et l'on continue à se tirer des coups de fusil.

Les choses en étaient là le jeudi, quand, sur l'insistance des insurgés, O. Barrot est nommé ministre et chargé d'apaiser l'émeute. Mais O. Barrot était dépopularisé ; une proclamation signée de lui, on ne peut plus ridicule, achève de le déconsidérer. En même temps, ce grand parleur, grand imbécile, qui avait 80,000 hommes pour appuyer son avènement, donne ordre de faire retirer les troupes ; c'était laisser le champ libre à l'insurrection. Aussi le peuple avançait toujours, tant et si bien que hier à trois heures les Tuileries étaient en son pouvoir. En ce moment, Louis-Philippe abdiquait, et O. Barrot espérait encore ; les paroles qu'il prononce à la tribune et dans lesquelles il est assez maladroit pour parler de *guerre civile*, font rire de pitié. L'émeute entrait au Palais-Bourbon. Qui donc veut la guerre civile, lui pouvait-on dire alors, si ce n'est vous ?

A cinq heures, la République, timide la veille, peu rassurée le matin, et qui, à deux heures, ne croyait pas à elle-même, était proclamée.

Ainsi, la Révolution, faite par une imperceptible minorité, repousse du pied ses vrais auteurs ; il en sera des députés de l'opposition comme des deux cent vingtet-un de Charles X, qui, eux aussi, ont fait une révolution sans le vouloir. Ils seront éliminés, et ce sera justice.

La République est placée sous la tutelle de quelques honnêtes gens et de blagueurs de première force, mais d'une incapacité rare. Le 24 février a été fait sans idée ; il s'agit de donner au mouvement une direction, et déjà je la vois se perdre dans le vague des discours. Je ne voudrais pas trop être pessimiste, d'autant plus que j'ai pris part à l'action ; mais enfin, l'heure de la fièvre passée, je me remets philosophiquement à réfléchir ; et, pendant que les intrigants, qui ne croyaient à rien il y a trois jours, partagent la victoire, moi qui avais tout prévu et qui étais prévenu, je regrette que les choses n'aient pu s'arranger autrement. Certes, le progrès de la France s'accomplira, quoi qu'il arrive, par la République ou autrement ; mais il aurait pu s'accomplir tout aussi bien avec le gouvernement déchu tel quel, et coûter beaucoup moins. Ah ! certes, le grand malheur de M. Guizot est de n'avoir pu dire à la face du monde combien il était désabusé des fictions représentatives, monarchiques et autres ; là était, selon moi, le secret de sa politique, et comme, en fin de compte, c'est l'opinion contraire qui l'emporte (puisqu'une République, c'est toujours de la représentation et des guerres de tribune) ; la révolution qui vient de s'accomplir pourrait bien être une mystification de plus. Vous savez, mon cher Maurice, quel cas je fais de ces pauvretés politiques qu'on appelle pompeusement les droits imprescriptibles du peuple : le suffrage universel, le gouvernement des majorités, le régime parlementaire, etc., etc. Je cherche quelque chose de plus positif, et c'est pour cela que tout en estimant peu le système vaincu hier, je n'ai pas grande foi au système d'aujourd'hui.

Mais il faut vous dire ce que je suis devenu.

Dès le matin, hier jeudi, je me mis en campagne et j'ai commeucé ma reconnaissance. Plus de cinq cents barricades coupent les rues et carrefours de Paris : c'est un labyrinthe de cinq cents Thermopyles. Vers midi, ayant tout bien vu, je me rendis au bureau de la *Réforme*, rue Jean−Jacques Rousseau, près l'hôtel des Postes. Le comité radical qui, la veille, ne demandait que le retrait des lois de septembre, avec quelques autres broutilles insignifiantes ; qui, hier matin, y ajoutait la réforme électorale *sur de larges bases ;* qui, à midi, réclamait de plus l'*organisation du travail*, avec je ne sais quelle autre platitude, à deux heures parlait de proclamer la République. Après que le président Flocon nous eut réconfortés d'une citation de Robespierre, comme un capitaine qui fait une distribution d'eau-de-vie à ses soldats, je fus chargé d'aller composer chez un imprimeur ces gros mots :

Citoyens, Louis-Philippe vous fait assassiner comme Charles X ; qu'il aille rejoindre Charles X !

Ce fut, je crois, la première manifestation républicaine. « Citoyen, me dit le père Flocon à l'imprimerie où je travaillais, vous occupez un poste révolutionnaire ; nous comptons snr votre patriotisme : » « Vous pouvez compter, lui dis-je en riant, que je ne quitterai ma besogne qu'après l'avoir faite. »

Un quart d'heure après que la susdite proclamation fut distribuée, la fusillade commençait au Palais-Royal, et bientôt les Tuileries étaient enlevées. Voilà la part que j'ai prise à la révolution.

J'étais au centre de l'insurrection, et un moment ces Messieurs crurent que l'armée chassait l'émeute de notre côté, afin de dégager l'hôtel des Postes ; nous étions donc passablement compromis. Aussi le bureau de la *Réforme* fut-il abandonné. Je ne me pique pas de bravoure, mais je vous certifie que j'étais heureux de voir l'émotion de tout ce monde pendant que je recueillais des traits de sublime et de grotesque.

J'ai à me reprocher encore d'avoir arraché un arbre place de la Bourse, forcé un garde-fou boulevard Bonne-Nouvelle, et porté des pavés pour construire des barricades.

Un jeune homme en uniforme, élève de l'École des eaux et forêts, passant près d'une barricade où j'étais, fut salué des cris de : *Vivent les Écoles !* Il répondit en faisant gracieusement et aristocratiquement des signes de main. « Mais, lui dis-je sévèrement, où allez-vous ? Il faut rester ici et travailler avec les autres !... » Vous ne vîtes jamais homme aussi décontenancé, et je me détournai pour qu'il ne me vît pas rire. Je suis sûr qu'il a dû me prendre pour un terrible jacobin.

En somme, l'ouvrier vaut mieux que ses meneurs. Il est à la fois gai, brave, plaisant et probe. Les quatre-vingt mille hommes rassemblés autour de Paris n'ont pas plus fait qu'une simple patrouille. Les seuls qui aient eu peur, je vous le certifie, sont les bourgeois et les gens d'esprit. Toutefois, il faut dire que si l'ouvrier a fait preuve d'audace, il n'a pas rencontré de résistance sérieuse. C'est la démoralisation du pouvoir et de l'armée qui a tout fait. Le succès d'une insurrection ne dépend pas, comme on s'imagine, d'une bataille véritable ; il provient surtout, et même uniquement, de la généralité et de la rapidité du mouvement. Pour obtenir cet effet, il s'agit donc d'occuper la troupe sur quelques points, de la faire courir après l'émeute de barricade en barricade, pendant que l'on en élève partout; et puis, quand l'impulsion première a entraîné tout le monde, que la ville est sens dessus dessous, l'armée réfléchit, hésite; le gouvernement recule et parlemente; le peuple avance, et c'est fait. Mais, je n'en suis pas moins convaincu qu'avec dix mille hommes de troupe qui eussent voulu remplir leur devoir, un général aurait eu facilement raison de l'émeute; aussi, je m'attendais à un nouveau vendémiaire.

Hier soir, la proclamation de la République paraissait chose fort drôle : on dirait que ce mot de république est un solécisme en français. Mais l'entraînement gagnera ; le parti radical saura exploiter sa victoire d'hier, et puis, malgré la soumission des républicains au suffrage universel, la République ne céderait pas, je le crois, même devant un vote de la nation. On trouvera moyen de faire que le suffrage universel soit pour la République ; il y a des procédés pour cela. Les républicains sont entreprenants ; et le juste-milieu est si désorganisé, si faible de résolution !

La Bourse de demain, les caisses d'épargne, les opérations de la Banque et l'attitude des puissances nous apprendront bientôt quel degré de confiance inspire le Gouvernement provisoire. En attendant, la guerre de propagande, et puis la désorganisation de nos finances, une crise commerciale et financière, et tout ce qui s'ensuit, me paraissent dès aujourd'hui inévitables.

Quant à moi, je vais rester dans ma solitude et tâcher de m'orienter. Le temps est mauvais pour l'étude, et je n'ai pas de temps à perdre en flâneries. Peut-être vais-je être employé par le nouvel ordre de choses ; qui sait ? Peut-être vais-je faire de l'opposition ; qui sait encore ?

J'entends des ouvriers qui crient : *Vive la République ! à bas l'escamotage !* Pauvres gens ! *L'escamotage* les enlace ; ceux-là même qui vont gouverner en sont les agents aveugles et les premières dupes. L'intrigue est partout ; le bavardage triomphe : nous avons fait une répétition du 10 août et du 29 juillet, entraînés par l'ivresse de nos romans historiques ; sans que nous nous en apercevions, nous sommes devenus tous des personnages de comédie.

Ce qui se passe sous mes yeux, et à quoi j'ai participé sans y croire, est chose toute factice, où je ne reconnais rien de primitif et de spontané. Puissé-je ne me pas tromper ! Mais c'est de ce jour que je crois à notre décadence, à moins que des idées graves et fortes, empruntées ailleurs qu'aux discours de Robespierre, ne viennent retremper nos intelligences et nos caractères.

Peut-être aussi que je suis mal placé pour bien juger. Mon corps est au milieu du peuple, mais ma pensée est ailleurs. J'en suis venu, par le cours de mes idées, à n'avoir presque plus de communauté d'idées avec mes contemporains, et j'aime mieux croire que mon point de vue est faux que de les accuser de folie.

Mes respects, s'il vous plaît, à Mmes Blécher.

Si vous voyez Micaud, faites-lui part de ma lettre et priez-le de m'excuser. Je suis paresseux, dégoûté, flâneur, et je songe déjà à me tirer de cette confusion.

Je vous embrasse, mon cher Maurice, bien cordialement.

P.-J. PROUDHON

Paris, 26 février 1848.

A M. MAURICE.

Mon cher Maurice, je vous confirme ma lettre d'hier. Le mouvement gagne admirablement. On dit que la Belgique s'est constituée en République, mais cela n'est pas encore officiellement confirmé. Avec la Belgique la Suisse, l'Italie bientôt, il y aura une fédération de Républiques assez imposante pour rendre la guerre étrangère à peu près impossible. Voilà le côté rassurant.

Quant à l'intérieur, le même mouvement suivant sa marche, la question sociale a été posée, et il faut travailler à la résoudre. Tous les partis, même les dupes, se rangent du côté du peuple; chacun fait son sacrifice sur l'autel de la patrie, qui de la légitimité, qui de la monarchie constitutionnelle, etc. Il faut que tout le monde s'arrange pour vivre avec la République ; pas de milieu, pas d'alternative.

Hier, je ne savais ce que ferait ce nouveau gouvernement et si j'aurais à soutenir une autre lutte sur le terrain des questions économiques; aujourd'hui, je crois, je suis convaincu qu'il sera bien disposé ; et, comme il faut marcher, vivre, rétablir l'ordre, je me joindrai au gouvernement. L'hésitation d'hier sur la République m'avait dépisté ; cette hésitation venait de Lamartine, du *National* et autres, qui, fort mal à propos, s'étaient avisés de réserver la souveraineté de la nation et la sanction du peuple. Maintenant plus de doute ; le le peuple, la nation, le gouvernement, c'est la République. Cela est encore assez drôle, et je ne suis pas le seul à rire ; mais enfin, le ridicule et le sérieux sont pêle-mêle dans la nature.

Il s'agit maintenant de ne pas avoir peur ; si tout le monde entre dans la République, elle ne peut pas plus faire de mal que n'en ferait à Besançon une procession du Saint-Sacrement. Voilà dans quelle idée il faut marcher.

Les phalanstériens font leurs offres de service à la nation.

Les communistes grouillent et barbottent.

L'abbé Chatel et l'Église française chantent un *Te Deum*. Nous allons voir des néo-chrétiens, des mystiques, et toutes les utopies en campagne. Que cela ne vous effraie pas. On se moquera de tout cela, je vous en réponds.

Reste toujours l'équlibre des affaires à rétablir, et c'est là le difficile. J'y vois assez clair pour dire qu'il y aura quelque gêne momentanée ; c'est impossible autrement. C'est une chose que je vous avoue, mais que j'aime à croire que vous ne colporterez pas comme venant de moi. Tout le monde n'est pas capable de philosopher sur les événements et d'entendre la vérité. Ne vous faites donc pas alarmiste mal à propos, et poussez de toutes vos forces à la confiance, à la sécurité.

Si j'ose encore une fois vous prier d'une commission,

ce serait de dire à Micaud que je lui écrirai bientôt et que je l'engage à être ferme et résolu dans cette circonstance. Je ne suis pas de ceux qui crient : *A bas Guizot. A bas personne!* Mais l'événement accompli est désormais irrévocable ; c'est sottise de regarder en arrière. Je n'eusse pas fait la révolution du 24 février; l'instinct populaire en a décidé autrement; je me retrouve le même après comme avant, et je suis avec tout le monde.

Gardez ma dernière lettre, je vous prie : il y a des choses que je pourrais augmenter et embellir encore, mais qu'il est inutile de faire voir. Les polichinelles dansent à l'Hôtel de Ville, comme il y a huit jours au Palais-Bourbon, tout cela est comédie; le sérieux, c'est de songer à l'ordre et aux affaires, que le nom vénéré de la République ne résout pas.

Hier, M. de Lamartine s'écriait : *Les portes de la liberté sont ouvertes!* et l'Assemblée de s'écouler majestueusement. Nous en verrons encore de bonnes.

Incessamment, vous aurez à nommer un ou plusieurs députés. Choisissez des hommes d'affaires, ayant des idées positives, de la fermeté, et peu sujets à la camaraderie et à l'entraînement. Que cette Révolution ne s'évapore pas en paroles inutiles : moins il y aura de badauds à la Chambre, et mieux ce sera.

Je prends la liberté de joindre à la présente un billet pour mon frère, que je vous prie de jeter à la boîte.

Tout à vous,

P.-J. PROUDHON.

P.-S. — Quatre *citoyens*, armés de leurs fusils sortent à l'instant de ma chambre. Ils viennent me demander quand je compte publier le volume que j'ai promis depuis un an ; ils en ont besoin. Comme je vous l'ai dit, la République n'a point d'idées. On le dit en haut, on s'en aperçoit en bas. Si j'écrivais comme M. de Lamartine, je serais dans un mois le premier homme de France.

Ne parlez pas de ceci ; on croirait que je veux jouer au personnage. Vous savez au contraire que mon tempérament est de me moquer un peu de tout, même de ce que je crois, et que cela fait le fond de ma conscience.

J'ai recommandé aux *citoyens* d'appuyer le gouvernement provisoire, en attendant que la République ait dit son dernier mot.

Paris, 1er mars 1848.

A M. MAGUET

Mon cher Maguet, je suis maintenant aussi paresseux que vous, et je n'écris plus à qui que ce soit. J'ai horreur de la plume et de l'écritoire. Vous jugerez à quel point, quand je vous dirai que j'ai perdu ma mère il y a deux mois, ma tante il y a six semaines, et que j'ai quitté le poste que j'avais à Lyon pour venir vivre à l'aventure, sans souvenir de la veille ni souci du lendemain.

Tout cela s'est passé sans que je vous eusse prévenu de rien, bien que j'aie souvent pensé à vous, mais par la seule raison qu'il aurait fallu écrire.

Nous voici avec une révolution de plus sur les bras : Louis-Philippe dégoûtait si fort que, malgré l'obscurité de l'avenir et le hasard de l'inconnu, on a mieux aimé en finir avec lui que rester davantage dans le *statu quo*. Et d'ailleurs qu'importe que 300,000 hommes meurent chaque année de guerre civile et étrangère ou de misère lente ? Ce qui est fait est bien, puisque c'est fait ; mais je vous jure que je n'en suis guère ému, et qu'après avoir pris part active à l'affaire je reste peut-être le seul homme en France qui ne soit point révolutionné.

Ce qui était vrai pour moi hier est vrai aujourd'hui :
la république du *National* n'y change absolument rien.
Les pantins dansent à l'Hôtel-de-Ville comme il y a
huit jours au palais Bourbon. La corruption est la
même, l'égoïsme tout aussi grand, les mystifications
tout aussi plaisantes, les puffs tout aussi énormes. Il
n'y a que ce bon et brave peuple qui, restant aussi le
même, toujours confiant, toujours croyant, toujours
dupe, vaille cependant quelque chose.

Quand vous jugerez à propos de venir par ici, vous
me trouverez dans ma tonne philosophique, vivant
obscur et caché, faisant moisson de drôleries républicaines et m'apprêtant à mitrailler le gouvernement provisoire.

Laissons-lui passer la quinzaine.

Je vous serre la main et vous embrasse, mon cher
docteur, et, si plus tard vous avez besoin d'un frater
pour garder vos pilules et faire des courses chez les
malades, vous pouvez compter sur moi. Je ne demande
que l'indemnité que la République accordait aux ouvriers
pour les forcer à assister aux séances des Jacobins : 40
sous par jour.

Adieu : je souhaite que vos malades se portent tous
comme moi.

P.-J. PROUDHON.

70, rue Mazarine.

Paris, 15 mars 1848.

A. M. HUGUENET.

Mon cher Huguenet, je ne vous ai pas écrit d'abord après la révolution, parce que je n'aurais eu à vous apprendre que les mêmes faits que vous avez pu lire dans les journaux, et qu'ayant fait passer deux mots à Maurice ainsi qu'à Micaud vous avez pu savoir que je n'étais ni mort ni blessé.

J'ai fait ma part de la besogne, bien que je l'eusse d'abord désapprouvée. Six mois de délai auraient peut-être épargné 400 millions à la France. Mais quand j'ai vu l'affaire engagée, je n'ai pas voulu abandonner les amis; j'ai été à la barricade porter des pierres, et j'ai composé la première proclamation républicaine. La victoire gagnée, je suis rentré chez moi et ne sors plus.

Vous recevrez dans quelques jours la première livraison de mon travail, et chaque semaine, pendant quatre ou cinq mois, les livraisons se succèderont. J'espère que cet ouvrage me conduira enfin à quelque chose. J'ai, je puis le dire en ce moment, le monopole des idées dont on a le plus besoin, des idées économiques. Les faiseurs d'utopies sont à bout de science; ils ont le pouvoir, ils taillent, ils tranchent et ne produisent rien. Tout le monde rit des ateliers nationaux;

M. Louis Blanc est sifflé; M. Considerant est impuissant.
On s'aperçoit enfin que tous ces charlatans du socialisme
n'ont rien dans la tête, et nombre de gens viennent à
moi. J'attends. Je suis sûr de mes idées, plus sûr que
jamais. L'argent se cache, je me passerai de lui; le
crédit est mort, je le ferai sans violence ressusciter.
Mais il faut attendre, le moment approche pour moi;
l n'est pas venu.

Le bruit a couru dans Besançon, à ce qu'on m'en
dit, que j'étais commissaire du gouvernement. En y
réfléchissant davantage, on aurait vu que cela était
impossible. Les hommes qui gouvernent en ce moment
sont presque tous mes ennemis; c'est la secte du
National, juste aussi dépourvue d'idées que de cœur,
et à qui je fais encore plus de peur qu'à M. Guizot. Ces
gens-là se moquent de la réforme sociale et ne songent
qu'à prendre leur temps pour museler le peuple, comme
avait fait Louis-Philippe; aussi sommes-nous déjà en
pleine réaction.

Les idées sociales sont refoulées comme l'ont été, après
1830, les idées républicaines. On laisse MM. L. Blanc,
Considerant et consorts s'user à la peine, et un beau
matin on fermera le Luxembourg, et on dissoudra la
commission. En un mot, on se propose d'enterrer sans
trop de bruit la question sociale. On fera la guerre pour
occuper 50,000 ouvriers; on dépensera 100 millions
pour amuser 50,000 autres; on donnera quelques
fiches de satisfaction, et on espère s'en tirer comme cela.

C'est toujours, comme vous voyez, le même aveugle-
ment; mais le succès trompera les espérances des
contre-révolutionnaires. Il y a ici 15,000 prolétaires
armés qui ne se laisseront pas faire. La question sociale
recevra une solution, ou malheur au pays!

J'ai été obligé de raccommoder mon travail et de le
mettre à l'unisson des événements. On dirait maintenant qu'il a poussé comme un champignon dans la
barricade. Dans ma première livraison, je mitraille le
gouvernement provisoire. Si j'avais publié cela trois
jours après la révolution, je suis sûr que le gouvernement provisoire aurait été du coup démoli.

Vous apprendrez avec plaisir que je figure sur deux
listes de candidats pour la députation de Paris. L'une
est du deuxième arrondissement, l'autre du faubourg
Saint-Antoine. Je ne sais qui s'est avisé de moi, et les
personnes qui ont vu les listes et qui les ont approuvées
n'ont pu me le dire; mais entre la candidature et
l'élection il y a loin, comme vous savez; et d'après ce
que je vous marque plus haut, je n'espère pas du tout
que la coterie du *National*, qui se rallie tous les bourgeois, laisse passer un nom aussi effrayant que le mien.
Toute mon espérance est donc dans les clubs. Quand
l'Assemblée sera réunie, je publierai mon projet; je le
ferai discuter dans les clubs, et puis nous irons, *avec
nos fusils*, porter des pétitions à l'Assemblée. Je ne
prévois pas que la chose puisse s'arranger autrement. Il
n'y a point d'idées dans les têtes; tout le monde ne voit
dans cette révolution qu'un accident; on ne comprend
pas ce qu'elle veut dire; les plus chauds ont beau se battre
les flancs, ils ne sont que jacobins. ce qui est trop vieux
pour nous. Comment donc les 700 membres de l'Assemblée ne voient-ils mieux que les journalistes qui
travaillent et les avocats qui brouillent, ce qu'ils ont
à faire?

M. Gauthier aîné m'a écrit, l'autre jour, pour me
dire qu'on songeait à moi à Besançon pour me faire
député. Je ne sais s'il a voulu railler, suivant son habi-

tude, ou s'il y a quelque chose de sérieux dans ce qu'il me dit; quoi qu'il en soit, cela me paraissait surprenant. je vous l'avoue, pour des Bisontins. Jamais les citoyens bisontins ne feront député un politique de ma force. Leur nature est de se mettre à la queue de tous les partis rétrogrades. MM. Tourangin et Bretillot, dégommés de la veille, ne se mettent-ils pas aussi sur les rangs? Et on ne les siffle pas! Ce trait est caractéristique; ces Messieurs connaissent leur monde. Ils savent que le désir secret des Bisontins est que rien ne soit changé à l'ordre de choses; et qu'il n'y a en France qu'une dynastie de moins. Est-ce juste! Qu'en dites-vous, mon cher Huguenet! me trompé-je sur mes honorables compatriotes?

Au reste vous verrez ma brochure, vous la mettrez en vente et vous me rendrez le service de faire distribuer quelques exemplaires aux personnes que je vous désignerai. Les Bisontins jugeront si je suis leur homme. Mais qui sait? Il n'est telle vaillance que de poltron. Peut-être qu'après avoir pris pour représentant MM. de Magnoncourt, Maurice, Clément, Néjual, Convers même (des terribles! Dieu sait), ils nommeront tout à coup un antipropriétaire!...

Adieu, mon cher Huguenet; mes respects à Mme Huguenet, mes amitiés à vos fils et à tous les amis.

P.-J. PROUDHON.

Paris, 21 mars 1848.

A. M. MAURICE

Mon cher Maurice, plusieurs personnes, et entre autres mon ancien patron, M. Gauthier aîné, parti récemment de Besançon pour Mulhouse, m'ont écrit au sujet des élections. Toutes m'invitent à me porter comme candidat. J'ai eu d'abord peu de confiance dans ces invitations officieuses, où je voyais plus d'amitié pour moi que de certitude du succès. Peu à peu les avis se multipliant et les chances paraissant augmenter, j'ai fait savoir à M. Gandon, et je vous répète à vous, mon cher Maurice, comme je le redirai à d'autres, que je suis décidé à courir les chances d'une candidature, ne fût-ce que pour juger de l'état des esprits dans ma chère patrie.

Je vais vous dire d'abord que je suis spontanément porté à Paris, déjà sur plusieurs listes, comme candidat. — Je n'ai pas encore grand'chance, si vous voulez, le *National* et toute la secte démocratique ayant peur de moi presque autant que l'ancien ministère. Mais ma candidature commence aussi à gagner à Paris, et je compte que les publications qui vont incessam-

ment paraître de moi achèveront ce que la bienveillance de la classe ouvrière a déjà commencé.

Or, le cas échéant où je serais nommé à Besançon et
à Paris, j'opterai pour Besançon.

Je sens à merveille, mon cher Maurice, combien,
dans ces moments critiques, il m'est commandé plus
qu'à tout autre d'être modéré. La fameuse formule :
La Propriété, c'est le vol! circule partout à voix basse;
les ouvriers s'étonnent et s'impatientent de ne me voir
figurer nulle part, et les bourgeois tremblent que je ne
poursuive sur le même ton.

Vous devez sentir, vous qui me connaissez, que la
polémique passionnée est finie pour moi. Si dans mes
publications futures il se retrouve quelque chose de
cette verve ironique et massacrante, ce sera uniquement contre le gouvernement provisoire, que j'accuse
d'imbécillité, de terrorisme et d'inintelligence absolue
de la révolution. — Je veux assurément, je veux
aujourd'hui plus que jamais la réforme économique;
mais je n'ai besoin pour cela ni de la terreur, ni de la
loi agraire.

C'est ce que mes trois premières brochures ou livraisons, que vous recevrez d'ici à huit jours, vous feront
comprendre. — J'écrirai ensuite aux ouvriers bisontins pour leur expliquer ma pensée. J'aime à croire que
bon nombre d'honnêtes gens, édifiés sur l'équité et la
modération de mes sentiments, m'appuieront de leurs
suffrages.

Ma position est incomparable. Je suis l'homme qui
fait le plus de peur, et par conséquent celui dont le
langage conciliant peut avoir le plus d'effet. Personne
autant que moi, aussi bien que moi, ne peut parler
avec autant d'autorité aux prolétaires et aux bourgeois,

au gouvernement comme à la masse. Quiconque attaquerait le gouvernement comme je le fais courrait risque d'être écharpé; quiconque répéterait mes anciennes propositions serait peut-être fusillé.

Je puis seul me tirer de là, et peut-être dégager la République. Plus nous avançons, plus je vois que j'ai seul le monopole de mes idées. A moins que malheur ne m'arrive ou que l'injustice ne soit la destinée sociale, je dois arriver haut et loin. Je ne demande cependant, si je suis assez heureux pour servir mon pays, qu'une mission scientifique qui me permette d'étudier à mon aise le peuple français et de poursuivre mes flâneries d'économiste.

On a reçu hier soir la nouvelle que Berlin venait de proclamer la République. — On répète que Nicolas Ier est mort. A Vienne, Metternich est en fuite; on ne sait plus où l'enthousiasme républicain s'arrêtera. Je suis pour beaucoup dans ce mouvement de l'Allemagne. Mon dernier ouvrage y a fait fureur et on attend la suite.

Ainsi les chances de guerre s'en vont de plus en plus; comme je vous le disais, la confédération des républiques européennes se forme, et nous n'aurons devant nous que la question sociale. C'est bien assez

Dans trois jours, je publierai, après les deux premières livraisons de mon livre, une proposition au gouvernement provisoire, sur le travail, le crédit et la circulation. Ce sera une application particulière de mon principe et déjà même toute la solution.

Adieu, mon cher Maurice; mes respects à Mmes Biecner, et gardez mes lettres. Je vous écris avec le même abandon que si je causais avec vous, et je n'aime pas à mettre le public dans mes confidences. Vous ferez part seulement à qui vous jugerez convenable de ce que vous croirez devoir citer de mes lettres.

Je vous embrasse.

P.-J. Proudhon.

P.-S. La révolution a failli avorter par la trahison d'un des membres du comité insurrectionnel, nommé de la Hodde, connu de moi très-particulièrement, et qui devait participer à la rédaction du journal *le Peuple*, que je devais rédiger en chef. Cet individu était depuis dix ans au service de la police; plus de deux mille rapports de sa main ont été trouvés au secrétariat. Nous y étions tous, jour par jour, dénoncés.

La police, bien informée, voulait concentrer l'insurrection sur un seul point et en finir avec la République. Dans la nuit du 23 au 24, après la fusillade des Capucines, la révolution a gagné de vitesse; en huit heures, plus de deux mille barricades ont été élevées. Puis, sur l'exigence d'O. Barrot, les troupes se sont retirées, et ç'a été fini.

Si les choses eussent tourné autrement, je serais aujourd'hui en prison; cela est hors de doute.

Paris, 3 avril 1848.

AUX ÉLECTEURS DU DOUBS

Mes chers compatriotes, sur l'avis que plusieurs d'entre vous se proposaient de me porter comme candidat à la députation pour l'Assemblée nationale, j'ai déclaré à quelques amis, qui ont pu donner connaissance de mes lettres, que je n'accepterais le mandat de député, dans ma ville natale, qu'autant que je réunirais la majorité des voix conservatrices et la majorité des voix radicales.

Cette déclaration a pu paraître ambitieuse, pleine de vanité, d'orgueil, dictée par un esprit ambigu, par des intentions louches et équivoques. On a pu croire que je recommençais la comédie de tous les juste-milieux passés, présents et futurs; on a dû se demander comment il était possible de concilier le principe de la réforme sociale avec le principe de conservation bourgeoise.

J'insiste sur ma déclaration.

J'essaierai tout à l'heure de justifier, au point de vue du droit, la condition que je mets à ma candidature.

J'ai annoncé, de plus, par lettre confidentielle aux mêmes amis, que je voulais être jugé, non-seulement sur ma vie antérieure et mes précédentes publications, mais sur les premières livraisons de l'ouvrage que je prépare et sur le spécimen de solution que je donne à la question sociale.

Plusieurs d'entre vous ont pu déjà juger, par la première de ces livraisons, comment je considère l'événement du 24 février, et avec quelle sévérité je juge les actes du gouvernement provisoire. Et l'on a pu se dire encore qu'une attaque aussi brusque était intempestive, qu'elle compromettait inutilement le salut de la République ; qu'elle dénotait une âme envieuse, un caractère impatient, une indiscipline d'esprit sans excuse.

J'insiste sur l'opposition que j'ai faite au gouvernement provisoire et que je soutiendrai jusqu'à ce que je le voie changer de système.

Chers compatriotes! l'étude que je fais depuis dix ans des questions économiques, l'expérience journalière que j'ai acquise en même temps de l'atelier et du comptoir, ce qui se passe sous mes yeux, les nouvelles que je reçois chaque jour de la province, m'ont appris et me confirment de plus en plus cette vérité que, étant donnée une situation où le problème social devrait être résolu d'urgence et à bref délai, il n'y avait de salut possible pour la classe ouvrière, pour la bourgeoisie, pour tout le monde, que dans le consentement amiable de tous les partis à s'entendre pour la solution du problème.

Cette idée est passée dans mon esprit à l'état de démonstration mathématique, si bien que, dans mon opinion, les hommes qui seront appelés à vous représenter doivent réunir, autant que possible, l'extrême de l'esprit radical à l'extrême de l'esprit conservateur.

Conserver, au point de vue de l'égoïsme, c'est ne rien faire. — Au point de vue des intérêts généraux, conserver c'est développer à l'infini. Conservation et progrès, dans l'Économie sociale, sont termes identiques. — M. Guizot, pardon de vous citer une si étrange autorité, — M. Guizot l'avait dit, peut-être sans le comprendre et par un simple jeu de son imagination : « Tous les partis vous promettront le progrès ; le parti « conservateur seul vous le donnera. » Le parti conservateur n'a pu tenir la promesse de M. Guizot, parce qu'il était égoïste.

Chers compatriotes, je ne voudrais pas augmenter encore les alarmes, mais il est impossible de vous le dissimuler : la patrie est en danger. Elle ne peut être sauvée que par la bonne volonté, la bonne foi de tous. Elle ne peut être sauvée que par la réforme intégrale de nos institutions économiques. Or, cette réforme suppose la juste appréciation de tous les intérêts, elle n'exclut le sacrifice d'aucun : la lutte pour vous, c'est la mort.

Telle est du moins ma conviction. Jugez d'après cela si le désir que j'ai exprimé sur ma candidature est fondé, je ne dirai plus seulement en droit, mais en morale ; je puis accepter partout ailleurs le mandat de député, même contre l'intérêt bourgeois : parce qu'enfin, par la guerre ou par la paix, il faut que la question sociale soit vidée. Dans mon pays, je n'ai point de choix à faire quand il s'agit de représenter la concorde ou la guerre civile.

Je passe à l'opposition que j'ai commencée depuis quatre jours contre le gouvernement provisoire.

Elle tient aux principes que je viens de vous exposer.

La conduite qu'avait à tenir le gouvernement provisoire, apres le 24 février, était à mon avis rien simple.

Il n'y avait qu'à faire démolir les barricades et remettre en place les pavés de Paris. C'est-à-dire, après avoir proclamé la République, rentrer dans l'ordre de la veille ; dépenser, s'il le fallait, 50 millions, 100 millions même pour donner du pain aux ouvriers ; rassurer le commerce et la propriété, garder intact le dépôt de la révolution et attendre de la publicité, de la presse, de l'Assemblée nationale, que la lumière se fît.

Le gouvernement provisoire, passé aux mains d'une, deux ou trois coteries provisoirement coalisées, le vieux jacobinisme, la démocratie parlementaire, le communisme déguisé, s'est mis à promettre, à intimider, à légiférer, à réformer, à décréter à tort et à travers sans connaître le premier mot de son rôle, sans comprendre l'esprit de la révolution nouvelle, sans aucune connaissance des questions formidables qu'a soulevées l'événement du 24 février.

Voilà quarante jours passés en harangues renouvelées de la Montagne ! On plante des arbres de la Liberté ; on change les inscriptions des monuments, on fait des processions patriotiques ; on chante des hymnes de 89 et de 92 ; il n'y en a point encore pour 1848 !... Nous vivons sur des souvenirs ; on croirait, s'il fallait en juger sur les apparences, que cette révolution n'a été faite que pour nous donner la comédie en pleine rue : Paris tout entier est le théâtre où se joue l'ancien drame révolutionnaire.

En attendant, le ridicule frappe à mort la République ; les ouvriers des ateliers nationaux sifflent l'*organisation du travail ;* on s'en moque jusque dans les écoles des petites filles. — Cependant les affaires cessent ; le commerce est suspendu ; les fonds publics sont en

détresse; les casse-cous politiques réclament déjà une
création d'assignats; la République en est réduite aux
dons volontaires. Or, les dons volontaires sont au crédit
public ce qu'est la taxe des pauvres à l'extinction de
la misère. A mesure que les chances de guerre avec
l'Europe s'évanouissent par la révolution générale, le
gouvernement provisoire agite les idées belliqueuses :
le succès de la révolution dépasse ses espérances et
le gêne.

J'accuse le gouvernement provisoire d'avoir, sans
utilité, sans motif, sans justice, par la plupart de ses
actes, fomenté la division entre la classe travailleuse et
la classe bourgeoise, et compromis, par cette détestable
politique, non-seulement la tranquillité de la patrie,
mais l'avenir de la révolution.

Je l'accuse d'avoir livré la dignité de l'État et sacrifié
le Trésor public aux hasards d'une expérience de prétendue organisation à laquelle personne ne croit que
l'inventeur, et que les divers membres du gouvernement ne semblent tolérer, ceux-ci que pour donner
pâture à l'impatience de la multitude, ceux-là que par
l'arrière-pensée de se délivrer en une fois de toutes les
idées de réforme sociale.

J'accuse le gouvernement provisoire d'avoir outre-
passé les pouvoirs que lui donnait une dictature de
nécessité, en abolissant ou changeant les lois, en sortant de la limite des attributions ministérielles qui
devaient être la règle des siennes, en rétrogradant
jusqu'à cette démocratie de 93, qui n'est pas plus
l'expression du Peuple que ne l'était l'autocratie de
Napoléon.

Je ne veux pas le renversement du gouvernement
provisoire, dont, au reste, je n'incrimine directement

aucun membre ; — je veux qu'il change de direction et de politique.

Je n'ai pas besoin d'ajouter, chers compatriotes, que je veux la révolution de Février avec toutes ses consé- quences : c'est-à-dire la République, c'est-à-dire plus de liberté pour tous, plus d'égalité, plus de bien-être , moins de bavardage et surtout moins de bon plaisir gouvernemental.

C'est vous dire assez quel cas je fais des services de tribune, et combien je repousse l'intervention de l'État dans l'*organisation du travail !*...

Je ne sais, chers compatriotes, si cette profession de foi, développée plus au long dans les publications que j'aurai l'avantage de vous soumettre, sera de nature à me concilier vos suffrages.—En tout cas, je vous l'offre comme avertissement. La question sociale est posée : vous n'y échapperez pas. Travailleurs, tendez la main à vos patrons; et vous, patrons, ne repoussez pas l'avance de ceux qui furent vos ouvriers.

Je suis, mes chers compatriotes, votre fidèle et tout dévoué

P.-J. Proudhon.

Paris, 3 avril 1848.

AU CITOYEN LOUIS BLANC, SECRÉTAIRE DU GOUVERNEMENT PROVISOIRE.

Citoyen,

Je prends la liberté de vous adresser un exemplaire de la première livraison de ma *Solution du problème social*, ainsi que du *Spécimen* qui accompagne cette livraison, et qui est relatif à l'organisation de la circulation et du crédit.

Il y a dans ces deux opuscules, je vous l'avouerai sans détours, des choses fâcheuses pour le gouvernement provisoire et pour vous. Ces choses, je les regrette; et je viens spontanément, citoyen, vous offrir explication et réparation. Vous jugerez de la conduite que vous aurez à tenir, si mes déclarations vous semblent sincères. Le gouvernement provisoire, dans l'imprévu de sa position, a commis des fautes, cela n'est plus à démontrer. J'avais, comme tout le monde, le droit de les signaler : peut-être était-il hors de saison que je le fisse avec la vivacité que je mets à tous mes discours. Mon malheur est que mes passions se confondent avec mes idées; la lumière, qui éclaire les autres hommes, me brûle. S'il m'arrive de faire la critique d'une théorie, supposant involontairement que l'auteur me ressemble, je raisonne comme si la volonté et le jugement étaient en lui choses identiques. Et quand je me trompe moi-même, j'en suis confus et je m'en accuse comme d'un crime. Quoi que je fasse, il m'est impossible de changer cette disposition d'esprit malheureuse.

Si je vous ai bien jugé, citoyen Louis Blanc, le contraire a justement lieu pour vous. Vous êtes l'homme du sentiment, de l'amour, de l'enthousiasme. Tandis que chez moi les passions viennent de la tête, chez vous les idées semblent toutes monter du cœur. Peut-être à nous deux ferions-nous un homme complet : mais, jusqu'à ce que nous fassions un échange de nos qualités respectives, il est fatal que nous ne nous entendions pas ; il est presque sûr que nous serons ennemis. Au fond, ce que je vous reproche, c'est précisément ce qui me manque et ce que je vous envie ; en faveur du motif, vous oublierez quelques attaques qui ne peuvent vous faire valoir ni moins ni plus. Je suis las de faire la guerre ; j'aimerais mieux avoir à défendre ; d'ailleurs, l'ennemi commun, ce n'est pas le gouvernement. Donnez-moi du vôtre, et je vous donnerai du mien. C'est le seul moyen de nous estimer et de bien servir la République. Dans cette réciprocité est tout mon secret pour la solution du problème social.

Votre projet d'organiser des ateliers nationaux contient une pensée vraie, et que j'approuve, malgré mes critiques.

Cette pensée, vous en avez vous-même conscience ; mais il paraît que vous ne la regardez que comme secondaire, tandis qu'à mon avis elle est tout ; je veux dire que sous le nom d'ateliers nationaux vous entendez des *ateliers de fondation*, des *ateliers-principes*, si je puis ainsi dire, car tous les ateliers sont nationaux, bien qu'ils restent et doivent toujours rester libres.

Ce qui vous préoccupe est donc la nécessité de réaliser un principe, de donner corps et figure au nouveau droit, à la nouvelle institution, puis à la laisser se développer toute seule, par la vertu de l'idée, par l'énergie du principe.

Voulez-vous, citoyen, vous charger de faire examiner et, s'il y a lieu, de faire accueillir par le gouvernement provisoire mon projet d'organisation du crédit ? Je me chargerai, en revanche, d'organiser vos ateliers

Mon projet de *banque d'échange*, qui est la partie essentielle de mon *Spécimen*, est une idée qui vous appartient autant qu'à moi. C'est celle que vous avez cherchée, et peut-être conçue dans vos études sur le système de Law ; c'est celle qu'ont poursuivie tous les économistes. La *banque d'échange*, par la généralisation du mandat, est le grand ressort de l'organisation du travail.

Si vous jugez, après lecture, que je me suis trompé, je n'ai plus qu'à baisser les yeux ; j'interromps toute publication ; je renonce à m'occuper davantage des problèmes économiques.

Dans le cas contraire, prenez mon idée sous votre protection et cédez-moi la vôtre ; car, souffrez que je vous le dise, citoyen, l'organisation des ateliers est une besogne qui sort de vos attributions, non que la capacité vous manque, mais parce que votre position vous le défend.

Vous êtes membre du gouvernement ; vous représentez, non plus un parti, mais les intérêts généraux de la société. Vous n'êtes plus l'homme de la *Réforme*, ni de l'*Organisation du travail ;* et toute initiative dont la tendance semblerait contraire à une classe quelconque de la société vous est interdite. Vous appartenez à la bourgeoisie comme au prolétariat. Protégez, encouragez l'émancipation des classes travailleuses; apprenez aux ouvriers ce qu'ils ont à faire; vous-même n'intervenez pas, ne compromettez pas votre responsabilité. Vous êtes homme d'État; vous représentez le passé et l'avenir.

, C'est dans cette pensée, citoyen, qu'en vous demandant votre concours pour une idée qui est toute du ressort du gouvernement je viens me mettre à votre disposition pour une autre idée qui n'est point de sa compétence. Si mes services étaient acceptés par vous, citoyen, je demanderais que les pièces et documents déjà recueillis par la commission me fussent communiqués; j'aurais ensuite l'honneur de vous soumettre un projet, tant sur la marche à suivre que sur la nouvelle forme de société qu'il s'agit de définir et de créer entre les travailleurs.

Je vous écris, citoyen, dans un moment où, la sensibilité reprenant en moi le dessus, ramène l'équilibre dans mon âme. Ma démarche auprès de vous est toute de dévouement, et j'espère que vous la jugerez comme telle. Toutefois, et quel que soit mon désir de vous être agréable, vous me permettrez d'ajouter que je suis surtout déterminé par l'intérêt majeur de la République.

Je compte, citoyen, sur l'honneur d'une réponse. La deuxième livraison de mon livre est tirée; en présence des difficultés de la situation, je me propose de suspendre ma publication. J'ai besoin de savoir pour cela si je puis, au lieu d'écrire, contribuer plus efficacement à la consolidation de la République.

Je vous salue cordialement, citoyen.

P.-J. PROUDHON.

Paris, 9 avril 1848.

A M. MAURICE

Mon cher Maurice, je viens, en répondant à votre dernière, vous remercier de l'offre hospitalière que vous me faites; j'en remercie surtout Mmes Blecher, pour qui je n'aurai jamais assez de reconnaissance. Quand la sensibilité reprend en moi le dessus, les paroles me manquent et je reste muet. Dites à ces dames que je les prie de consulter leur cœur pour savoir ce qu'il y a dans le mien, et embrassez pour moi votre charmante Laure.

Enfin je me suis laissé aller à écrire une lettre à nos chers concitoyens, relativement à ma candidature, au succès de laquelle je persiste à ne pas ajouter foi.

Mais ne voulant pas perdre l'occasion de manifester mes sentiments, et sur la révolution de Février, et sur le gouvernement chargé de la représenter, j'ai parlé de l'abondance de ma pensée et de ma plume, au risque de mécontenter tout le monde. L'avocat O*** a-t-il donné au club lecture de ma lettre? L'a-t-on imprimée?

Vous avez lu depuis, mon cher Maurice, la première livraison de mon travail; elle est d'accord avec ma *circulaire*, puisque circulaire il y a.

Vous avez dû recevoir en outre mon projet financier,

ou plutôt antifinancier, dans lequel se résume toute la question économique. J'ai laissé de côté les développements de philosophie, de politique et de droit, pour ne montrer que la combinaison économique. Cela ne sera pas compris; et, quand on l'aura compris, on le goûtera peu. On avait rêvé le bonheur sans travail, et voilà que je commence par dire : Il faut travailler !...

Travailler toujours ! travailler de plus en plus ! Car réduire le salaire pour tout le monde, et proportionnellement, cela revient à augmenter le travail pour tout le monde. J'ai beau dire qu'en augmentant le travail de moitié nous aurons chacun à dépenser moitié plus en moyenne, et que les pauvres seront plus favorisés que les riches : on voudrait avoir le surcroît de richesse, mais sans travail !...

J'ignore si mes idées, si simples, si frappantes, et que je vais développer sous une forme moins aride, seront bientôt accueillies. Tout ce que je puis dire, c'est qu'on passera par là : ou bien il y aura surcroît de pauvreté et de désordre.

Le gouvernement provisoire est fou, et tous les républicains sont fanatisés. On répète en miniature 93; on ne sait que la Convention et Robespierre; l'hallucination est complète. Ledru-Rollin se drape dans son énergie révolutionnaire; les clubs applaudissent; on fait les motions les plus bouffonnes. Enfin rien ne manque à la comédie, qui est d'autant mieux jouée que les acteurs se prennent tout à fait au sérieux. Braves gens au fond, pour la plupart, mais d'une ignorance, d'une étroitesse d'idées qui me désolent. Il n'y a personne ni dans le gouvernement, ni parmi les clubistes, qui comprenne ni l'époque, ni la révolution, ni la question, ni la situation. La littérature en vogue, la démocratie bavarde, toutes les utopies, tous les rêves sont au pouvoir. Ils ne voient pas, les malheureux, ces choses si simples : 1° que les départements, si le gouvernement ne change, vont refuser l'impôt; 2° que l'armée, qui d'ailleurs se désorganise, sera sans force contre les populations; 3° que les conscrits ne partiront pas; 4° que la suspension des affaires va amener la famine dans Paris; 5° que le gouvernement n'a rien dont il puisse faire argent; 6° que tout le monde, même les riches, vivant sur le crédit, les réquisitions, impôts progressifs et autres drogues ne produiront rien.

Le gouvernement provisoire va de l'avant; il a établi une amende de 50 francs pour la première fois et 100 francs pour la seconde, contre les chefs d'ateliers qui feront travailler plus de dix heures; il paie 1 fr. 50 et 2 francs par jour une masse de fainéants qui font semblant de piocher sur le bord des routes, et qui le soir assistent aux clubs où ils appuient les motions révolutionnaires. On fait, on défait, on refait les décrets; on y met des considérants dignes de M. de la Palisse; tout ce qu'on fait est coup de tête et casse-cou.

Jamais pareil vertige n'a saisi un pays.

Et les candidatures! Ici, à Lyon, partout, on les compte par centaines; c'est à dégoûter les plus courageux. Ah! mon cher Maurice, nommez-moi, ne me nommez pas, cela m'est tout à fait égal. Nous sommes en pleine transformation; que les conservateurs s'y résignent. Mais toutes ces folies ne dureront pas, et je ne veux pour rien y tremper; que les braves ouvriers bisontins, qui ont eu quelque admiration pour le gouvernement provisoire, en prennent aussi leur parti.

Depuis que j'ai envoyé ma réponse à Gandon, avec recommandation de la remettre à M. Tudet et de la faire insérer, je n'entends plus parler de rien ! Ç'a été un coup de frein à nos exaltés, je m'en doute. (Je vous dis tout ceci entre nous.) Ma première livraison, mon projet, ont dû ensuite les refroidir singulièrement ! Ils en verront bien d'autres.

L'utopie, la décadence sont au pouvoir : voilà mes adversaires, voilà ce qu'il faut démolir. J'aurai raison plus tard.

Mon traducteur allemand m'écrit de Trèves (Prusse) que la bourgeoisie rhénane goûte fort mes idées, et qu'elle est toute prête à suivre mes leçons. Je vais faire un appendice à mon projet, pour en montrer les conséquences, les motifs, la portée, etc.; je tâcherai de bien établir la question *en droit* comme en *Économie politique*, et je verrai venir les événements. Si je trouve des sympathies, de la raison, du sang-froid de l'autre côté du Rhin, et que j'aie la chance d'y faire quelque chose, je quitterai Paris où je désespère de vaincre la malveillance de la presse qui s'obstine à me refouler, et où je prévois que la fièvre révolutionnaire devra avoir son cours. C'est une pleurésie dont nous ne mourrons pas, mais qui nous fera bien souffrir.

Je vous souhaite le bonjour.

P.-J. PROUDHON.

Paris, 12 avril 1848.

A M. CHARLES PROUDHON

Mon cher Charles, j'ai bien reçu tes deux lettres, et je réponds à la dernière, uniquement afin de te rassurer sur mon sort. Ceux qui me détestent en ce moment ne sont pas les propriétaires, ce sont les hommes du gouvernement. Je ne t'en dis pas davantage.

Tu n'as rien à dire de ma part, rien à publier ou à communiquer en mon nom. Tu ne peux savoir ce que je veux, ni ce que je dois faire ; le seul parti que tu aies à prendre est de t'en rapporter aux imprimés que j'envoie à Besançon et aux lettres que j'adresse aux électeurs, et que sans doute on imprimera. Reste tranquille, ne t'échauffe pas ; ne te mets en avant pour aucun projet, aucune opinion ; suis seulement la marche que je trace à tout le monde dans mes publications. Ne préjuge rien, ne suppose rien, ne prends parti pour personne, parce que tu ne peux savoir comment les choses tourneront et qu'il faut éviter, par des manifestations prématurées, de se compromettre. Je sais seul ici ce qu'il faut faire, et je le dis au fur et à mesure que je le crois utile.

Tu salueras pour moi tous nos amis et parents, et tu

leur feras part, si tu veux, des mêmes recommandations
que je te fais. Qu'ils ne soient pas plus révolutionnaires
que la révolution, et qu'ils ne se pressent pas de toucher
à rien, parce que, ne voyant peut-être pas l'ensemble
des choses, ils n'aboutiraient qu'à augmenter le gâchis.

Il faut dans des moments pareils être lion et renard,
serpent et colombe tout à la fois. Cela n'est pas donné à
tout le monde.

Ton frère,

P.-J. PROUDHON.

Paris, 13 avril 1848.

A M. PILHES

Mon cher Pilhes, on vous accuse ici de mollesse, de
connivence avec les réactionnaires. Que sais-je? peut-
être que vous êtes un traître!..... Je viens, au milieu
des dégoûts qui vous abreuvent, causer un peu avec
vous : cela vous consolera.

Nos gouvernants accusent tout le monde, excepté
eux-mêmes, de la situation déplorable où est le pays.
La vérité est qu'eux seuls sont coupables : ignorance,
précipitation, puis rétractation, contradiction.

Nous avons un gouvernement formé de trois fractions
hostiles, jalouses, également impuissantes, également
despotiques.

La première est la coterie des doctrinaires de la
démocratie, qui a pour organe le *National*, pour patrons Marrast, Pagnerre, Marie, Carnot, Bethmont et
consorts. Ceux-là marchent en sens contraire de la
révolution ; ils repoussent tous les économistes et les
socialistes : P. Leroux, Considerant, Cabet et moi, nous
sommes ses bêtes noires. A Limoges, Trélat s'oppose à
la candidature de P. Leroux; partout cette fraction du

pouvoir est prête à s'entendre avec l'ancienne opposition dynastique.

Le deuxième parti représenté au pouvoir est celui des jacobins ou montagnards, c'est-à-dire la *Réforme* et *Ledru-Rollin*, avec le club Barbès, E. Arago, etc. Ce sont les plus honnêtes gens, les plus dévoués, les plus énergiques. Malheureusement ils ne comprennent pas leur siècle. Tout ce qu'ils pensent, disent, proposent ou exécutent, est en commémoration de 93 : ils ne s'aperçoivent pas que le monde est changé. Ils sont sans force, et ils ne songent qu'à déployer de l'énergie ! Ils ne peuvent gouverner qu'avec le consentement de tous, bourgeois y compris, et ils parlent de dictature ! Ils n'ont ni argent, ni armée ; ils n'auront bientôt ni impôts, ni conscrits : tout leur manquera à la fois, sans qu'ils se rendent compte des raisons, parce qu'ils ne savent pas comment est faite la société, et qu'ils prennent 48 pour un analogue de 92. Leur erreur la plus grave est d'être exclusifs, et de ne pas vouloir comprendre que la France entière était républicaine sans s'en douter ; conséquemment, que le seul rôle du gouvernement provisoire était, en arrivant aux affaires, de nourrir les ouvriers sans travail, de rassurer la propriété, de prouver à la France que la révolution de Février était la conséquence de toutes les idées, même opposées, qui la veille étaient en lutte ; puis, sauf à résister à toute tentative de restauration monarchique, d'appeler la nation à s'organiser républicainement, comme elle voudrait.

Ils veulent *engager l'avenir ;* et ils ne s'aperçoivent pas qu'ils ont rétrogradé ! Tout ce qu'ils essaient choque l'instinct républicain de la France. On se dit partout, en parlant de leurs actes : « Ceci est de la dictature, cela est de la terreur; ce n'est pas de la république. »

Le premier parti ne veut pas marcher; le second marche de travers; comment voulez-vous que l'on s'entende! Comment le pays ne serait-il pas indocile sous la main d'une autorité sans consistance?

Enfin, il y a la secte communiste, qui trône au Luxembourg en la personne de L. Blanc, et qui, à elle seule, fait presque tout le mal. Louis Blanc coûte 100 millions par jour à la France, qui, par ses plans, tout entière se voit menée de vive force au communisme; et comme elle n'est pas communiste, il y a cessation de travail, de commerce, d'affaires; nous fondons, nous nous consumons sur place, comme un glaçon au soleil. Ici, presque tout le monde siffle et hue ces crétins, qui, disent-ils, jouent bravement leurs têtes, comme si la République en avait que faire. Je pourrais compter comme quatrième coterie le parti Buchez et Bastide, les révolutionnaires mystiques, qui ne vous donneraient pas la guillotine sans confession. Ils ne méritent pas qu'on en parle.

Et voilà ce gouvernement, divisé d'idées, de théories, sans homogénéité, sans principe, qui décrète, qui légifère, qui fait, refait et défait, qui prend un arrêté et qui le lendemain le révoque, qui, au lieu de faire de la conservation, du *statu quo* républicain, compromet la République par son ignorance de la République. A Lyon, Emm. Arago, dont sans doute on fera l'éloge, est le très-humble serviteur des canuts; faisant tout ce qu'ils veulent, il se soutient cahin-caha. A Besançon, le commissaire Faivre a été expulsé par la garde nationale en armes; pourquoi? Ne croyez pas que ce soit en haine de la République : non, c'était en haine de la dictature et des façons cavalières de l'homme. La plupart de vos collègues, comme de vos chefs, mon cher Pilhes, sont de vrais somnambules. Ils ne voient partout qu'aristocrates, réaction, contre-révolution; ils inventeront même une coalition! Or, l'Europe est à ses affaires; elle ne pense pas à nous. Des aristocrates, il n'y en a point. Tout le monde est pauvre, tout le monde est prolétaire. Car, tout le monde vivant de la circulation, et la circulation étant arrêtée, les conditions sont égales. C'est la misère pour tous.

Une contre-révolution! Elle est peu à craindre. Chacun a senti, d'une manière plus ou moins claire, que toutes les idées concluaient à la République, qu'on était républicain sans y penser, que le parti qui porte ou usurpe ce nom n'a que l'avantage de l'avoir su plus tôt. On s'arrange de la *République*, mais pas d'une vieille tragédie. Surtout on ne tolère pas l'exclusion. Comment, en effet, la République durerait-elle en France, si elle n'était dans toutes les idées, dans tous les besoins?. . La thèse était belle à développer; on aurait eu plaisir à voir les *patriotes* prendre ce biais; ne pas faire de la révolution leur propriété; triompher modestement d'avoir eu raison depuis dix-huit ans. Les malheureux ne l'ont pas compris. Tout pleins de leur histoire révolutionnaire, ils voient les choses à rebours de ce qu'elles sont; et c'est pourquoi leurs actes sont à rebours des sentiments généraux.

Mon projet d'organisation du crédit est imprimé depuis bientôt huit jours; je n'ai pas encore obtenu un mot d'aucun journal. Fauvety seul l'a inséré dans sa feuille, mais sans le faire valoir. Ceux qui le lisent admettent tous mon projet de banque d'échange; mais les têtes sont tellement emportées, qu'on n'est pas tou-

ché de l'immensité des résultats. Fauvety, Viard, etc.,
comprennent parfaitement que le rôle du numéraire
est fini; qu'il en résulterait pour la France en deux
années en économies, bénéfice, accroissement de production, cinq.à six milliards de mieux-value; que le
principe de ma banque est le principe de l'égalité, etc.
Rien n'y fait. Cela est trop algébrique, trop financier;
on attendait un idéal plus poétique; et pendant que
chaque jour nous approche de la catastrophe, on ne
songe point à provoquer une mesure qui sauverait la
France. Deux milliards cinq cents millions de crédit
mutuel; autant en accroissement de production an-
nuelle : voilà un premier échantillon de la puissance de
mon principe. On se moque de cela! Des gens à la veille
de mourir de faim!...

Hier le *National* contenait un article à mon adresse,
où, sans me nommer, il mettait au-dessus de mon projet
une proposition de billet hypothécaire dont il trouvait
l'idée *excellente*. C'est une combinaison d'usurier!

La *Réforme* n'a pas encore eu le temps de me lire.

La *Presse* a promis de publier mon projet tout au long.
J'ai été voir E. de Girardin; cet homme, qu'on croit
profondément doué, habile, intelligent, etc., est un être
incompris. C'est une tête maladive, cerveau fêlé, tempérament fébrile, tripoteur, tracassier, langue bavarde.
J'étais curieux de voir le personnage; jamais je n'aurai de querelle avec lui, car je ne le prendrai pas au
sérieux.

Demain, au club des imprimeurs, j'irai développer
mon projet. La deuxième livraison est tirée. J'écris la
troisième. J'ai donné ordre de tirer à 1,500 exemplaires
seulement. Votre ami Caze est un homme bon à rien,
que j'ai laissé tranquille chez lui. Il m'a procuré un

nommé Gilbert, à qui je donne un franc par jour. Je lui ai associé, aux mêmes conditions, le père Eisermann; et tous les deux tiennent la boutique, se remplacent, font les courses, etc. Nous avons des dépôts de plusieurs libraires. Louis Blanc me veut mal de mort. Mes plaisanteries et mes critiques lui vont au cœur; l'indignation a passé dans la commission qu'il préside, et l'on a résolu de rayer mon nom de la liste des candidats.

A Lyon ma candidature n'a que des chances douteuses. L'anarchie est dans les clubs. Les ouvriers se querellent, se jalousent. Toutes les infirmités intellectuelles se présentent pour la députation!

Besançon m'offre plus de chances. J'aurai l'appui de la bourgeoisie et des ouvriers. Je compte sur le succès. J'ai payé déjà pour diverses dépenses, papiers entre autres, 356 fr. 50.

L'imprimeur m'a témoigné le désir de régler, et je compte lui remettre samedi 150 francs. Ce qui fera 506 fr. 50 à mon crédit. J'ai reçu de vous jusqu'à ce jour, 600 francs.

On lit peu dans des temps pareils. Peut-être interromprai-je ma publication; en tout cas, j'épuiserai le papier qui nous reste, et qui suffira pour aller jusqu'à la troisième livraison, en tirant à 1,500.

Ribeyrolles est parti lundi soir par la malle.

Quoi qu'on pense et quoi qu'on dise, soyez conciliant, mon cher Pilhes; prouvez que tout le monde est républicain; bornez-vous à maintenir la République, excusez le gouvernement provisoire de votre mieux, et montrez en perspective l'Assemblée nationale, qui régularisera tout. Mais irons-nous jusqu'à l'Assemblée nationale? Je vous embrasse.

P.-J. PROUDHON.

Paris, 14 avril 1848.

A M. MICHEL CHEVALIER, PROFESSEUR D'ÉCONOMIE POLITIQUE

Monsieur, dans votre troisième lettre sur l'organisation du travail, qui a paru dans les *Débats* d'hier, vous me citez, conjointement avec M. Pecqueur, comme chef d'une secte particulière de communistes que vous appelez communistes égalitaires et continuateurs de Babœuf; vous me rendez, à ce titre, solidaire de la déconfiture de M. Louis Blanc, entrepreneur officiel de l'organisation du travail, et vous déclarez du coup mon *système* aussi impuissant que celui de M. Louis Blanc à éteindre le paupérisme, qui est la grande question du siècle.

En sorte que moi, qui ai réfuté le communisme de manière à dispenser qui que ce soit de s'en occuper à l'avenir, je me trouve englobé dans la proscription communiste.

Moi, dont les idées n'ont aucun rapport avec celles de M. Louis Blanc, et qui n'ai pas paru une seule fois au Luxembourg, je suis enterré par vous dans la même fosse que M. Louis Blanc.

Moi, enfin, qui n'ai publié jusqu'à présent que des

critiques : critique de l'Économie politique, critique du socialisme, du communisme, du fouriérisme, du saint-simonisme ; critique de la monarchie, de la démocratie, de la propriété, etc., etc., j'entends prononcer la condamnation de mon *système*, lequel système n'a jamais vu le jour !

Avant-hier, le *Constitutionnel* me citait comme communiste ; dernièrement, la *Revue des Deux-Mondes* me présentait également comme communiste ; chacun, excepté ceux qui me lisent, me croit communiste, et sur ce, l'on ne manque jamais de déclarer mon *système* faux, impraticable, hostile à la liberté, subversif de la société, de la famille, et autres qualifications plus ou moins déplaisantes.

J'ai toujours laissé courir ces fadaises, par la seule crainte que mes réclamations ne fussent prises pour des réclames, et si dans ce moment je me décide à m'adresser à vous, c'est que je crois qu'il est de l'intérêt général que je rompe le silence. Il serait trop commode de répondre aux critiques qui ont été faites depuis vingt ans des institutions sociales par l'épithète de *communiste*, et les ennemis de la révolution de Février en auraient trop tôt fini avec le prolétariat.

Laissons donc, s'il vous plaît, M. Louis Blanc et son utopie. M. Louis Blanc n'est pas du tout la personnification du nouveau système social. Voici, sauf erreur, comment la question doit être posée par tout écrivain de bonne foi.

Le peuple, qui a fait la révolution de Février, n'est ni saint-simonien, ni fouriériste, ni communiste, ni babouviste ; il n'est pas même jacobin, ni girondin.

Mais le peuple a parfaitement compris ces deux choses : c'est, d'un côté, que la politique n'est rien ;

d'autre part, que l'Économie politique, telle que l'ont
enseignée MM. Say, Rossi, Blanqui, Wolowski, Chevalier, etc., n'est que de l'économie des propriétaires,
dont l'application à la société engendre fatalement et
organiquement la misère.

Je crois avoir plus que personne contribué à établir
cette opinion. Ce qui est vrai économiquement du
simple particulier est faux dès qu'on veut l'étendre à
la société; cette proposition résume toutes mes critiques. C'est ainsi, par exemple, que le produit *net* et le
produit *brut*, distincts pour l'industrie privée, sont
identiques pour la nation; que la baisse du salaire,
laquelle est appauvrissement pour le travailleur qui la
subit, devient augmentation de richesse quand elle
s'applique à tout le monde; que, au point de vue collectif, il en est ainsi de tous les théorèmes de l'ancienne
Économie politique, qui, je le répète, n'est que de l'Économie domestique. Or, que demande aujourd'hui le
peuple? Le peuple demande, et c'est la question qu'il a
posée le 24 février, que, tout en respectant la liberté
individuelle, sous quelque forme qu'elle se manifeste,
on refasse une Économie politique (publique ou sociale,
comme il vous plaira) qui ne soit pas un mensonge; car
c'est mentir au peuple et à la justice que de vouloir
expliquer à la société les pratiques de l'égoïsme. Les
faits sont là qui le prouvent.

Pour satisfaire à ce désir du peuple, que font les
socialistes?

Par une erreur du même genre que celle des économistes, ils veulent étendre à la société tout entière le
principe de fraternité qui existe dans la famille, et le
principe de solidarité, qui fait la base des sociétés civiles
et commerciales définis par le Code. De là, l'utopie

phalanstérienne, et tant d'autres que vous connaissez comme moi.

Or, la fraternité et la solidarité dans le corps social ne ressemblent pas plus à la fraternité domestique et à la solidarité des sociétés en nom collectif, que les lois du crédit, de la production et de la circulation, au point de vue du peuple, ne ressemblent aux règles du crédit privé, de la production et de la consommation privées.

J'ai développé, dans un ouvrage qui a paru il y a plus de dix-huit mois, cette opposition fondamentale. S'il avait plu aux économistes de faire état de mes observations, ils auraient pu prévenir les événements de Février, et la révolution sociale se serait accomplie sans catastrophe. Et si le socialisme, et M. Louis Blanc en particulier, avaient été capables de recevoir un bon conseil, que j'opposais à leurs rêves, nous n'aurions pas aujourd'hui le spectacle désespérant que nous donne le Luxembourg. Mais, en faisant la critique de toutes les opinions, j'ai dû m'attendre à n'être écouté de personne; aussi je ne demande qu'une chose, c'est qu'on m'épargne la calomnie. Économistes et socialistes poursuivent donc également, selon moi, un but impossible à atteindre; les premiers en appliquant à la société les règles de l'Économie privée; les seconds en lui appliquant la fraternité privée. C'est toujours de l'individualisme, toujours de la subjectivité, de la contradiction.

Voilà ce que depuis huit ans je n'ai cessé de dire. Du reste, j'ai été sobre d'affirmations; je n'ai point publié de système, et personne ne peut dire si je suis ou non capable de guérir la misère.

Toutefois, voulant donner une idée de ce que doit être, dans mon opinion, la solution du problème social, je viens de publier un projet d'organisation de la circulation et du crédit, que je prends la liberté de vous adresser.

Ou je me trompe fort, ou vous ne trouverez vestige là-dedans ni de communisme, ni de babouvisme, et vous y verrez une Economie politique constituée sur d'autres bases que celles de J.-B. Say et de Ricardo.

Puisque, et c'est vous-même, Monsieur, qui le dites, puisque le jour est venu de discuter tous les systèmes, vous m'obligeriez fort, et de votre part ce serait justice, d'examiner cet échantillon du mien. Le peuple est trop avancé pour reculer ; il faut absolument établir un des nouveaux principes : le droit du capitaliste et des travailleurs; il faut, en un mot, que la question sociale soit vidée. Sinon, attendez-vous à toutes les horreurs de la guerre civile, à toutes les misères de l'agraria.

Je regrette sincèrement, Monsieur, la destitution dont vous venez d'être frappé, et qui, je le crains, vous a trouvé trop sensible pour un homme de si haute intelligence. Je n'eusse pas conseillé cet acte de rigueur inutile, d'autant plus que, économiste avant tout, vous êtes sceptique en matière de gouvernement. Franchement rallié à la Révolution, vous pouviez par vos talents servir le peuple même en résistant aux innovations.

Je déplore que de misérables rancunes vous aient rejeté dans le camp ennemi.

Je compte sur votre obligeance pour faire insérer la présente dans le plus prochain numéro des *Débats*, et vous prie d'agréer l'assurance de ma parfaite estime.

P.-J. Proudhon.

3 mai 1848.

A M. MAGUET.

Mon cher Maguet, je suis heureux de vos félicitations, et je vous en remercie.

Je présume que vous venez à Paris à l'occasion de la fête fixée pour le 4 et renvoyée au 15 ou à quinzaine?

Je compte donc que sur mon avis vous ajournerez votre voyage.

Je serai chez moi toutefois à l'heure que vous m'assignez.

Demain vous recevrez une nouvelle bombe.

Mon journal gagne du terrain; il suscite des applaudissements et des colères incroyables.

J'avais besoin de frapper un peu l'attention avant de parler; maintenant je vais développer ma théorie.

Adieu, je vous embrasse.

P.-J. PROUDHON.

Mai 1848.

A M. MAGUET.

Mon cher docteur, votre dévouement me pénètre jusqu'au fond de l'âme ; je voudrais que vous eussiez besoin, dans ce moment que je me fisse abattre une jambe pour vous être utile ; je la tendrai de bon cœur au chirurgien. Un de mes amis à qui j'ai fait part de votre lettre en a pleuré d'admiration.

Mais, mon cher ami, je suis plus digne peut-être de votre estime que vous ne pensez encore, en ce sens que je sais veiller moi-même au soin de ma réputation.

Tranquillisez-vous sur ma situation.

Il y a dans la caisse du *Peuple*, à l'heure qu'il est, 25,000 francs.

Je dis 25,000 francs qui, sans le fisc et les procès, ne devraient rien à personne.

Le jour où je pourrai conduire cette entreprise et la soutenir sans avoir besoin de frapper l'attention par de ces coups imprévus qui amènent une saisie, ce sera une affaire qui produira 100,000 francs net par an.

Déjà, depuis plus de six ou sept semaines, nous n'avons eu de saisie, excepté celle de ces jours passés qui tombera dans l'eau, le parquet ayant été mystifié par mon article sur les conspirations, comme le *Constitutionnel* l'a été lui-même. J'ai lieu de croire qu'au point où en est la faveur publique nous pourrons nous soutenir sans *forcer* le pas.

Du reste, nos souscripteurs ne viennent pas vite ; un tiers environ des actions est abandonné pour le *Peuple*.

Ce que j'ai dit, au surplus, de ma situation personnelle est vrai ; j'ai 3,000 francs dans le cautionnement, plus 6,000 francs qui m'ont été remis par un jeune noble, de Bretagne, à qui sa famille interdit toute relation avec moi.

J'avais aussi à la Banque du Peuple deux hommes sûrs, qui avaient l'œil au grain, et m'avertissaient de tout.

Je les ai transférés à l'administration du *Peuple*. Tout marche bien ; soyez sans inquiétude.

Le public a été médusé par mon compte rendu ; la presse, d'abord si insolente, a été écrasée ; et moi, je me trouve un peu plus haut et plus solide sur mon *piédestal* ; passez-moi ce style dont je ris le premier.

La manière dont je me suis défait de la clique qui m'entourait, m'obsédait et m'espionnait à la Banque du Peuple, a paru un acte de vigueur et d'habileté. Je n'avais pu me débarrasser d'eux au commencement ; il me fallait cette occasion.

Maintenant, quant à la politique, vous pouvez juger par le compte rendu de la séance de samedi 28 courant de l'Assemblée nationale, et ce que les journaux vous raconteront de l'agitation des clubs, combien j'empâture le gouvernement avec ma résistance légale, et mon droit républicain, dont je développe de temps en temps quelque principe.

Bref les conservateurs de toute nuance sont amenés peu à peu à déclarer qu'ils veulent la République, *honnête*, bien entendu, mais enfin la République. Il me reste la queue des Montagnards, socialistes clubistes, etc., qui ne vaut pas quatre sous, et que mon influence, toujours croissante, offusque singulièrement. Voici quelle sera à peu près ma tactique :

Vous avez su que j'avais voulu, avant de descendre dans la rue, compromettre les chefs. Cela n'a pas plu du tout, de sorte qu'à mon tour je vais laisser là les conspirateurs et faiseurs d'insurrections, et montrer la ficelle au peuple, qui comprend à merveille.

Puis le *Peuple* fera de l'observation, avertissant, jugeant, raillant, tympanisant montagnards et socialistes quand ils marcheront de travers.

J'ai de la copie pour plusieurs années.

Maintenant, à vous ! Quand allez-vous à Dampierre ? Faites-le-moi savoir ; je suis résolu d'aller vous y faire visite.

J'ai parcouru toute la Belgique ; je ne sais où m'arrêter, sachant que partout la police a des instructions secrètes, et entendant tous les jours parler de moi d'une manière fort peu avantageuse. Ma santé, heureusement, est assez bonne ! Mais je suis devenu tellement cauteleux et méfiant que je ne donne mon adresse à personne, et que pour vous la dire, à vous par exception, je suis forcé d'employer des circonlocutions incroyables. Vous rappelez-vous ce vieux professeur de philosophie en face duquel ma prestance vous paraissait si comique ? Prenez la première, la sixième, la quatrième et la deuxième lettre de son nom ; mettez en tête l'initiale du nom de baptême d'un célèbre grammairien de votre connaissance, mort jeune par trop d'amitié pour sa femme ; assemblez ; je suppose que vous savez assez de géographie, que vous connaissez assez bien votre carte d'Europe pour suppléer le reste. Si jamais vous avez envie de me voir et de faire route jusque-là, vous ferez bien de me prévenir quatre jours d'avance ; j'aurai soin de ne pas m'éloigner et je vous mettrai la main dessus comme un vrai sergent de ville. Quant à mon nom inconnu, écrivez-moi par l'entremise du *Peuple*.

La Belgique est un pays assez monotone. J'ai grande envie de remonter le Rhin jusqu'à Bâle. L'anxiété des événements m'arrête ; et puis, j'attends que ma situation soit tout à fait liquide.

Quand vous verrai-je ? En vérité, mon cher, quand je reporte sur vous mon attention, et que je pense à votre amitié, je ne puis m'empêcher de dire : la République est une prostituée qui ne vaut pas la peine que je me donne pour elle.

Salut et fraternité.

P,-J. PROUDHON.

Paris, 31 mai 1848.

A M. ABRAM, NOTAIRE A ORCHAMPS-VERNON, (DOUBS)

Mon cher camarade, tu veux absolument que je t'envoie ma profession de foi, et tu m'annonces, si elle est sage, trois cents voix parmi tes honorables concitoyens.

Quand je lis les circulaires qui nous inondent ; quand je vois avec quelle facilité les gens qui ont le plus d'esprit se compromettent, sans qu'ils s'en doutent, en faisant courir leurs sottises parlementaires ; quand je rumine enfin sur le danger d'une pareille épreuve, je t'avoue que j'aimerais beaucoup mieux, pour ma réputation, n'avoir point à m'exprimer du tout.

Il faut pourtant répondre à ta lettre, si catégorique, si péremptoire, qu'en la lisant je croyais tenir une sommation. Tu as eu beau t'envelopper d'égalité et de fraternité, j'ai reconnu tout de suite l'homme du protocole. Puisque tu le veux, je te dirai bonnement, et de manière que tout le monde l'entende, ce que je suis, ce que je veux. Tu feras, si bon te semble, de ma déclaration un peu gauloise un acte extra-judiciaire.

Ma famille est d'origine montagnarde, connue par sa

piété, son civisme, son respect pour les traditions franc-comtoises, toutes choses qui doivent rendre ma candidature chère aux habitants du canton de Morteau.

Mes antécédents politiques sont connus, et tu peux en rendre témoignage. Je suis républicain, non pas seulement de la veille, mais de l'avant-veille : la date de mes opinions remontant, si je ne me trompe, à 1827 ou 1828, alors que personne ne savait ce que c'était que la *Marseillaise*. Sous ce rapport, j'offre donc toutes les garanties désirables de fidélité à la République.

Je dois dire cependant que depuis 1827 mes idées se sont un peu modifiées, en ce sens que je ne suis ni girondin, ni montagnard, ni même babouviste ; mon esprit a marché avec le siècle. Aussi je crois la Constitution de 1793 aussi parfaitement insignifiante que la Charte de 1830 ; et si je trouve à redire à la politique du Gouvernement provisoire, c'est de nous donner une répétition de 92, faute par lui de comprendre que nous sommes en 1848. Si donc je faisais partie de l'Assemblée nationale, je demanderais compte au Gouvernement provisoire, lorsqu'il viendra lire son discours de la couronne, de ce faux esprit révolutionnaire qui se fait remarquer dans tous ses actes, et auquel j'attribue les trois quarts du malaise de la situation.

Quant à mes idées sociales, ce point est le plus scabreux de tous. On ne manquera pas de dire aux bons habitants de la montagne que c'est moi qui ai écrit ces horribles mots : *La Propriété, c'est le vol!* On en inférera que je veux la communauté des biens, des femmes, des enfants, que sais-je ? peut-être la communauté des jambes et des bras !

Tu peux dire hautement que je ne veux pas qu'on démarie qui que ce soit ; que j'entends au contraire que ceux qui ont pris des femmes les gardent ; je ne suis pas assez philanthrope pour séparer ce que l'amour a joint. Au surplus, je suis si peu communiste que c'est précisément comme adversaire de la communauté que les Icariens m'ont rayé de la liste de leurs candidats.

Pour ce qui regarde ma célèbre définition, *la Propriété, c'est le vol !* c'est là une question d'économie spéculative à débattre entre le commissaire du Gouvernement provisoire, M. Drevon, et moi, mais qui ne touche en rien à la pratique des affaires, la seule chose qui intéresse nos concitoyens. Quand je dis que *la Propriété est le vol*, j'entends, par exemple, que les paysans sont en général trop peu riches, qu'ils ne mangent pas assez de viande, ne boivent pas assez de vin ; que leur pain est trop mêlé d'orge, avoine et autres fécules ; qu'ils paient le sel trop cher : en un mot, qu'il ne leur passe pas par les mains assez d'argent. Pour eux, le numéraire est toute l'année comme il est à Paris depuis un mois ; c'est un désordre auquel je me propose d'apporter remède.

Je n'insisterai pas sur ma foi religieuse. Quand on ne me parle de rien, j'ai la religion du charbonnier. Dès qu'on veut m'obliger à croire, mon esprit se rebiffe ; il est dans ma nature de toujours contredire à l'autorité. J'ai pour les ecclésiastiques, comme pour tous les fonctionnaires publics, en général beaucoup d'estime ; mais j'ai toujours été rebelle à l'Église comme au gouvernement.

Je veux que l'État paie les prêtres tant que la religion sera l'un des principes de la société ; mais je ne veux pas que le salaire donné par l'État devienne pour la religion un moyen d'existence, puisqu'alors elle serait elle-même un produit parasite ; elle ne serait plus un principe. C'est pour cela que je demanderai à l'Assemblée nationale que tout prêtre qui regarde les femmes à la messe soit destitué de ses fonctions et marié.

Voilà, mon vieux, les explications que je puis t'offrir. Toi qui sais lire dans un papier le blanc comme le noir, tu feras à tes amis tels commentaires que tu aviseras ; je m'en rapporte pleinement à ta prudence et à ta discrétion.

Dans quelques jours, tu recevras le *spécimen* de la solution du problème social telle que je suis en train de la publier.

Je te salue *in Christo et Republica.*

P.-J. PROUDHON.

Paris, 17 juin 1848

A M. HUGUENET

Mon cher Huguenet, je réponds un peu tard à votre dernière, en ce qui concerne la réimpression de la *Propriété*. Vous me demandiez des explications plus claires sur les conditions que j'entendais faire à M. Bintot. Je vous dirai aujourd'hui qu'il n'y a plus lieu à vous donner d'explications. Je viens de traiter de cette réimpression avec un libraire qui me donne de l'argent comptant, dont j'ai grand besoin, et qui prend le reste des *Créations de l'ordre.*

Je suis dégagé de Prévot qui m'a fait tant de tort par sa nonchalance à pousser la vente de mes publications.

A présent que me voilà *représentant du peuple*, je suis absorbé par les travaux de l'Assemblée, et n'ai pas même le temps de travailler à mon journal. Je fais partie du comité des finances et je compte prendre la parole sur les questions de ce ressort. Cela, je pense, ne tardera guère.

Combien vous reste-t-il de *Célébrations du Dimanche?* J'ai besoin de savoir cela au juste et par retour du courrier, s'il est possible. Je pourrais négocier, pour

M. Bintot, ce qui lui reste, avec mon libraire ; cela conviendrait également aux deux. Donc écrivez-moi, je vous prie.

Je suis l'objet d'une curiosité singulière. On s'étonne presque que je n'aie ni cornes, ni griffes. La terreur que je cause dans certains départements est vraiment ridicule.

Comme je n'ai pas une minute disponible, obligez-moi de voir le cousin Proudhon, et de m'excuser auprès de lui de mon silence. A la prochaine occasion, à la première bonne fortune qui m'arrivera, je lui en ferai part à lui le premier.

Bonjour à Mme Huguenet. Donnez-moi toujours de vos nouvelles, et salut aux amis.

P.-J. Proudhon.

Paris, 28 juin 1848.

A M. MAGUET

Mon cher Maguet, votre sollicitude, votre amitié pour moi me touchent au plus haut point. Il m'est bien doux de savoir que des âmes comme la vôtre me réservent leur sympathie, quand je suis un objet d'horreur pour tant de gens.

L'insurrection a cédé; elle n'est pas vaincue. On fait des milliers d'arrestations; si l'instruction est sévère, il faut s'attendre à voir 20,000 citoyens jetés en prison. Un décret de l'Assemblée nationale rendu cette nuit, les livre tous à une commission militaire et leur applique la déportation au delà de l'Océan. Les bourgeois vainqueurs sont féroces comme tigres; toute la province afflue, s'imaginant qu'un déluge de forçats menaçait sérieusement la famille et la propriété.

Les journaux entretiennent l'erreur sur la situation, sèment la calomnie et trompent le pays.

C'est partie remise, je vous assure; la moitié sinon les trois quarts de la population de Paris a été ébranlée, je l'ai vue; s'ils n'ont pas pris part à l'insurrection, la cause en est à la spontanéité du mouvement et à l'incertitude du motif. Drapeau rouge, drapeau noir, drapeau blanc, drapeau tricolore; des socialistes, des bonapartistes, des Anglais, des Russes, des forçats : c'est une macédoine impossible.

Le malheureux bourgeois de Paris est aux abois. Il demande à grands cris, comme l'ouvrier, le travail, le crédit et le pain. Et je vous certifie que ce n'est pas l'Assemblée qui le lui donnera. Dans quinze jours, nous serons au fond du puits de l'abime; la reprise des affaires est impossible par les voies ordinaires. Un autre coup de main, mais qui sera, je crois, décisif, est inévitable.

L'Assemblée nationale offre un spectacle désespérant par l'indécision et la stupidité. Ce sont les vendeurs du temple qui agiotent sur la République. Je ne serai soulagé que quand le peuple nous chassera tous à coups de pied. P. Leroux est coulé comme L. Blanc. Il ne reste plus que moi qui n'ai rien dit encore ; je ne veux prendre la parole que sur des questions positives. Mais je serai net, catégorique ; je poserai le *casus belli*. On saura, je l'espère, dès mon premier discours où nous en sommes.

Gouvernet vous serre la main.

Adieu, je vous embrasse, mon cher Maguet.

P.-J. PROUDHON.

P.-S. J'ai parcouru continuellement le théâtre du combat grâce à mes insignes de représentant; j'ai vu plus d'une fois les gardes nationaux, lorsque je me faisais connaître à eux, pâlir et reculer de quatre pas.

Paris, 6 juillet 1848.

A M. CHARLES PROUDHON

Mon cher Charles, reste tranquille chez toi, jusqu'à ce que je t'appelle ou que j'aille te voir, ce que je préférerais; je ne suis pas assez avancé pour te recevoir. Je n'ai pas encore reçu un centime de la République, et je me suis mis en dépenses pour elle. Du reste, le danger pour moi n'est pas tel que tu l'imagines; malgré l'exécration générale dont je me vois l'objet, je suis assez bien avec le gouvernement; j'ai toujours quelque ministre qui peut me secourir au besoin. On sait, dans la région du pouvoir, que je suis un honnête homme et même un homme de ressource; je laisse clabauder les tartufes et les pékins. Ne t'effraie donc pas, ne quitte point ta famille; soigne tes enfants; j'espère qu'ils ressembleront à leur oncle, à toute la famille. Nous sommes de bonne race, vois-tu, il faut soigner la graine. Dans quelque temps, j'aurai à peu près terminé mon rôle; je serai un homme mort, et ne vaudrai pas un chien en vie. On s'use vite dans cette fournaise, et, si j'arrive à cinquante ans, je m'attends à cet âge à n'être plus qu'une vieille carcasse. J'aime donc mieux, en ce moment, que tu fasses venir à bien tes deux garçons que de venir flâner inutilement à mes côtés. Laisse-moi encore une fois jouer tout seul cette infernale partie.

Ton frère,

P.-J. PROUDHON.

Paris, 16 juillet 1848.

A M. AMÉDÉE LANGLOIS, ENSEIGNE DE VAISSEAU

Mon cher concitoyen, je suis bien flatté, mais encore plus touché, de votre excellente lettre. Il y a quelque courage, en ce moment, à venir défendre un auteur exécré, des idées qui sont l'objet du déchaînement de tous les égoïsmes. Certes, je me garderai bien de vous arrêter, de vous détourner de votre généreux projet. Je vous y encourage, au contraire, de toutes mes forces ; je fais plus, je vous engage, tout en exposant mes idées, à y mettre le plus que vous pourrez du vôtre. Et si vous tenez à me donner connaissance, avant l'impression, de vos manuscrits, soyez certain par avance que, tout en rectifiant ce qui me paraîtrait ne pas rendre exactement ma propre pensée, je serais heureux, flatté même, que vous eussiez de temps en temps une pensée qui vous fût propre, cette pensée fût-elle contraire à la mienne.

Allez donc, puisque le spectacle de cette lutte infernale où vous me voyez engagé, et presque seul contre tous, excite votre ardeur sympathique. Faites, mon cher, ce qu'il vous plaira. Ne soyez point l'esclave de la pensée d'autrui. Sachez bien ce que vous voulez, dites-le bien, et ne vous inquiétez pas si nous ne sommes pas toujours d'accord. Soyons libres avant tout.

Je suis absorbé en ce moment par mes misérables occupations législatives; cependant vous me pourrez trouver d'habitude, le soir, entre sept et huit heures, au bureau du *Représentant du Peuple*, rue J.-J.-Rousseau, 8.

Je vous serre la main bien fraternellement.

P.-J. PROUDHON.

Paris, 7 août 1848.

A M. PAUTHIER

Mon cher Pauthier, je prends la liberté de vous adresser l'incluse, afin d'obtenir de vous quelques renseignements, si vous êtes à même de m'en donner, sur le signataire, qui porte votre nom et se dit originaire du département du Doubs. Je suis tellement assailli d'aventuriers et d'indigents, que je fais plus de dettes que je ne reçois d'argent de la République. Sur ce que vous aurez à m'apprendre du sieur Pauthier, ancien soldat de l'empire, j'aviserai à faire pour lui une petite collecte; car je trouve qu'il me cote un peu haut, pour une première visite.

Votre réponse donc, au plus tôt, s'il vous plaît.

J'ai vu ce matin notre bon ami Tissot, qui m'a bien fait la recommandation de l'âme. Je suis tout disposé à suivre ses conseils, les trouvant tout à fait dans mes vues et mon tempérament.

Mais vous? est-il donc écrit que vous vous abîmerez dans l'agriculture?... Ne prendrez-vous pas la parole dans cette cohue? Nous déraisonnons tellement dans ce poulailler qu'on appelle l'Assemblée nationale, qu'un brin de sagesse chinoise nous ferait du bien.

Salut et fraternité.

P.-J. PROUDHON.

P.-S. Renvoyez-moi l'incluse, s. v. p.

16 août 1848.

A M. MAGUET

Mon cher Maguet, notre ami Gouvernet, qui quitte Paris faute d'emploi et par suite des réformes opérées dans son administration, me dit qu'il croit avoir trouvé un digne remplaçant pour vous à Voves.

C'est M. le docteur Faure, à Mennecy, près de Corbeil (Seine-et-Oise).

M. Faure est marié et fils de la dame chez qui Gouvernet logeait. Vous pourriez lui donner rendez-vous à Paris. Tentez encore cette occasion. C'est un très-honnête homme.

Je suis comme la salamandre, je vis dans le feu. Abandonné, trahi, proscrit, exécré par tout le monde, je tiens tête à tout le monde, et je mets en échec la réaction et tous les ennemis de la République.

Le peuple, qui me regarde désormais comme son seul représentant, m'arrive en masse. On ne jure que par moi ou contre moi.

Je me recommande, cher docteur, à vos prières, et vous serre la main.

P.-J. PROUDHON.

24 août 1848.

A M. PAUTHIER

Mon cher Pauthier, ma popularité, comme vous le
dites bien, est si effrayante, et l'horizon politique si
chargé, que je me propose précisément d'aller vous
demander l'hospitalité pour quelques jours à Ville-
Evrard, pourvu toutefois que cela ne vous contrarie
point. Là nous aurions le temps de faire ma biographie
et de répondre à vos braves Allemands.

Mon journal vient d'être pour la deuxième fois suspendu, par décision du conseil des ministres. L'application des lois n'a pas paru suffisante à ces messieurs :
ils aiment mieux l'état de siége. Quand finira-t-il, cet
état de siége ? J'ose répondre : jamais ! Non, jamais
l'état de siége ne finira par la volonté du gouvernement ;
il ne finira que par la volonté du peuple. Cela veut dire
que la France est au régime du sabre jusqu'à ce qu'elle
soit à celui de la *République démocratique et sociale.*
Arrangez-vous !

La discussion de l'Enquête se prépare ; je doute
qu'elle se passe sans que les deux côtés de l'Assemblée
en viennent aux mains.

Voyez où nous en sommes ! J'ai tâché de donner un
but, un nom, une cause, une réalité, une essence, à la
révolution de Février, en proclamant le principe de la
gratuité du crédit et de la réduction progressive de toutes
les rentes et intérêts, accomplie sans spoliation, sans

expropriation, et avec bénéfice pour tous. C'est ce qu'on s'acharne à calomnier. Mais l'IDÉE, le germe, est planté ; il croîtra, *quoi qu'en dise*, et il couvrira la terre de ses branches. Je n'ai plus qu'à arroser le germe planté et à attendre.

Nous sommes dans une confusion affreuse. Hormis moi, qui sais ce que je veux, et qui vois clair dans la situation, je ne vois pas une intelligence qui ne soit déroutée. Dans cet orage électrique, l'étincelle ne peut tarder à partir ; que va-t-elle produire ? Je suis dans l'inquiétude et presque l'effroi. La réaction légitimiste, bonapartiste, orléaniste, gagne ; les partisans des trois prétendants sont coalisés, et je ne fais aucun doute que le gouvernement lui-même ne soit dans la conspiration. On attend, pour se découvrir, une occasion ; on a besoin d'un coup de main et on le cherche. Le peuple, averti, est sur ses gardes et ne bronche pas ; c'est ce qui dépite les plus intrigants. Mais la situation, ainsi faite est trop équivoque pour durer longtemps, et il faut s'attendre à tout.

Dites-moi donc, mon cher Pauthier, si vous pouvez m'offrir du petit lait pendant quelques jours, au cas où les événements m'obligeraient à prendre un congé ?

Dites-moi aussi si, dans le cas de besoin, je pourrais disposer de votre appartement, rue Saint-Dominique ? Vous voyez que j'en suis aux précautions. Je ne suis pas encore conspirateur ; mais je dois songer à ma sûreté comme si je conspirais !

Adieu, tout à vous.

P.-J. PROUDHON.

P.-S. Adressez votre réponse, s. v. p., à *M. Gauthier*, rue Mazarine, 70.

Assemblée nationale, 2 septembre 1848.

A M. ABRAM

Mon cher Abram, tu as sans doute été informé, tant par notre journal que par les autres organes de la presse, des vicissitudes du *Représentant du Peuple*. Trois saisies consécutives, et finalement une suspension, témoignent assez de la guerre systématique du pouvoir aux idées démocratiques et sociales.

Le *Représentant du Peuple* a cessé de vivre. Son rôle, tout personnel jusqu'ici, est fini.

Nous allons reparaître sous le titre du *Peuple*, organe collectif de l'extrême gauche de l'Assemblée nationale. Tu recevras en même temps que la présente notre prospectus.

A présent que l'idée-mère a été lancée, que la moralité des événements de juin a été relevée, que c'est besogne faite, nous allons nous renfermer dans les questions de détail, et surtout dans la guerre à la Royauté, qui nous rentre par tous les pores. Sur ce terrain, on ne me fera pas de procès et j'obtiendrai exactement le même résultat.

Nous constituons une société au capital de 100,000 fr. Nous avons de forts souscripteurs et de bonnes signatures; malheureusement, avec les meilleures hypothèques, on ne trouve en ce moment pas d'argent.

Nous ne pouvons venir à bout de former nos 24,000 fr. J'accepte donc avec plaisir et reconnaissance ton offrande civique, et te préviens qu'en attendant les dividendes, je me propose de te faire figurer parmi nos fondateurs principaux et actionnaires.

Le plus bel avenir, comme journal quotidien, nous est promis. Nos derniers tirages sont allés de 20 à 25,000. Avec quelques frais de propagande, nous comptons positivement arriver à 50,000. La parfaite unité et variété de notre rédaction, nos idées, par elles-mêmes élevées, l'originalité de nos aperçus, l'ensemble décisif et inattaquable de nos doctrines, la popularité, enfin, tout nous assure le succès.

La conspiration royaliste marche à découvert. Mais que je puisse l'attaquer un mois seulement et je te garantis la royauté à jamais impossible.

Adieu, mon cher Abram, je suis obsédé; si tu ne nous envoies pas par la poste ou autrement ton billet, je prendrai la liberté de faire traite sur toi du montant de ta souscription.

Ton ami et compatriote,

P.-J. PROUDHON.

Paris, 18 décembre 1848.

A MONSIEUR ANTOINE GAUTHIER

Mon cher Antoine, je commence par te faire mes
compliments bien sincères sur ta nouvelle paternité.
Depuis longtemps Mmes Gauthier mère et belle-fille
étaient rangées dans mon esprit sur la même ligne; je
croyais que leur temps était passé à toutes les deux,
l'une pour ses soixante ans, l'autre pour sa philosophie.
Qui diable se serait douté qu'en philosophant on pouvait
faire des enfants ?... Mais voilà qu'au lieu d'une femme
passée à l'état de prud'homme tu as une jeune femme
dans toute la force du mot. Crois-moi, mon cher, cela
vaut mieux qu'une femme mûre ou bel esprit. Je n'ai
jamais eu de goût, moi, que pour les jeunes femmes.
Les vieilles me semblent toutes sorcières.

Tu te plains toujours que je ne fasse rien de ce que
tu me dis; et moi je me plains de ce que tu ne penses
jamais rien de ce que je pense. Nous sommes à rebours
l'un de l'autre, comme dans ces jeux de cartes où les
figures ont deux têtes renversées, et point de pieds. Il
nous faudrait l'éternité pour nous mettre d'accord et
nous entendre. Cela vient probablement de ce que tu es
père, triple père de famille, et que moi je suis garçon.
On m'a toujours dit que je penserais tout autrement si
j'avais une femme. Je veux tâter de cela. Mais j'ai bien

peur qu'au lieu de me corriger je rende ma femme folle.

Tu as raison pourtant en un point : j'ai fait une grosse bêtise en me battant en duel. Je n'en avais guère envie, je voulais rompre en visière avec ce préjugé-là, comme avec tant d'autres. J'ai pris pour mes témoins deux duellistes, deux experts, qui m'ont fait voir que je n'y entendais rien. Nous nous sommes tiré dessus, Pyat et moi, comme deux bêtes, à vingt-cinq pas. J'aurais souhaité d'avoir une balle dans la cuisse ou le mollet, pour me reposer six semaines.

Il m'a paru que Pyat ne s'y entendait pas mieux que moi ; et nous nous sommes serré la main... pour ne plus nous reparler.

J'ai trouvé très-comique ton idée de me faire grand homme dans une boîte à coton. Nenni, parbleu ! J'eusse bien voulu, en février, faire remettre la révolution à un peu plus tard ; et il y a des gens ici qui te diront que j'ai fait ce que j'ai pu pour cela. Mais, une fois la chose commencée, je n'ai pas voulu manquer l'occasion ; j'ai pensé qu'il fallait démolir les gens du *National* et de la *Réforme* d'abord, et puis poser la question sociale un peu plus vigoureusement que n'avait fait Louis Blanc. C'est à quoi je me suis occupé depuis les premières élections jusqu'à ce moment. Tu peux compter que le Napoléon n'y fera pas plus que le Cavaignac, et que les affaires iront leur train. — L'idée d'abolir l'intérêt de l'argent et toute espèce de rente est aujourd'hui populaire ; vingt écrivains propagent mes idées, et la propagande fait des progrès effrayants. Bientôt les 5 millions de voix données à Bonaparte crieront : *A bas le capital !* Arrange-toi en conséquence. Je peux à présent me retirer, que l'idée n'en fera pas

moins son chemin ; mais, tout considéré, je pense que
ma collaboration ne sera pas inutile. Je veux voir,
avant dix ans (j'espère avant de mourir), le monde
retourné sens devant dimanche, comme disait feu mon
père. Je peux le dire et m'en vanter : sans moi, sans ce
que j'ai fait, du 23 avril au 1er décembre, la révolution sociale était démolie et enterrée avec Louis
Blanc, Cabet, Considérant, Pierre Leroux, et tous les
autres. Crois-tu donc que ce soit si peu de chose que
d'avoir fait ce remue-ménage?... Mais toi, tu as toujours
peur que la terre te manque ! Tu es le dernier des
hommes pour le repos ; et tu as toujours l'air de trembler au moindre mouvement. Révolutionnons, morbleu !
c'est le seul bien, la seule réalité de cette vie. J'espère
bien que 1848 n'est qu'un premier acte, et que le petit
Bonaparte nous fera voir du pays. En avant !

Puisque vous avez trouvé une collection de mes brochures dans vos greniers, tu me ferais grand plaisir de
me les envoyer par le roulage ordinaire de Th. Desprez,
à moins que Bintot n'en veuille faire l'acquisition.
M. Schlumberger m'obligerait fort, à cet effet, de faire
venir M. Huguenet, le prote de Bintot, et de s'entendre
avec lui pour cela. Donne le bonjour à Schlumberger
de ma part, et prie-le de me faire cette petite commission. Mes livres se vendent, mais ne me rapportent
guère. J'ai reçu déjà, depuis mai, environ 3,500 francs,
que j'ai aventurés dans le cautionnement de mon
journal, lequel ne fait pas encore ses frais. Tu verras
que je sortirai de l'Assemblée nationale et de la République comme j'y suis entré, pauvre comme Job.

G*** est un niais. Je ne l'ai jamais accusé de mal-
honnêteté ; j'ai cru seulement qu'il pouvait très-bien
avoir fait quelque placement, sauf à m'en rendre

compte; je ne lui en aurais pas voulu pour si peu. C'est bien sa faute si cette idée m'est venue. G***, comme intéressé et coparticipant de l'édition de mon livre sur la *Création de l'ordre*, avait reçu tous les exemplaires en dépôt; il devait tenir note de toutes les remises qu'il faisait et des expéditions. Il ne s'est occupé que de rentrer dans ses avances et a négligé de faire ses comptes, si bien qu'aujourd'hui je ne sais plus où j'en suis. Qu'importe qu'il se trouve chez vous des exemplaires, la question pour lui n'est pas de savoir ce que j'ai fait des quantités qu'il m'a livrées, mais ce qu'il a fait des 1,625 qu'il a reçus. Or, c'est ce qu'il ne dit pas. Il m'en coûte cher pour n'avoir jamais eu affaire qu'à des imbéciles.

Je suis horriblement en retard de correspondance avec tous mes amis, Maurice, Micaud, etc. Je n'ai pas une minute; je suis excédé. J'aurais besoin d'un secrétaire. mais je ne gagne pas assez d'argent pour cela.

Adieu, mon cher. Tes lettres me font plaisir et je les aime, précisément parce qu'elles me contredisent sur tout. Il n'y a au monde que toi qui me connaisses; seulement, tu me prends à rebours. Écris toujours.

Mes amitiés à Jean-Baptiste; mes respects à Mmes Gauthier et à ces demoiselles.

Tout à vous.

P.-J. Proudhon.

P.-S. J'ai remis il y a quelque temps à M. T. V*** la pétition de Bordy. M. T. V*** semblait bien disposé pour moi; j'ai ajouté à la pétition une petite lettre de ma main. Je m'informerai du succès de ma recommandation; mais, à présent que nous voilà bonapartisés, je ne puis compter sur rien.

26 décembre 1848.

A M. MAGUET

Mon cher Maguet, j'avais pensé de moi-même à vous aller voir, soit à Noël, soit au nouvel an, quand j'ai été retenu par des circonstances qui ajournent forcément ma visite.

Je suis en train, d'un côté, de refaire mon acte de société du *Peuple*, et de traiter avec un bailleur de fonds qui fournit 20,000 francs.

D'autre part, il m'est arrivé deux Bisontins avec lesquels je vais fonder *la Banque du Peuple*, ce qui m'oblige pour le quart d'heure à discuter de nouveau les statuts, faire l'acte de société, installer mes hommes, les mettre en rapport avec les corporations ouvrières et battre la grosse caisse pour arriver à un résultat.

A travers tout cela, je rédige un nouvel opuscule sur le *Crédit*, qui paraîtra successivement dans le *Peuple*, et après séparément.

Enfin, mes devoirs de représentant.

Il faut que je déblaie le plus gros de cette besogne : reconstituer le *Peuple*, déposer l'acte de société de la Banque et terminer mon opuscule. Cela fait, j'irai infailliblement vivre avec vous quelques jours de bonne vie animale.

(L'appétit est toujours bon et la soif très-grande.)

Je songe aussi à acheter des meubles et me mettre chez moi ; vous viendrez pendre la crémaillère.

Je vous embrasse.

P.-J. Proudhon.

P.-S. Je vous ferai expédier le *Peuple*.

1848 (sans date).

A M. TOURNEUX

Mon cher Tourneux, le nommé Jean-François Robert, natif de Besançon, militaire en congé, menuisier de profession, marié et père de famille, désire être employé ou occupé dans les travaux de quelque chemin de fer. Il a été brigadier dans les ateliers nationaux, où il s'est fait remarquer par son intelligence et sa bonne conduite. Il est porteur des meilleurs certificats, et je réponds de lui comme de moi-même. J'ai pris la liberté de te l'adresser, pensant que tu pourrais lui donner quelques renseignements sur la marche qu'il a à suivre pour arriver au but qu'il se propose. Ce que tu ferais pour lui, je le tiendrais comme fait à moi-même et t'en serais reconnaissant.

Je te demande pardon de n'avoir pas été te voir depuis si longtemps. Je vis dans le feu, comme la salamandre, et m'attends d'un jour à l'autre à être brûlé. Si je persiste néanmoins, c'est que je crois qu'un grand intérêt philosophique et social est ici engagé, et que l'audace et l'éclat étaient nécessaires pour poser devant le monde la question du travail et la révision entière de nos institutions. Les calomnies, les injures, la perfidie de nos adversaires, les persécutions enfin, sont le fumier sur lequel croîtra et grandira le nouveau erme.

Je compte être assez connu de toi pour espérer que, quoi qu'il arrive, tu me regarderas toujours comme honnête homme, irréprochable comme les guerriers de Xénophon, dans la guerre et dans l'amitié. La nécessité des circonstances produit nos jugements et fait toute notre vie. Notre volonté n'est bien souvent pour rien dans toutes les choses qui passent pour être de nous. A ce titre, tu me pardonneras ma triste célébrité.

Adieu, mon cher Tourneux, je te serre la main.

P.-J. PROUDHON,

70, rue Mazarine.

Paris, 2 février 1849.

A M. LE DOCTEUR MAGUET

Mon cher docteur, vous avez deviné juste. Au train
dont j'y allais, j'étais menacé de rechute. La nature
m'a averti de rester tranquille. Avant-hier, j'ai eu un
transport au cerveau ; hier, grande fatigue encore. Le
repos, la promenade, l'air frais m'ont remis tout de
suite.

Je puis très-bien suivre le courant de mes affaires ;
mais écrire tous les jours, impossible. Je vais donc me
borner à la direction du *Peuple* et de ma *Banque*, et me
tenir tranquille.

Aujourd'hui, à midi, je serai entendu par la commission chargée de faire un rapport sur l'autorisation de
poursuites à diriger contre moi. Me voilà en duel politique avec le Bonaparte. Notez que personne ne me
donne tort. Au fond, personne n'estime ni ne pense à
conserver le sujet.

Mais c'est le principe monarchique qui est compromis, et il s'agit de moi !

Ce qui se passe ici est le comble de l'indignité, de la
lâcheté, de la trahison.

Et l'Assemblée est si molle, si insouciante, si bête,

que c'est à désespérer, non de la République, qui est désormais entrée dans le domaine de la fatalité, mais de notre espèce.

Bonjour à M. Besseteaux. J'attends sa blouse, une belle blouse de Beauce. Autrefois, le calife Haroun-al-Raschid envoyait sa chemise à Charlemagne.

M. Besseteaux, grand propriétaire beauceron, peut bien faire cadeau de sa blouse au citoyen Proudhon ! J'aurai le plaisir, en retour, de lui faire parvenir quelque chose de ma façon, mais qui, je le crains, ne vaudra pas la blouse.

Adieu, mon cher ami, plaignez-moi sincèrement, non de ma santé altérée, non de mes travaux, mais du détestable monde au milieu duquel il me faut vivre.

Tout à vous.

P.-J. PROUDHON.

Paris, 15 février 1849.

A M. MAURICE

Mon cher Maurice, votre lettre m'est arrivée comme
un remords, et, depuis plus de quinze jours que je l'ai
reçue, elle est comme un poids sur ma conscience. J'ai
pensé bien des fois, depuis six mois, non pas à vous
écrire, je vous l'avoue, mais à vous. Je ne réponds plus
à personne, je lis à peine mon courrier. Si, au lieu de
25 francs par jour, l'indemnité de représentant était
de 50, j'aurais deux secrétaires particuliers pour lire
les lettres, brochures et journaux qui me pleuvent,
les classer, accuser réception et répondre. Surchargé
comme je suis, je ne lis ni ne fais rien. Mes amis même
sont négligés ; et ce qui m'arrive avec vous m'arrive
aussi avec Micaud, Grenier, Gauthier frères, D[r]
Briot, etc., à qui je n'écris plus.

J'ai un journal à surveiller, administration et rédaction. Affaire déjà considérable, et qui, à elle seule,
dépasse les forces d'un homme. Nous tirons régulièrement à vingt-cinq mille.

J'ai ma nouvelle *Banque* qui vient de commencer ses
opérations en recueillant les souscriptions et adhésions.

Ce sont trois compatriotes qui dirigent cela : Guille-min , Mathey , Prével. A elle seule, cette entreprise absorberait quatre têtes plus fortes que la mienne.

J'ai mes procès politiques pendants, au nombre de cinq ou six.

Enfin, j'ai mes devoirs de représentant, qui m'em-portent six heures par jour.

Une organisation habile de toutes ces entreprises et de mon temps peut seule me tirer de peine.

Hier, pour comble d'embarras, l'Assemblée natio-nale, après avoir entendu mes explications, a accordé l'autorisation de me poursuivre. J'irai donc devant la Cour d'assises dans quinze jours ou trois semaines.

Je m'abonnerais par avance pour six mois de prison ; si cela va à deux ans , je préfère m'expatrier. Mon journal , ma Banque même n'en souffriraient pas. Vous verrez mon discours, *improvisé*, dans le *Moniteur*. Ne le lisez que là.

Ma position financière, à travers tout cela, ne s'est pas encore fort améliorée. Quand j'ai été fait représen-tant, en juin, je me trouvais fort en retard d'argent; j'avais quelques dettes. Je les ai payées. Mes dépenses se sont accrues. Mon frère, qu'une maladie tient fré-quemment dans l'incapacité de travailler, m'a coûté pas mal d'argent. J'ai remboursé intégralement D***, le commanditaire de mon ouvrage sur la *Création de l'ordre*, soit environ 1,700 francs.

La misère publique et la gêne de mes amis m'em-portent aussi beaucoup d'argent. Il y aura peu de repré-sentants, si j'en juge par moi et par tous les Monta-gnards, qui emportent un centime d'économie sur leur indemnité. Enfin, j'ai 3,000 francs provenant de la vente de mes ouvrages, et placés dans le cautionnement du *Peuple*, qui n'en sortiront que pour entrer dans la caisse de ma Banque.

Suivant toute apparence, le produit de mon journal et de mes publications me donnera de quoi vivre honnêtement à l'avenir. Quant à la *Banque*, il n'y faut pas compter de sitôt. Si le jury m'acquitte et que je sois réélu à Paris, personne en ce moment n'a plus de chances que moi, ma situation deviendra fort tolérable, et je pourrai agir avec un succès toujours plus grand pour la propagation de mes idées.

Je compte donc pouvoir à l'avenir, et en attendant que je sois en mesure de vous rembourser, comme je l'ai fait pour D***, vous payer annuellement les intérêts de ce que je vous dois. Faites-moi donc, je vous prie, le compte de notre situation.

Vous m'obligerez aussi — et je vous le dis sérieusement — de prendre hypothèque sur tous mes *biens* (1) présents et à venir. Vous êtes en seconde ligne après le père Renaud. Dans ce temps de révolution, de lutte, de procès, je ne puis prendre trop de sûretés pour les intérêts de mes créanciers, qui après tout sont les miens. Faites donc au plus tôt ce que je vous dis ; encore une fois vous m'obligerez.

Inclus la note de prix que vous m'avez demandée.

Votre lettre, mon cher Maurice, laisse percer parfois l'appréhension, trop légitime peut-être vu ma négligence, que je vous oublie. Vous semblez craindre que de ma part il n'y ait pas eu réciprocité d'amitié et de dévouement. Je vous en prie, pour mon repos et la joie de mon âme, défaites-vous de ce soupçon. A qui ai-je fait de confidences plus intimes qu'à vous? Qui me connaît mieux que vous? De qui ai-je été obligé, secouru avec plus de délicatesse que de vous?... Je

vous l'ai dit autrefois : pensez, d'après votre propre
cœur, à ce que doit être le mien, et soyez sûr que tel
il est.

Mais, vous le voyez, ma vie est une lutte, une lutte
atroce. Aujourd'hui avec les fouriéristes, hier avec les
montagnards; une autre fois avec les communistes, les
femmes socialistes, etc. Toujours avec les économistes,
les royalistes, les catholiques. J'ai été déjà deux ou
trois fois dépopularisé et repopularisé, suivant que
l'événement vient donner raison à mes prévisions et à
ma tactique. J'ai cent lettres où l'on me menace de
me fusiller, de m'éventrer, de m'empoisonner, de me
pendre : et je vais toujours. Le mouvement en ma faveur
semble déjà gagner à Paris la petite bourgeoisie, et cela
fait trembler le *Constitutionnel*. Mon journal est lu par
200,000 lecteurs, et depuis ma réconciliation avec la
Montagne, je suis soutenu par tous les journaux républicains de province, ce qui m'attache, par la communauté d'idées, plus d'un million de citoyens. Ma carrière ne fait que commencer; et, croyez-le, il s'en faut
que je sois, comme tant d'autres, même dans le socialisme, un homme usé, fini. Au milieu de tout cela, je
pense fréquemment à mes amis; mais il faut qu'ils
me permettent de ne leur pas écrire. Je voudrais bien
prendre un congé, aller faire un tour à Granville et
prendre l'air sur l'île des Moineaux, puis manger votre
soupe. Mais quoi? si le jury m'envoie en prison!

Adieu, mon cher ami; plus de doute sur mon compte,
cela me fait mal; et j'ai assez des tribulations que me
causent mes ennemis.

Tout à vous.

P.-J. PROUDHON.

Assemblée nationale, 2 mars 1849.

A M. F***.

Mon cher ami, ce n'est pas le moindre de mes maux, depuis que je suis homme politique, de ne pouvoir disposer d'une minute pour le repos, la flânerie et la causerie. Me voilà esclave, moi législateur et l'un des fondateurs (en espérance!) de la République démocratique et sociale. Si vous voulez donc que nous nous rencontrions une fois, ayez l'obligeance d'accepter mon dîner et de venir me prendre à l'Assemblée vers cinq heures et demie; je ne vois que ce moyen-là de m'entretenir avec vous.

Votre scepticisme perce toujours dans chaque page que vous écrivez. Un peu de réflexion vous prouverait cependant bien vite combien l'indifférence et la misanthropie sont aujourd'hui de peu de saison, et vous pardonneriez à votre pauvre ami toute l'agitation qu'il cause parmi les bonnes gens.

Je n'ai pas provoqué la révolution de Février; je voulais le progrès lent, mesuré, rationnel, philosophique; les événements, la sottise des hommes, surtout de ces bourgeois taquins et mitoyens dont vous faites partie, en ont disposé autrement. Je me suis

promis qu'autant qu'il dépendrait de moi le fruit de la
révolution de Février ne serait pas perdu; je me suis
dit qu'il fallait faire, en un an, le chemin d'un siècle,
sous peine d'avoir fait une sottise.

Je crois que le but que je me suis proposé sera
atteint; dites tant qu'il vous plaira que la France
ne veut pas des Rouges : A quoi sert cela ? Comme
s'il s'agissait de la *volonté* de la France! comme si,
dans ce moment, nous n'étions pas sous l'empire de la
NÉCESSITÉ.

Or, cette nécessité, il s'agissait de la dégager, et c'est
à quoi aura servi merveilleusement l'agitation socialiste
et démocratique. Le vieux monde se disloque : je vous
défie, avec toute votre philosophie et votre vieille pratique, de le faire revivre. Bon gré, mal gré, l'Europe
entière, à la suite de la France, est embarquée sur une
révolution sociale, qui emportera peut-être, je le veux
bien, et ses auteurs et ses contradicteurs. Il n'est au
pouvoir de personne de l'empêcher; le poison est pris,
absorbé par le corps social; que le malade se torde tant
qu'il voudra, il faut qu'il fasse corps neuf et qu'il rende
tripes et boyaux.

Au lieu de vous immobiliser dans une critique
inutile, qui n'avance à rien, qui ne sert qu'à vous rendre
mécontent des autres et de vous-même, il vaudrait
mieux travailler, dans la mesure de votre tempérament, à la cause révolutionnaire que de lui lancer
des sarcasmes qui prouvent encore plus contre votre
jugement que contre la capacité des agitateurs du jour.

Je crois que les Rouges ne sont pas aussi forts que
les Blancs, mais ils sont plus honnêtes gens, et, en tout
cas, ils ont le vent en poupe et le courant pour eux. Il
est fatal, entendez-vous, que le parti rouge l'emporte

et que les modérés, confondus avec les Blancs, soient
vaincus et forcés dans leur résistance. Que dis-je? il
est fatal que l'essor révolutionnaire commence par la
majorité modérée elle-même (organisant quelque chose
comme le Crédit foncier); — et, une fois le mouvement
commencé, vous ne vous arrêterez plus. L'assiette de
la société sera changée, prenez-en votre parti. Ce n'est
pas à vous qu'il appartient de vous faire réacteur, après
avoir tant applaudi à la révolution de 89, qui, après
tout, n'était que le premier acte de celle d'aujourd'hui.

Adieu, mon cher ami

P.-J. PROUDHON.

Belgique, 8 mars 1849,

A M. GUILLEMIN

Monsieur Guillemin, la société (1) n'existant toujours qu'à l'état de projet et n'ayant pas reçu de constitution définitive (elle ne pouvait être constituée que lorsque le chiffre des versements aurait atteint 50,000 francs), il n'est pas besoin d'une convocation d'actionnaires pour opérer cette liquidation ; ma résolution seule suffit.

Vous aurez donc à arrêter immédiatement les souscriptions et adhésions, régler et transiger les dépenses faites ou en cours d'exécution, payer les appointements aux personnes qui en recevaient, en leur allouant pour indemnité une quinzaine en sus, rembourser les actions et coupons d'actions dans l'ordre fixé par ma circulaire, tirer du mobilier et des objets acquis pour le service de la *Banque du Peuple* le parti le plus avantageux, faire, en un mot, tout le nécessaire commandé en pareil cas ; pour conclusion, convoquer, par la voie du *Peuple*, les principaux souscripteurs et adhérents, les membres des comités d'arrondissement et ceux de mes collègues de l'Assemblée nationale qui avaient bien voulu souscrire et adhérer aux statuts, afin de leur donner lecture du

(1) La *Banque du Peuple.*

Rapport que vous aurez l'obligeance de faire tant sur la marche des premières opérations de la *Banque du Peuple* et sur les indispensables dépenses auxquelles nous avons dû pourvoir, que sur les détails de votre liquidation.

Vous aurez aussi à écrire aux comités des départements de se conformer, chacun dans son ressort, aux instructions de la présente et de la circulaire que leur portera le *Peuple.*

Je ne succombe pas, certes, dans mon entreprise ; je cède à un obstacle de force majeure. Je ne suis plus libre ; comment puis-je diriger, du fond de l'exil ou d'un cachot, la chose du monde qui exige peut-être le plus de liberté : une Banque ?

Mais si l'on ne peut dire que je succombe et que l'expérience a prononcé contre moi, il ne m'importe pas moins de faire connaître à tous avec quelle prudence et quelle économie ont été accomplis nos premiers actes ; quel ordre, quelle exactitude, quelle fidélité régnaient dans nos opérations et nos écritures. Que la calomnie insinue que j'ai abusé de la confiance des souscripteurs, je ne le crains pas ; vos livres sont là. Que la malveillance se réjouisse de la perte que me fait supporter cette entreprise sitôt abandonnée, je me vante de cette perte. J'ai toute ma vie préféré le rôle de dupe à celui de fripon. Mais ce qui désolerait mon amour-propre, ce qui me frapperait dans mon rôle d'initiateur d'un coup irréparable, ce serait que l'on pût dire qu'en dehors de ma théorie j'ai manqué d'ordre et de prévoyance. Je compte sur vous, mon cher Guillemin, pour m'épargner ce reproche, que dans ma conscience je sais n'avoir pas mérité. Mais qu'est-ce que la conscience devant l'opinion ?

Exprimez à tous nos amis de la *Banque du Peuple* ma vive reconnaissance pour le dévouement que je leur ai vu apporter dans notre œuvre d'émancipation. Dites-leur que ce que je regrette le plus dans cette destinée qui m'oblige à changer la nature de mes travaux et à suspendre pour un temps la réalisation de notre idée, c'est de ne plus vivre au milieu d'eux, c'est notre séparation. Mais qu'ils se consolent! Ce que nous voulions accomplir lentement, par la seule initiative des citoyens et la seule impulsion du prolétariat, nos adversaires veulent nous le faire emporter d'un seul coup, en un jour, et par un assaut! L'essai libre, légal, spontané du socialisme les importune; ils veulent que le socialisme s'impose à la France, à l'Europe, par la voie parlementaire et gouvernementale. Eh bien! qu'ils comptent sur nous! Ce que nous n'eussions pas fait peut-être en dix ans, nous l'accomplirons en six mois; la polémique de quelques-uns fera plus contre le vieux système que la pratique d'un million de travailleurs.

P.-J. PROUDHON.

25 avril 1849.

A M. MAURICE.

Mon cher Maurice, je vous adresse inclus la procuration timbrée dont vous m'avez envoyé le modèle, et une petite lettre pour l'ami Huguenet. Les embarras de ma vie errante, les allées et venues qu'il a fallu faire parcourir à vos lettres et à la pièce en question, ont été la cause de mon retard.

Je vois, par votre lettre, que l'on fait des histoires sur moi à Besançon, comme à Paris. Si cela continue, je serai bientôt aussi fabuleux que Nabuchodonosor. Je n'ai jamais envoyé 500 francs à une fille que j'aurais entretenue; j'ai envoyé 50 francs (le dixième), à une malheureuse petite fille que vous avez pu voir à l'imprimerie, ma parente, puisqu'il faut le dire, et qui a eu la sottise de se faire faire un enfant par je ne sais qui, mais à coup sûr pas par moi, ainsi que vous pouvez vérifier par les dates. En faisant cet envoi, je n'ai pas même adressé un mot à la personne; je n'avais rien à lui dire.

Comme je la connais au surplus pour une intrigante, menteuse autant que coquine, je suppose qu'elle pourrait très-bien se vanter d'un crédit auprès de moi qu'elle n'a jamais eu ; elle n'en serait pas à son coup d'essai.

Voilà la vérité dans cette histoire galante ; il en est ainsi de toutes mes prodigalités. J'ai distribué sans doute bien des secours ; mais je n'ai pas voulu que le représentant socialiste fût cité comme insociable et sans charité. J'évalue à 8 ou 10 francs par jour les distributions que j'ai faites. En cela je n'ai fait qu'agir comme tous mes collègues de la Montagne, dont la plupart s'en retournent aussi gueux qu'ils sont venus. Dans ces derniers temps, j'ai dépensé beaucoup d'argent par suite de l'occupation que me donnaient à la fois le journal, la Banque et les séances de l'Assemblée ; il m'en coûtait de 5 à 6 francs par jour de cabriolet.

Enfin, j'ai payé quelques dettes, telles que celle de Dessirier, qui m'est même actuellement redevable. J'ai vécu du reste.

Du produit de mes livres, j'ai touché net 3,000 fr., qui sont engagés dans le *Peuple*.

Il m'a été fait don d'une somme de 6,000 francs par un jeune homme riche ; la destination de cette somme étant le journal, je ne la regarde point comme ma propriété.

Après 5 ou 600 francs que je viens de dépenser en faisant le tour de la Belgique, cherchant partout une retraite assurée, et n'espérant plus de la trouver qu'en Suisse, je reste avec une douzaine de cents francs pour pourvoir à mon aventureuse existence.

Voilà, mon cher ami, en raccourci, mon histoire financière. Si Dieu me prête vie, je crois pouvoir l'améliorer encore. Le *Peuple*, si je ne me fais illusion, deviendra peu à peu une bonne affaire, et assurée. Nous tirons actuellement à 42,000 ; cela va et vient. Je vais faire en sorte que ce journal, à tout accident, puisse du moins survivre à tous ceux de la République démocratique et sociale, si mal servie par ses partisans. En tout cas, j'espère que le *Peuple*, continuant à représenter la portion la plus saine et la plus nombreuse du socialisme, fort par sa puissance critique autant que par l'ensemble de ses idées, continuera à rester pour moi une ressource précieuse. Nos procès cesseront quand je le voudrai ; depuis plus de six semaines nous n'avons été saisis qu'une fois, il y a quelques jours, à propos d'un grand article que j'ai fait sur la *Résistance*. Or, cet article n'était qu'un traquenard à l'adresse du *Constitutionnel*, que le parquet a pris au sérieux. Je compte donc sur un acquittement.

Le *Peuple* gardant son tirage à 40,000 en moyenne, le journal doit faire plus de 80,000 francs de bénéfice par an. En ce moment, nous sommes écrasés d'amendes ; nous en avons pour longtemps. Toutefois, j'espère. J'ai tant à dire encore ; j'ai à intéresser le public si longtemps que de longtemps il ne paraîtra de journal qui puisse prendre la place du mien.

Adieu, mon cher Maurice. Si, comme je l'espère, je passe bientôt en Suisse, j'espère que nous pourrons nous rencontrer quelquefois sur la lisière des monts, et là causer affaires.

Mes respects à ces dames.

P.-J. Proudhon.

26 avril 1849.

AUX CITOYENS MEMBRES DU COMITÉ
DÉMOCRATIQUE-SOCIALISTE DE PARIS

Citoyens, vous m'avez désigné pour l'un des candidats de la démocratie socialiste aux prochaines élections du département de la Seine.

Je suis profondément touché, citoyens, de l'honneur que vous avez bien voulu me faire : je vous en remercie comme d'un témoignage précieux de votre amitié et de votre satisfaction. Mais je croirais manquer à mes devoirs si, dans l'empêchement où je me trouve, je ne me hâtais de me démettre entre vos mains de cette candidature.

Je sais bien que l'empêchement dont je parle n'a aux yeux de la loi rien de positif; qu'à cet égard il y a doute entre les jurisconsultes, et qu'à une Assemblée souveraine seule il appartiendrait de décider si l'effet d'une condamnation pour délit de presse ne serait pas de plein droit suspendu par l'élection aux fonctions de représentant du peuple. Mais je doute.

Que, l'Assemblée constituante m'ayant dépouillé de mon inviolabilité alors qu'il s'agissait de défendre la Constitution attaquée en ma personne, la Législative me rende cette inviolabilité quand il ne s'agira plus que d'interpréter contre moi un cas litigieux de jurisprudence, — peu importe ! je sais à quoi m'en tenir sur la religion des assemblées, et n'éprouve aucune impatience d'y compromettre ma conscience et ma liberté.

Maintenant, citoyens, oserai-je recommander à vos patriotiques suffrages un républicain d'une vertu éprouvée, et que j'ai été surpris de ne pas voir figurer l'un des premiers dans votre liste; je veux parler de mon honorable collègue de l'Assemblée, GUINARD?

Oserais-je de plus vous dire qu'en vous proposant cette candidature, qui devrait rallier tous les cœurs démocrates, je viens vous inviter à faire le premier pas vers la fusion républicaine, objet à la fois de tant de vœux et de tant de méfiances?

Combien je regrette qu'une question si grave, que vous avez dû traiter avant tout au point de vue du principe, ait paru dans le public avoir dégénéré en une pure question de personnes! Qu'à la place du dévouement, qu'on devrait seul y apporter, on ait pu croire que les rancunes et les amours-propres avaient prévalu! Que j'eusse voulu assister à vos délibérations! J'aurais essayé de vous convaincre que le peuple, dont vous avez raison d'ailleurs de redouter les justes ombrages, dont vous avez craint de soulever les antipathies, toute personnalité réservée, loin d'être opposé à cette fusion, la voulait, ne pouvait pas ne pas la vouloir.

Ce que le peuple veut, citoyens, c'est ce qui est juste, vrai, utile. Or, quelle raison, quelle considération de droit politique, de vérité sociale, de pratique révolutionnaire, s'opposerait à la fusion? Pour moi, je n'en aperçois aucune. Tout, au contraire, la commande, l'appelle : tout nous en fait un devoir.

D'abord, nos précédents. — En décembre nous avons proclamé la fusion entre les socialistes et les démocrates comme étant de nécessité supérieure; il ne s'agissait pourtant alors que d'une grande protestation à faire contre le principe de la présidence. Pourquoi donc, aujourd'hui qu'il y va de la République, pourquoi la fusion ne serait-elle pas une nécessité entre les républicains? Qui pourrait justifier ce revirement? Est-ce ainsi que nous entendrions pratiquer la constance dans les principes, nous qui reprochons tous les jours à nos adversaires de trahir leurs opinions?

En second lieu, l'exemple des départements.—Il y a cinq mois, sur la foi de la capitale, les départements se soumettaient au grand principe de fusion, bien que ce principe ne pût donner alors de résultat positif. Ils s'y sont soumis par une raison qui leur a paru décisive, c'est que c'était un *principe*. Ce principe, ils l'appliquent de nouveau; ils l'embrassent comme l'ancre de salut. Allons-nous leur en faire un blâme? Mais tout le monde se félicite de cette résolution des départements, dont le socialisme, autant que la République, profitera. L'union des patriotes, en effet, c'est la défaite de la coalition et, dans un temps éloigné, le triomphe du socialisme. Pourquoi Paris faillirait-il à sa propre loi et se séparerait-il dans sa ligne de conduite de toute la province?

Ajoutons un motif non moins grave pour la défense de nos institutions républicaines.

Quoi! de toutes parts la coalition royaliste menace la République; nous sommes au moment, pour lui tenir tête, d'organiser la résistance légale, morale et matérielle; et au lieu de grossir vos rangs de toute la masse républicaine, vous excluerez, comme suspects, ceux qui, avant que le socialisme eût un nom, travaillaient à fonder la République ! Vous n'aurez parmi vous ni un Guinard, ni un Forestier, qui vous appuie de sa légion ! Vous donnerez lieu à la coalition de crier partout que ce qu'elle combat en vous ce n'est pas la République, ce n'est pas le peuple, c'est le socialisme.

Et l'armée qui ne pourra reconnaître en vous, à aucun signe, les défenseurs de la Révolution, fera feu sur vous, comme sur des malfaiteurs et des pillards. Est-il possible que vous compromettiez à ce point votre cause, la cause du travail et de la liberté?...

Disons enfin, et c'est mon dernier argument, le besoin d'une réconciliation, le besoin d'une amnistie réciproque entre le peuple et la garde nationale.

Je m'étonne qu'après avoir tant parlé d'amnistie à la tribune les honorables chefs du parti socialiste ne soient pas venus vous dire : Le gouvernement nous refuse l'amnistie? eh bien, accordons-la nous-mêmes à ceux de nos frères qui, dans un moment de vertige, furent nos ennemis ; ne scindons pas la République! Scinder la République, c'est vouloir recommencer la guerre impie de juin. Plus de ces affreuses représailles! N'avons-nous pas assez des légitimistes, des impérialistes, des orléanistes, sans nous mitrailler les uns les autres? Faut-il que dans nos funestes désordres nous prenions pour modèle et pour loi cette politique impitoyable qui seule les a fait naître, et qui depuis s'est constamment, systématiquement, appliquée à les entretenir? Faut-il que le peuple et la bourgeoisie se méconnaissent à ce point l'un l'autre qu'ils se prennent toujours pour ennemis, quand ils ne représentent que la double face d'une même idée?

La bourgeoisie, je parle surtout de la moyenne, est républicaine par nature et par tempérament. Consultez l'histoire : depuis quatorze siècles, elle n'a fait que lutter contre la royauté et se préparer à la République, et ce n'est pas sa faute, croyez-moi, si en 89, pensant avoir trouvé la démocratie, elle est tombée aux mains des doctrinaires anglomanes. Jamais, sous sa propre inspiration, la bourgeoisie française n'eût songé à la théorie de la bascule constitutionnelle ; par ses conquêtes municipales, elle s'était façonnée, elle s'était mûrie pour la République. Cinq fois en quarante ans, en 90, 95, 99, 1814 et 1830, les Jourdain de la Révolution, les grands seigneurs du coffre-fort, unis aux pédants de la doctrine, ont fait avorter dans notre pays cette institution toute nationale, la République ; ils la feront avorter une sixième fois, en 1849, si, par une obstination sans cause, vous refoulez dans leurs bras la bourgeoisie républicaine.

Quant au peuple, à l'exception de la classe ouvrière des grandes villes, qui ne se distingue pas de la petite bourgeoisie, le peuple est naturellement plus enclin au socialisme, par cela même moins arrêté dans son républicanisme. Cela peut surprendre au premier abord. Le fait pourtant est vrai. Le socialiste, plus occupé de la réalisation du bien-être matériel que de la rigueur du droit politique, répugne moins à l'autorité que le républicain. Interrogez, sur le boulevard, le premier cocher de fiacre : il vous dira que, si les affaires ne vont pas, la faute en est, non au Président de la République, mais à la Constitution. Le paysan raisonne de même : dans son esprit, ce n'est pas une démocratie, chose trop métaphysique ; c'est un maître, un roi, un empereur qu'il faut pour diminuer les impôts, abolir l'usure et rendre toutes les conditions égales ; — ce que le républicain de la ville attend de la science et de la loi, l'utopiste de la campagne l'attend de la munificence du souverain. — Ainsi raisonnèrent du reste les pères du socialisme eux-mêmes, Platon, Morus, Saint-Simon, et jusqu'à l'auteur d'*Icarie*, — tous ont pris pour point de départ de leur hypothèse un monarque, dictateur ou législateur, qu'ils revêtaient de la souveraine puissance, s'imaginant qu'il suffit du pouvoir absolu pour opérer tout le bien possible. — Or la dictature, le despotisme, c'est l'extrême de l'oppression et de la misère, c'est la mort de la République.

La République, je ne fais ici que de la philosophie de l'histoire, sans application aux personnes, la République est éminemment bourgeoise; le socialisme, la monarchie, l'utopie, sont éminemment populaires. Or à présent qu'il s'agit de concilier ces deux termes, de réaliser à la fois l'égalité politique et l'égalité du bien-être, vous feriez un schisme dans la République parce qu'une partie des républicains sont des bourgeois! Autant dire tout de suite que vous ne voulez pas de la République. Mais alors, dites-moi sur quelles bases, en attendant qu'il ait trouvé et fait accepter partout sa formule générale, prétendez-vous asseoir le socialisme ?

Je sais ce qui vous tient au cœur et qui arrête l'élan de vos sympathies; ce sont les tristes journées de Juin. Juin est devenu une tache indélébile pour les deux tiers de la nation.

C'est vrai, Guinard est un homme de Juin : Je l'ai vu moi-même à la tête de sa batterie, dont je ne crois pas qu'il ait tiré une seule volée, et j'ai été témoin de son désespoir. Le général Duvivier, Dornès, l'archevêque de Paris, furent aussi des hommes de Juin : qui cependant, parmi le peuple, n'a conservé un pieux souvenir de leur mémoire! Combien d'autres n'ai-je pas vus, dans ces lamentables jours, pleurer et s'indigner de leurs exploits, qui cependant s'étaient armés contre l'insurrection, parce qu'ils ne la comprenaient pas plus que les insurgés n'avaient eux-mêmes compris la brutale fermeture des ateliers nationaux! Non, non! ne soyons pas si gratuitement absurdes! Les vrais hommes de Juin sont les hommes qui, de sangfroid et avec préméditation, ont allumé la guerre civile, et qui cherchent encore à en ranimer les tisons assoupis. Les hommes de Juin, on les connaît; je n'ai pas besoin de les nommer.

O citoyens, ne prêtons jamais au peuple des pensées de vengeance et de haine! De telles pensées n'entrent point dans l'âme du peuple ou, si elles y rentrent, elles n'y tiennent pas. Ce serait se préparer d'amères déceptions que de croire être agréable au peuple en flattant sa rancune. Tôt ou tard il regardera comme traîtres ceux qui, pour servir ses ressentiments, auront divisé la démocratie : tenez cela pour aussi certain que le républicanisme de l'immense majorité de la garde nationale.

Citoyens, en insistant si longuement auprès de vous sur la nécessité d'un rapprochement entre les deux fractions de la République, je n'entends point vous donner le conseil de réformer la liste de vos candidats. Il ne m'appartient pas de me prononcer sur une question aussi délicate, alors surtout que dans le nombre des candidats il n'en est pas un que je voulusse écarter. Je laisse, par ma démission, une place vacante : et que ne puis-je en laisser dix! Je serais heureux d'apprendre que, comme preuve de votre désir d'union, vous réservez cette place à un homme de la bourgeoisie républicaine, à Guinard. S'il est trop tard pour une fusion plus complète; si certains noms, dans chaque parti, inspirent à l'autre de trop vives répugnances, qu'au moins il y en ait un qui nous rapproche; que cette brave légion d'artillerie, une des colonnes de la République, n'ait pas à reprocher au socialisme l'injure faite à son colonel.

Salut et fraternité.

P.-J. PROUDHON.

Sainte-Pélagie, 7 juin 1849.

A M. MAURICE

Mon cher Maurice, le *Constitutionnel* d'hier a dû vous apprendre que j'avais été arrêté avant-hier mardi, à huit heures du soir, non pas en arrivant de Belgique, mais en sortant de chez moi. Après avoir passé une quinzaine en Belgique, j'étais rentré à Paris pour mettre ordre à mes affaires, et je comptais repartir incessamment pour la Suisse; la police m'a prévenu.

J'ai été, à ce qu'il paraît, reconnu par quelque *ami*, qui s'est empressé de faire part de la découverte à M. Carlier, qui me l'a redit.

Me voilà donc en sûreté pour un peu de temps. Je suis prisonnier, mais mon esprit est libre, aussi gai, aussi alerte que jamais. Je vais m'organiser pour travailler le plus possible et charmer les ennuis de la prison. Pour cela, il ne me faut pas moins que toutes les ressources de mon imagination, avec les luttes de la science et de la politique. Je tâcherai de ne pas rester au-dessous de mon passé et de me rendre de plus en plus digne de l'estime des honnêtes gens.

Si je ne me fais illusion, vos intérêts seront tout a fait bien sauvegardés, malgré l'accident qui m'arrive,

que si j'étais en pleine liberté à Genève. La liberté
d'un exilé est fort coûteuse, ses ressources sont bien pré-
caires; la nouvelle situation qui m'est faite change tout
cela. Je perds seul au malheur qui m'arrive; je crois
que mes créanciers y gagneront.

Je ne crois pas que je dépense à Sainte-Pélagie plus
de 1 fr. 50 à 2 francs par jour. Au surplus, dans ce
temps d'épidémie, il y a plus à prendre de précautions
hygiéniques qu'à se préoccuper de la subsistance. La
mortalité, d'après ce que j'ai appris hier à la préfecture de police, est en ce moment de six cents personnes par jour, tant pour la ville que pour les hôpitaux. Triste résultat de la révolution, que j'ai prévu,
prédit, et dont la gravité dépasse mes prévisions. En
temps ordinaire, le nombre de décès pour le département de la Seine (1,364,000 habitants) est de quatre-
vingt-dix à cent par jour. Il est aujourd'hui six à
sept fois plus grand!... La ville commence à s'émou-
voir; on visite les prisons, les hôpitaux, tout ce qui
peut être un foyer d'infection. Vous sentez que la qualité de prisonnier est peu favorable à l'hygiène dans
des temps pareils; je compte sur mon énergie, ma prudence et aussi sur mon étoile. Ma mort serait une
absurdité de la Providence en ce moment. Ceux qui me
haïssent le plus ont besoin de moi ! Mais il faut s'attendre
à tout. Qui sait? vous apprendrez peut-être un de ces
jours ma mort, comme vous avez appris mon arres-
tation.

La politique va bien mal. La Législative me semble
un vrai conciliabule d'énergumènes. Les départements
nous ont envoyé cinq cents forcenés qui se croient
conservateurs et qui exaspèrent la Montagne, déjà trop
disposée à s'échauffer. J'ai grand'peur que les affaires

ne se gâtent. Tout le monde dit qu'il faut sortir de la voie où l'on est entré depuis le 10 décembre, rappeler les troupes de Rome, réconcilier les partis et s'occuper d'affaires. Louis Bonaparte, Falloux, Faucher, le *Constitutionnel*, et je ne sais encore quels boute-feux, ne veulent pas en entendre parler.

Les conservateurs nous feront un 93 malgré nous. J'aimerais pourtant bien mieux sortir de prison par une amnistie que par une révolution! J'attends mon sort; mais convient-il que le pays fasse comme moi? N'est-ce pas à lui à faire connaître sa volonté?

Je ne vous fais pas mon compliment de vos élections. Notre malheureux département sera-t-il donc toujours signalé comme le plus rétrograde, le plus cafard, le plus antirépublicain? Qu'est-ce qu'ils espèrent donc, vos nobles, vos académiciens, vos magistrats et vos curés? Ont-ils bien réfléchi que nommer des hommes tels qu'un Montalembert, un Pidoux, etc., c'est se reposer en une petite Vendée et déclarer la guerre à la République? Malheureux! savez-vous seulement ce que vous faites en irritant le monstre!

Vous aurez sans doute entendu parler, dans ce dernier temps, de ma polémique avec les journaux rouges. D'abord ils m'ont injurié parce que je défendais la *Constitution;* puis ils se sont rangés à mon avis. Grâce à moi, les révolutionnaires vont s'établir de plus en plus dans la légalité, et là, invincibles, ils ne tarderont pas, si la majorité continue comme elle a commencé, à devenir les maîtres.

Adieu, mon cher ami. Écrivez-moi une bonne lettre d'amitié; parlez-moi de ces dames, de votre jeune fille, de votre vie de famille, cette vie que je ne connais plus depuis deux ans, que je ne retrouverai peut-être

jamais. Je n'étais pas fait cependant pour être un aussi
grand révolutionnaire ! Et c'est pourquoi j'aime à sortir
de temps en temps de mon rôle de circonstance et me
retrouver avec mes amis dans la paix et la simplicité
d'une obscure existence.

Tout à vous de cœur.

P.-J. PROUDHON.

P.-S. Adressez vos lettres au bureau du *Peuple*.

14 juin 1849.

A MM. GARNIER FRÈRES, LIBRAIRES A PARIS

Messieurs, auriez-vous l'obligeance de venir voir un pauvre prisonnier à qui la malheureuse journée d'hier vient d'enlever les seuls visiteurs sur le dévouement desquels il pouvait compter pour alléger de temps en temps son ennui ?

En même temps que vous m'apporterez des nouvelles de vos santés et de nos communs intérêts, nous pourrons peut-être parler encore affaires, tant pour le présent que pour l'avenir.

Si vous pouviez prendre sur vous de passer aux bureaux du *Peuple*, à supposer qu'il en reste quelqu'un ou quelque chose, je vous serais obligé de faire savoir à qui de droit que je suis sans chemises et que j'ai un extrême besoin de caleçons de laine, attendu la fraicheur des murs de la Conciergerie.

Excusez, s'il vous plaît, Messieurs, le sans-façon avec lequel je me recommande à vos bons offices ; ma position explique tout.

Salut et fraternité.

P.-J. PROUDHON.

FIN DU TOME DEUXIÈME

ERRATUM.

Une erreur typographique, motivée par une simi-litude de nom (1er vol., page 87) nous a valu une juste protestation de la part de M. Dentu, libraire-éditeur. La rectification que nous nous empressons de faire pour un certain nombre d'exemplaires, où l'on n'a pas eu le temps d'introduire le carton corrigé, est à peine néces-saire ; tout le monde connaît à merveille la parfaite honorabilité héréditaire de la maison Dentu, et le moindre doute à ce sujet ne saurait être attribué qu'à une erreur involontaire.

TABLE DES MATIÈRES

1842

	Pages.
A M. Bergmann, 2 janvier...........................	5
Id. 23 janvier...........................	8
Id. 8 février...........................	13
A M. Tissot, 28 février...........................	16
Id. 3 mars...........................	21
A M. Fleury, 3 avril...........................	26
A M. Tissot, 21 avril...........................	30
A M. Bergmann, 9 mai...........................	35
A M. Ackermann, 23 mai...........................	40
A M. Antoine Gauthier, 5 juillet...........................	53
A M. Tissot, 31 juillet...........................	57
A M. Bergmann, 29 septembre...........................	62
Id. 26 décembre...........................	65
Id. 30 décembre...........................	69

1843

A M. Ackermann, 1843 ou 1844...........................	72
A M. Fleury, 22 janvier...........................	74
A M. Bergmann, 4 février...........................	80

Pages.

A M. Ackermann frère, 11 avril........................ 83

A M. et Mme Proudhon, 25 mai...................... 85

          Id.   31 mai. 87

A M. Maurice, 4 août. 88

A M. Pauthier, 13 août. 94

A M. Ackermann, 20 septembre....................... 99

A Mme Proudhon, 16 octobre........................ 105

A M. Huguenet, 7 novembre.......................... 107

A M. Ackermann, 25 novembre....................... 109

1844

A M. et Mme Proudhon, 15 février................... 115

A M. Proudhon, février............................... 117

A M. et Mme Proudhon............................... 119

A M. Maurice, 29 mars............................... 121

A M. Bergmann, 12 mai.............................. 126

A M. Tourneux, 12 juin.............................. 128

A M. Maurice, 27 juillet............................. 130

        Id   13 août.............................. 132

A M. Guillaumin, libraire, 15 août................... 138

A M. Tourneux, 1er septembre....................... 144

A M. Maurice, 3 septembre........................... 148

A M. Tourneux, 23 septembre........................ 150

A M. Pauthier, 25 septembre 152

A M. Ackermann, 4 octobre. 154

A M. et Mme Proudhon, 15 octobre. 162

A M. Bergmann, 24 octobre. 164

1845

A M. Maurice, 2 janvier.............................. 170

A M. Bergmann, 19 janvier.......................... 174

A M. Proudhon, 16 février........................... 177

Pages.

A M. Maurice, 10 juin................................ 180
A M. et Mᵐᵉ Proudhon, 7 novembre.................... 182
A Mᵐᵉ Proudhon, 4 décembre 184
A M. et Mᵐᵉ Proudhon, 22 décembre.................. 185

1846

A Mᵐᵉˢ M*** et B***, 1ᵉʳ janvier...................... 187
A M. Maurice, 15 février. 190
A M. Guillaumin, 4 avril............................ 194
A M. Maurice, 11 mai............................... 195
A M. Marx, 17 mai.................................. 198
A M. Guillaumin, 18 mai............................ 203
A M. Ackermann, 2 juillet.......................... 205
A M. Maurice, 27 août.............................. 210
A M. P***, 12 septembre. 215
A Mᵐᵉ Proudhon, 8 octobre......................... 219
A M. Bergmann, 22 octobre......................... 221
A M. Guillaumin, 7 novembre....................... 224
        Id.   21 novembre......................... 227
A M. Tissot, 16 décembre........................... 230

1847

A M. le docteur Maguet, 26 janvier................. 233
A Mᵐᵉ Proudhon, 6 février.......................... 236
A Mᵐᵉ ***, 17 février.............................. 236
A Mᵐᵉ ***, 25 juillet.............................. 239
A M. Maurice, 26 mars. 245
        Id.   30 mai............................. 249
A M. Bergmann, 4 juin.............................. 254
A M. Antoine Gauthier, 25 août..................... 261
A M. Maurice, 26 août.............................. 265
A M. Guillaumin, 19 septembre...................... 267
A M. Bergmann, 24 octobre.......................... 270

1848

                                                                    Pages.

A M. Maguet, 14 janvier.................. ....`.   274
A M. Maurice, 22 janvier.............................   275
     Id.   25 février.   278
     Id.   26 février.   285
A M. Maguet, 1er mars........................   289
A M. Huguenet, 15 mars...........................   291
A M. Maurice, 21 mars.   295
Aux Electeurs du Doubs, 3 avril......................   299
Au citoyen Louis Blanc, secrétaire du gouvernement provi-
     soire, 8 avril...............   305
A M. Maurice, 9 avril..............................   309
A M. Charles Proudhon, 12 avril.   313
A M. Pilhes, 13 avril...............................   315
A M. Michel Chevalier, professeur d'Economie politique,
     14 avril...   321
A M. Maguet, 3 mai..............................   326
     Id.   18 mai.   327
A M. Abram, notaire à Orchamps-Vernon (Doubs), 31 mai.   331
A M. Huguenet, 17 juin.............................   335
A M. Maguet, 28 juin..............................   337
A M. Charles Proudhon, 6 juillet.....................   339
A M. Amédée Langlois, enseigne de vaisseau, 16 juillet....   341
A M. Pauthier, 9 août.............................   343
A M. Maguet, 16 août.............................   344
A M. Pauthier, 24 août.............................   345
A M. Abram.....................................   347
A M. Antoine Gauthier, 18 décembre................   350
A M. Maguet, 26 décembre.........................   353
A M. Tourneux (sans date)........................   355

1840

	Pages.
A M le docteur Maguet, 2 février.	357
A M. Maurice, 15 février.	359
A M. F***, 2 mars.	363
A M. Guillaumin, 8 mars.	366
A M. Maurice, 25 avril.	369
Aux Citoyens membres du comité démocratique socialiste de Paris, 26 avril.	372
A M. Maurice, 7 juin.	380
A MM. Garnier frères, 14 juin.	384
ERRATUM.	385

Paris. — Imp. Moderne (Barthier d?) rue J.-J. Rousseau. 6(

Paris — Imprimerie Moderne (Barthier, d'), rue J.-J.-Rousseau, 61.